송사무장의 **부동산**
공매의 기술

송사무장의 부동산 공매의 기술

송희창 지음

드디어
부동산 공매의
바이블이
나왔다!

지혜로

'공매의 기술'을 펴내며

공매의 기술은 필자가 출간하는 세 번째 책이다. 지금까지 책을 한 권, 한 권 쓸 때마다 정말 많은 에너지가 소비되었는데 이번 공매의 기술을 쓸 때는 더욱 그러했다. 이는 처음 책을 쓸 때부터 독자들에게 필요한 책이 아니라면 행여 집 필을 마쳤다 할지라도 출간하지 않겠다던 고집 때문일 것이다. 그런 부담 때문에 3권 출간 시기도 늦어졌다.

경쟁이 덜 한 곳에 기회가 있다

투자를 하면서 어느 순간 경매의 대중화로 인해 일반 물건에 대한 경쟁이 치 열해지고 있음을 몸으로 느끼게 되었다. 하여 경매물건 중에서도 난이도가 있는 유치권, 선순위임차인, 지분, 법정지상권 등 소위 특수물건에 대해서 심도 있게 공부하였다. 그러다 우연히 남들이 좀처럼 관심 갖지 않던 '공매'시장까지 접하게 되었는데 하루는 호기심이 생겨 그동안 매각되었던 공매물건들을 살펴보았다. 그런데 경매시장과는 달리 공매시장은 평이한 일반물건도 매력적인 가격에 낙찰되고 있었다.

어느 누구든 공매물건의 저렴한 낙찰가를 확인하면 공매투자를 시작하지 않을 수 없었을 것이다. 하지만 막상 확신을 가지고 공매공부를 시작해보니 처음부터 첩첩산중이었다. 왜냐하면 이 분야에 대해 제대로 다룬 책도 없거니와 심도 있게 배울 수 있는 강의 또한 전무했기 때문이다. 공매에 대한 체계적인 지식을 쌓을 수 있는 길이 전혀 없었던 것이다. 이처럼 공매투자의 문턱이 높다는 것은 오히려 더욱 기회가 될 수 있다고 생각했다. 전업투자자였던 필자조차 쉽게 정보를 얻을 수 없으니 다른 투자자들은 오죽하겠는가.

온비드에서 물건검색을 하고, 인터넷으로 정보를 탐색하고, 현장을 돌며 차근차근 지식을 쌓은 후 경험삼아 작은 빌라를 한 채 낙찰 받아보았다. 그렇게 명도까지 진행해보니 공매의 흐름과 절차가 한 눈에 들어왔다. 공매가 경매와 별반 다를 것이 없다는 것도 알게 되었다. 그러다 도중에 궁금하거나 막히는 것이 있으면 자산관리공사 업무처리지침을 담당자에게 확인받으며 풀어가거나 관련 법령과 대법원 판례 등을 참조하며 하나씩 공매지식을 채워나갔다. 차츰 공매에 대해 자신감이 생겼고 그에 따라 낙찰 받은 물건들도 하나씩 늘어갔다. 가끔 경·공매 특성상 같은 물건이 동시에 진행되는 경우도 있는데 경매보다 공매로 매각될 때의 낙찰가가 10~20%정도 낮았다. 특히 규모가 크거나 특수물건의 경우에는 필자에게 더 큰 이익을 안겨주었다. 이는 지금도 그러하다.

이 시점에서 독자들은 궁금증이 들 것이다. 그렇게 공매가 수익을 많이 내게 해주는 투자법이라면 굳이 이렇게 세상에 내놓는 이유는 무엇이냐고 말이다.

가끔 수강생들이나 회원들에게도 이런 질문을 받곤 한다. 카페 '행복재테크'에서 칼럼을 읽어본 분들은 아시겠지만 필자는 송사무장의 실전 경매의 기술 1권을 출간하고 송사무장의 실전 경매의 기술 2권, 그리고 지금 3권을 쓰는 동안에도 계속해서 좋은 부동산들을 낙찰 받아 꾸준하게 수익을 올렸다. 즉, 책을 출간한다고 해도 필자가 수익을 올리는 것에는 크게 지장이 없었다는 것이다. 게다가 이제는 투자규모도 커져서 1년에 한 두 번의 투자로도 매월 낙찰을 받는 이익보다 더 여유 있게 투자를 할 수 있게 되었다. 수익 또한 적지 않은 것은 물론이다.

그리고 필자는 그저 본인이 가지고 있는 작은 지식을 나눠준다고 생각하며 집필을 한 것인데 이로 인해 소중한 많은 사람들과 인연이 될 수 있었고 그들이 성공해가는 모습을 하나하나 지켜보는 것도 큰 보람이었다. 솔직히 책을 쓸 때 이론부분 하나하나까지 정리하려면 상당한 시간과 정성을 필요로 한다. 그래서 매번 집필할 때마다 마음속으로는 '이 책만 끝내면 정말 다시 책을 쓰지 않을 거야'하는 생각을 하는데 얼마의 시간이 흐르면 그 고통(?)을 잊고 또 다시 글을 쓰고 있는 스스로를 발견하곤 한다.

'공매의 기술'구성에 관하여

공매에 관한 책을 집필해야겠다고 마음을 먹고 서점에 들러 지금까지 출간된 공매관련 서적들을 둘러보았다. 이전에는 공매라는 주제를 다룬 책 자체가 없었기에 필자가 처음 이 분야를 접했던 때보다는 확실히 나아졌으나 아직도 턱없이 부족함을 많이 느꼈다. 대부분 실전과 동떨어진 이론서였고, 이마저 체계적이지 않고 중구난방이어서 공매투자에 꼭 필요한 내용이 빠진 경우가 허다했다.

'공매의 기술'을 집필하며 다시 초심으로 돌아가 필자가 공매에 입문하던 시절에 어떤 부분들이 궁금했는지를 떠올렸다. 실전에서는 어떤 벽에 부딪혔는지, 그 당시 간절히 원했던 전문가의 조언들은 어떤 것이었는지를 되짚었다. 이 책은 실전투자를 위한 책이며 투자할 때 실무에서 필요한 이론과 사례를 함께 다루었다. 그리고 책에 소개되는 낙찰물건들은 압류재산뿐 아니라 신탁공매(기관공매), 수탁재산 등 다양한 물건들을 고루 제시하여 독자들로 하여금 폭 넓게 간접경험을 할 수 있도록 하였다. 이 모든 사례는 최근까지 필자가 직접 공매로 낙찰 받아 직접 처리한 사건들로 구성하였기에 생생한 현장감을 느끼며 읽을 수 있을 것이다.

또한 이론부분은 국세징수법, 자산관리공사의 업무지침, 세무공무원 업무편람, 대법원판례, 소송자료 등 객관적으로 신뢰할 수 있는 자료를 토대로 체계적으로 정리하였으므로 공매업무를 처리하거나 서면작성을 해야 되는 경우에도 유용하게 사용할 수 있을 것이다. 추가로 실전에 바로 사용할 수 있도록 점유자와 합의 시 필요한 합의서, 내용증명 등 유용한 서식들도 함께 첨부하였으니 각 상황에 맞게 사용하면 될 것이다.

초보자의 경우 이렇게 무거운 용어를 들고 나오면 겁부터 먹기 십상인데 막상 공매투자를 해보면 경매와 크게 다르지 않다는 것을 느낄 수 있을 것이다. 투자의 기본과 원리는 똑같고 단지 집행절차에 소소한 차이가 있을 뿐이다. 그리고 2012.1.1.부터 공매의 근간이 되는 '국세징수법'도 경매절차와 비슷한 수준으로 개정이 되었으므로 경매를 이해하는 투자자라면 더욱 쉽게 적용할 수 있을 것이다.

마지막으로 당부하고 싶은 것은 공매 따로, 경매 따로 라고 생각하며 공부하지 말라는 것이다. 기존의 지식에 더하기를 한다는 생각으로 접근하길 바란다. 공매를 공부할 때 본인의 경매지식과 감각을 최대한 끄집어내어 활용해야 하고, 반대로 이 책에서 얻은 공매지식도 경매투자에 응용한다면 더 좋은 결과가 있을

것이라 생각한다. 이런 유연한 생각으로 접근하면 압류재산뿐 아니라 수탁재산,
기관공매는 물론이고, 공매와 다른 방식의 어떤 게임에도 수월하게 적응할 수 있
을 것이다.

공매투자 시에는 낙찰자의 명도 능력이 무척 중요하다

많은 이가 공매에 관해 가장 부담을 갖는 점이 아마 명도일 것이다. 왜냐하면
낙찰 후 해당부동산에 있는 점유자를 명도 할 때 비교적 간단하게 처리할 수 있
는 '인도명령'제도가 공매에는 없기 때문이다. 공매는 명도 시에 법원에 소를 제
기해야 하는데 일반인에게 아직 소송이란 멀게 느껴지는 것이 현실이다.

또한 명도소송의 경우 소를 제기하고 판결문이 나오기까지 약 4~9개월 소요
된다. 사실 경매보다 공매의 경쟁이 덜하고 낙찰가가 낮은 것은 바로 이 때문이
다. 그러나 공매투자에 관해 '명도소송'과 '장기투자'를 운운하는 사람은 이론만
알고 있고, 본인의 실전경험이 많지 않은 사람이다. 아니면 선천적으로 명도를
정말 못하는 사람일 가능성이 높다.

왜냐하면 필자의 경험상 낙찰자가 점유자를 파악한 후 상황에 따라 법적절차
를 포함한 적절한 조치만 취한다면 공매부동산의 명도 역시 그리 어렵지 않게
해결할 수 있기 때문이다. 지금까지 공매부동산을 낙찰 받고 점유자를 명도하면
서 압박을 위해 '명도소송'을 제기한 적은 있으나, 법원에서 판결을 받을 때까지
기다려서 강제집행까지 진행했던 경우는 단 한 차례뿐이었다. 다시 말해 공매부
동산의 명도도 낙찰자가 '제대로 된 기술'만 갖추고 있다면 점유자와 원만하게
매듭을 지을 수 있고, 그 소요시간도 경매와 별반 다르지 않을 정도로 해결이 가

능하다는 것이다. 사실 경매에서 '인도명령'이란 제도가 있다고 하여 모든 낙찰자가 수월하게 명도 할 수 있는 것은 아니다. 즉, 명도에서 가장 중요한 것은 제도가 아니라 낙찰자의 상황판단과 대처능력이라 할 수 있다. 필자가 '명도의 기술'편에서 그 방법에 관하여 보다 상세하게 다루었으니 실전에 도움이 될 수 있도록 그 부분을 반복하여 읽어 본인의 것으로 만들기를 바란다.

삶은 생각의 차이로 성공하는 것이다

세상을 살아가면서 아무도 걸어가려 하지 않는 길을 걷는다는 것은 결코 쉽지 않은 선택이다. 필자의 경우, 인생의 중요한 기로에 섰을 때나 주위 사람들이 나의 결정에 모두 반대의견을 개진했을 때, 그리고 지금까지 해왔던 것을 모두 버리고 새로이 시작해야 했을 때 등등 모든 것이 결코 쉽지 않았다. 그렇게 막상 지인들의 반대를 무릅쓰고 첫 걸음을 내딛었더라도 '정말 잘한 것일까?'라고 내 자신에게 계속해서 되물어가며 확인했었고, 그 과정 속에서 때론 외로움과 두려움도 느끼곤 했었다. 그러나 지금에 와서 돌이켜보면 그렇게 남들이 택하지 않았던 몇 번의 낯선 선택이 있었기에 성공할 수 있었던 것 같다. 만약 인생의 선배들이 걸었던 소위 정해진 성공의 길만을 선택했다면 결코 지금처럼 성공할 수 없었을 것이다.

그렇다면 이렇듯 인생의 갈림길에서 자신만의 길을 용기 있게 선택하도록 하는 데에 가장 중요한 것은 무엇일까?

대부분은 그 사람의 능력이라 여기겠지만 사실 가장 중요한 것은 '생각의 차이, 그리고 실제 실행의 차이'다. 그 차이로 인해 다른 이보다 나은 인생을 살 수 있는 것이고 결국 성공도 할 수 있는 것이다. 그러나 대부분의 사람들은 이렇게 생각하지 않는다. 대개 성공한 사람들은 능력이 뛰어나서, 배경이 좋아서, 아니면 주변에 인맥이 많아서라고 생각하는 경향이 있다. 그래서인지 어떤 일을 하기 전에 완벽하게 모든 것을 갖추었다고 판단하기 전에는 시도조차 하지 않는다. 경·공매 또한 마찬가지다. 경·공매를 공부하는 대부분의 사람들도 자신이 아직 공부가 덜 되어 잘 모른다고 생각해서 낙찰 받기를 두려워하고 계속 이론 공부만 한다. 그러나 그렇게 이론만 쌓는다고 해서 경·공매를 잘 할 수 있는 것이 아니다. 오히려 이를 통해 이루려던 꿈도 그저 꿈으로만 남을 뿐이다. 그래서 필자는 항상 어느 정도 준비가 되었다고 생각되면 일단 실전에 부딪히며 부족한 부분을 하나씩 채워나갔다.

또한 어떤 상황이든 역으로 뒤집어보라. 부정적인 면을 거두어들이고 최대한 사물의 밝은 면을 보려고 노력하자는 것이다. 예를 들면 입찰할 부동산 인근에 단 한곳의 중개업소만 있어 시세조사를 위해 그곳에 들렀다고 하자(이와 관련한 자세한 실전사례는 뒤에 실어놓았다). 그런데 중개업소 사장이 매우 불친절하고 성의 없게 답변할 뿐 아니라 그 물건에 대해서 단점만 말한다면 어떻게 할 것인가? 보통 이런 경우 대부분 그 물건을 포기하거나 '내가 왜 이런 대접을 받아가며 여기 이러고 있는 걸까?'하며 투자에 대한 회의를 느낄 수도 있을 것이다. 하지만 나는 이러한 상황을 오히려 반기며 긍정적으로 여긴다. 왜냐하면 다른 경쟁자들이 이 중개업소에 들렀을 때 나와 같은 대접을 받게 된다면 이 물건의 경쟁률이 떨어질 테고 설령 입찰한다고 할지라도 그 입찰가가 낮을 것이므로 내가 낙찰 받을 확률은 오히려 높아지기 때문이다. 실제 이런 경우 필자는 다른 물건보다 더 많은 수익을 얻었거나 단독으로 낙찰된 경우가 많았다. 그러므로 어떤 일이든 힘든 상황이 오면 오히려 그 상황을 역으로 바꾸어 긍정적으로 해석하는 습관을 들여야 한다. 또한 내가 힘든 시점에서 경쟁자들도 많이 포기한다고 생각한다면 그것으로 한 걸음 더 내딛을 수도 있다. 이상한 중개업소 뿐 아니라 부동산 인근 혐오시설이나 부동산의 초라한 외관 등 모든 것이 마찬가지다. 이러한 역발상으로 접근하면 오히려 기회가 될 수 있다.

모두가 힘들다고 한다. 주위를 둘러보아도 어디하나 만만한 곳이 없다고 한다. 그래서 모두 다 어쩔 줄을 몰라 하며 꿈쩍도 못하고 있다. 무엇이 문제일까? 대체 왜 보이지 않는 것일까? 하지만 냉정히 생각해보자. 유독 지금의 시기만 어려운 것인가. 그럼 과거에는 무조건 아무런 걱정 없이 살기 좋은 세상이었나.

사람들은 지나간 과거에 대해서는 아름답게 생각하는 경향이 있다. 하지만 막상 그 시절로 돌아가 보면 여전히 힘들다고 불평불만만 가득할 것이다. 필자는 지금의 위치에 오기까지 결코 만만치 않았지만 단 한 번도 세상을 한탄하며 인생을 소모하지 않았다. 부족하면 부족한대로 한걸음씩 묵묵히 걸어왔다. 그렇게 한 걸음 한 걸음 걸어오다 보니 어느덧 뿌연 안개가 조금씩 걷혀져 감을 느낄 수 있었다. 정답은 보이지 않는 어디 멀리 있는 것이 아니다. 지금 이 순간에도 늘 가까운 곳에 정답이 있다는 것을 항상 명심하며 묵묵히 전진할 수 있어야 한다.

이 책이 독자들이 부동산 공매 투자를 하는데 있어서 큰 지표가 되기를 바란다. 단연코 시중의 그 어떤 책보다 실전 투자를 하는 데에 커다란 도움이 될 것이라 확신한다. 그만큼 필자의 애정과 정성이 듬뿍 들어간 책이다. 물론 그렇다고 해서 공매의 모든 것을 이해할 때까지 책만 붙들고 있다면 그것 또한 필자의 의도를 전혀 받아들이지 못한 것이다. 최소한의 충분조건이 갖추어졌다면 실전에 과감히 뛰어들 수 있어야 한다. 어려우면 어려운대로 힘들면 힘든 대로 한 걸음씩 전진하도록 하자. 투자는 그렇게 배워가며 하나씩 실력을 쌓는 것이다.

비단 공매 투자뿐만이 아니더라도 세상 모든 것이 이와 크게 다르지 않다.

안락한 우물 안을 벗어나 과감히 도전할 수 있어야 한다. 그 옛날 로마제국이나 대몽고제국도 전진을 멈추고 성을 쌓는 순간 몰락하기 시작했다. 투자를 잘하려면 용기와 과감한 결단력도 중요하다. 또한 인생에서 어느 한 시기쯤은 도전적인 삶을 살아보는 것도 괜찮다고 생각한다.

이 책을 통해 많은 독자 분들이 원했던 것을 얻을 수 있길 기대한다. 이제 공매의 세계로 들어가 보자.

차 례

송사무장이 쓰는 실전서식

실전 **01**

단돈 700원으로
1,000만 원 벌기

물건검색

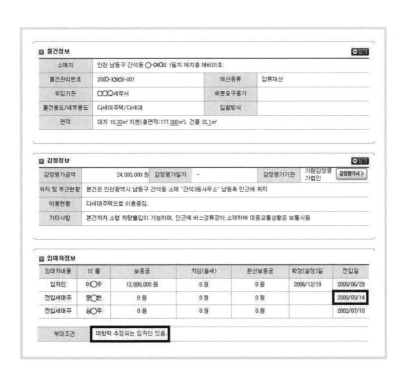

물건정보 ⊖닫기

소재지	인천 남동구 간석동 ○-0○외 1필지 제지층 제비01호		
물건관리번호	200○-10808-001	재산종류	압류재산
위임기관	○○○세무서	배분요구종기	
물건용도/세부용도	다세대주택/다세대	입찰방식	
면적	대지 10.33㎡ 지분(총면적:177.000㎡), 건물 32.1㎡		

감정정보 ⊖닫기

감정평가금액	24,000,000 원	감정평가일자	-	감정평가기관	가람감정평가법인	감정평가서 ›
위치 및 부근현황	본건은 인천광역시 남동구 간석동 소재 "간석3동사무소" 남동측 인근에 위치					
이용현황	다세대주택으로 이용중임.					
기타사항	본건까지 소형 차량출입이 가능하며, 인근에 버스정류장이 소재하여 대중교통상황은 보통시됨					

임대차정보

임대차내용	이 름	보증금	차임(월세)	환산보증금	확정(설정)일	전입일
임차인	이○우	12,000,000 원	0 원	0 원	2006/12/19	2000/06/29
전입세대주	문○현	0 원	0 원	0 원		2000/03/14
전입세대주	심○무	0 원	0 원	0 원		2002/07/10

부대조건	대항력 추정되는 임차인 있음.

이리 저리 마우스를 클릭하며 물건검색을 하는데 작은 빌라 한 채가 눈에 띄었다. 이 물건이 눈에 띈 이유는 건물면적이 32.1㎡(구9.7평)정도의 작은 크기인데 전입세대주가 무려 셋이나 있어서 매우 특이했기 때문이다(깍두기 숙소도 아니고). 그리고 부대조건을 살펴보니 '대항력 추정되는 임차인 있음'이라는 거슬리는 문구가 기재되어 있다. 이렇게 톡톡 튀는 문구가 없었다면 아마도 그냥 지나갔을 것인데 날 유혹하는 이 문구가 녀석에 집중하게 만들었다(본래 필자는 금액이 너무 적은 부동산이나 반지하 빌라 등에는 웬만하면 입찰하지 않는다).

이런 물건을 접하면 매우 궁금해진다. 대체 무슨 사연이 있기에 이 좁은 집에 3명씩이나 전입세대주가 있는지? 그리고 진정 점유자의 대항력은 존재하는지??(어려운 수학문제를 풀었을 때 기분이 좋은 것처럼 공매의 하자 부분도 하나씩 풀어갈 때 짜릿한 쾌감이 있다)

일단 임대차정보에 임차인의 보증금과 전입일이 기재되어 있으니 임차인이 배분요구를 한 것으로 판단해도 될 것이다. 왜냐하면 임차인이 임대차계약서를 첨부하여 자산관리공사에 배분요구 신청을 해야만 임차보증금과 전입일, 확정일자를 공매담당자가 기재할 수 있기 때문이다.

공매 투자 시에는 등기부등본을 떼어보는 습관을 들여라!

공매공고에서 관심 있는 물건을 발견했다면 반드시 등기부등본을 별도로 떼어보는 습관을 들여야 한다. 유료사이트에서 공매정보를 갖추고 있다 해도 경매정보에 비하면 아직 부족한 부분이 많아 등기부등본으로 권리분석을 해보는 것이 중요하다. 그런데 투자자가 호기심을 유발하는 물건을 발견할 때마다 등기부등본을 뗀다는 것은 생각보다 귀찮다. 더군다나 물건을 검색하고, 등기부 상 권리분석을 마치고도 입찰하지 않는 경우가 많으므로 그 비용이 비록 700원이라도 아깝다는 생각이 들기도 한다.

그러나 여기서 다시 한 번 역발상을 해보자. 내가 귀찮으면 남도 귀찮은 법이다. 그러므로 귀찮은 것을 하는 사람이 남들이 보지 못한 기회를 찾을 수 있는 것이다. 필자는 공매부동산의 등기부등본을 열람하는데 절대 돈을 아끼지 않는다.

700원의 투자(등기부등본 발급비용)로 큰 수익을 올릴 수 있는데 어찌 그 금액이 아깝게 느껴질 수 있겠는가. 경쟁자들과 차별화된 투자를 하려면 작은 습관을 바꾸는 것이 필요하다.

이 부동산은 ①감정가격에 비해 유찰된 폭이 크지 않다는 것, ②작은 빌라에 전입세대가 3명인 것, ③그리고 점유자의 대항력 여부를 확인해야 하는 것, ④반지하라는 것 등 네 가지는 경쟁자들이 볼 때 귀찮고 안 좋은 것이지만 그렇기에 오히려 투자 대상으로는 괜찮다(이 부분이 이해되지 않는 사람은 반복해서 읽어야 한다).

일단 '부대조건'에 대항력이 추정되는 임차인이 있다고 기재되어 있으므로 권리분석을 먼저 시작했다(권리상 치유할 수 없는 하자가 있는 물건은 괜히 시간만 소비하는 것이므로).

말소기준권리

위 등기부등본은 필자가 입찰당시 출력했던 등기부등본을 스캔한 것이다(말소기준권리인 압류가 지워지지 않은 것을 보면 필자가 입찰 전에 떼어놓은 등기부등본이라는 것을 알 수 있을 것이다. 이렇게 남들이 귀찮아하는 것을 할 수 있어야 한다).

그런데 등기부등본에서 말소기준권리를 확인하자마자 황당하기도 하고 기쁘기도 하였다. 말소기준권리는 2000년 3월 14일에 기입된 ○○세무서의 압류다. 그리고 공매공고의 임대차정보를 보면 3명의 임차인 중 제일 전입일이 빠른 문○헌도 압류일자와 동일한 2000년 3월 14일이었다(주택임대차보호법상 임차인의 대항력이 발생되는 시점은 전입일 익일0시가 되는 시점이다. 그러므로 문○헌의 대항력이 발생되는 시점은 2000년 3월 15일이어서 이 사건에선 대항력이 있는 임차인이 아니다).

이렇게 매각공고상의 실수를 발견했을 때 곧바로 자산관리공사 직원에게 전화를 걸어 따지거나 물어봐야 할까? 필자는 핸드폰을 들었다가 다시 책상 위에 올려놓았다. 내가 관심 있는 물건일수록 조심스럽게 접근하는 것이 좋다고 생각되었기 때문이다.

필자가 입찰하려는 물건의 공매공고를 클릭하여 온비드 조회수가 올라가는 것조차 부담스러운데(입찰물건의 조회수가 높다는 것은 그만큼 다른 이들도 관심이 있다는 것이고, 조회수가 높은 물건일수록 더 높게 낙찰되는 경우가 많기 때문이다) 굳이 담당자에게 전화를 걸어 잘못된 공고에 관해 '시정조치'를 시키는 것이 결코 나에게 이익이 될 것이라 생각되지 않았기 때문이다. 현재 '부대조건'에 위협적(?)으로 기재되어 있는 것은 다른 경쟁자들을 떨쳐버릴 수 있는 플러스요인임이 분명했기 때문이다.

현장을 향해

아파트나 오피스텔에 비해 빌라는 부실공사가 많은 편이다. 특히, 반지하의 경우 최초부터 건물이 부실하게 시공되어 복도나 계단에 물이 새거나 곰팡이가 지독한 경우엔 낙찰 후 수리를 하고도 재하자가 발생될 가능성이 있다. 그러므로 반드시 현장에 가서 복도와 집 내부를(최소한 옆집 내부라도) 확인하여 하자부분을 체크해야 한다. 하자가 있다면 임대 및 매매가 절대적으로 불리하기 때문이다.

이 반지하 빌라로 향할 때 큰 기대를 하지 않고 차를 몰았다. 현장에 도착하여 주차할 곳을 찾았는데 역시 주차공간은 그리 넉넉지 않았다. 하지만 필자가 입찰하려고 했던 1,900만 원 빌라가격에 비하면 본래 기대하지도 않았던 부분이었다. 그런데 빌라 입구에 들어서자 반지하에 대한 우려가 금세 사라져버렸다. 왜냐하면 이 반지하 빌라는 0.5층 빌라의 형태를 갖추고 있었기 때문이다. 0.5층이란 지대가 높은 곳에 위치하고 있어서 입구에서 볼 땐 반지하이지만 반대편에서

보았을 땐 1층 높이에 위치한 부동산을 말하는데 가끔 상가나 주거형 건물에서 이런 물건을 발견할 수 있다(이런 경우 기회가 되곤 한다. 왜냐하면 반지하는 첫째가 채광이고 둘째도 채광이기에, 채광이 좋으면 임대와 매매가 용이하기 때문이다. 또한 물건이 공고될 때 비01호나 지층으로 표기되어 다른 사람의 관심을 피할 수 있어 좋다).

아래 사진을 보면 0.5층의 개념이 금세 이해가 될 것이다.

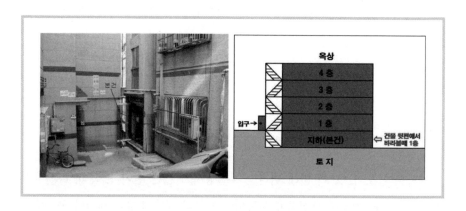

현장조사까지 직접 왔지만 해당부동산의 점유자는 만나지 않고, 바로 옆집 상태만 살펴보고 현장에서 철수했다(필자가 이 물건의 점유자를 직접 만나지 않은 이유는 뭘까? 뒷부분에 답을 얘기하기로 한다).

얼마를 적을 것인가??

2,400만 원 감정이 된 빌라가 1,680만 원까지 유찰되었다. 사실 감정가격에 비하면 그리 낮은 가격이 아니었지만 시세를 확인해보니 최소 3,200만 원은 되었다(감정평가가 시세보다 낮은 경우는 기회가 된다).

물건관리번호	2000-10803-001		
재산구분	압류재산(캠코)	담당부점	인천지사
물건명	인천 남동구 간석동00-0외2외 1필지 제지층 제비01호		
공고번호	200705-00463-00	회차 / 차수	027 / 001
처분방식	매각	입찰방식/경쟁방식	최고가방식 / 일반경쟁
입찰기간	2007-07-02 10:00 ~ 2007-07-04 17:00	총액/단가	총액
개찰시작일시	2007-07-05 11:00	집행완료일시	2007-07-05 11:21
입찰자수	유효 1명 / 무효 0명(인터넷)		
입찰금액	19,300,000원		
개찰결과	낙찰	낙찰금액	19,300,000원
감정가 (최초 최저입찰가)	24,000,000원	최저입찰가	16,800,000원
낙찰가율 (감정가 대비)	80.42%	낙찰가율 (최저입찰가 대비)	114.88%

■ 대금납부 및 배분기일 정보

대금납부기한	2007-09-03	납부여부	납부
납부최고기한	2007-09-14	배분기일	2007-10-04

　　현장에 가지 않았다면 더 적은 금액을 썼을 것인데 0.5층의 채광이 좋다는 것을 확인하곤 조금 더 써야 될 듯했다. 최저가에서 250만 원을 올려서 적었는데 결과는 단독으로 낙찰이 되었다.

　　낙찰을 확인하고 나서야 자산관리공사 담당직원에게 전화를 걸었다.

"안녕하세요. 관리번호 200○-1○8○3-001 낙찰잡니다."

"네…."

"다름이 아니라 매각공고에 '대항력 추정되는 임차인 있음'이라고 기재를 해 두셔서요."

"임차인이 대항력 있는 것 아닌가요?"

"임차인 전입일과 세무서의 압류가 2000년 3월 14일로 같은 날짜입니다. 그런데 임차인의 대항력은 전입일 익일부터 발생하니깐 대항력이 없는 것이죠."

"아차… 내가 실수했네. 죄송합니다(죄송하긴요~ 감사하죠)."

"아니요. 어차피 낙찰되었으니까요. 내일 오후에 매각결정통지서 찾으러 가겠습니다."

"네… 네."

매각공고를 하는 직원들도 가끔씩 법리적으로 오해를 하고 있는 경우가 있다는 것을 알아야 한다. 어쨌든 직원의 작은 실수로 단독입찰의 기쁨을 맛보았다. 또한 매입했던 시기가 빌라상승기여서 감정가격보다 시세가 이미 한참을 앞질러 있었기에 기분이 더 좋았다.

세 명 모두 나와라!

공매에서 배분받을 지위에 있는 임차인을 명도 하는 것은 그리 어렵지 않다. 왜냐하면 배분 받으려면 낙찰자의 인감이 첨부된 명도확인서가 있어야하기 때문이다. 하지만 명도가 수월한 대신 잔금납부를 해야 배분을 받을 수 있으므로 다른 사건에 비해 일찍 잔금납부를 해야 하는 편이다.

현장에 갔더니 역시 아무도 없어서 연락처를 붙여두고 돌아왔다. 다음 날 임차인에게서 전화가 왔고 드디어 그와 카페에서 대면했다.

"안녕하세요. 저 임차인 이○우입니다."

"안녕하세요. 낙찰자입니다(배분받는 임차인이어서 굳이 3자 화법을 사용하지 않았다. 3자 화법에 관해서는 명도의 기술 파트를 참조하도록 하자)."

"(은근히 목소리를 굵게 내며)저는 법무사 사무실에서 근무하고 있습니다."

"아~ 그래요. 저도 법률사무소에서 근무하고 있는데 오히려 잘 되었습니다. 대화가 잘 통하겠네요."

"근데… 저기 음… 이 빌라에… 대항력이…"

"(말을 가로채며)아… 대항력이요. 세무서에 압류한 날짜하고 전입일이 동일한 날이므로 대항력 없는 것 아시잖아요."

"아니… 매각공고에 제가 대항력이 있다고 기재되어 있어서…"

"네… 그래서 제가 담당직원에게 잘못 공고된 부분 체크해 드렸으니 이따가 전화해보세요."

임차인이 은근 슬쩍 나의 공매지식을 떠보며 미배분금액을 요구하려고 하였으나 나와 대화를 나누며 곧 그런 의도를 접었다. 예전에 법조빌딩을 낙찰 받고, 법무사, 변호사 사무실을 명도 했던 적이 있었는데 그분들이 내게 이사비 부분에 대해 얘기를 꺼내는 것에 무척 창피해했던 기억이 있어서 이번에도 먼저 얘기를 던졌다.

"네… 저…(원래 사람이 돈 얘길 할 때 말끝을 흐리는 법이다.)"

"이사비는 공과금 포함해서 50만 원 드리겠습니다. 그리고 궁금한 것이 있는데요."

"네. 물어보세요."

"도대체 작은 빌라에 왜 3명씩이나 전입이 되어 있죠?"

"아~ 얹혀사는 친구도 있고요. 그냥 전입을 부탁한 은행 다니는 친구도 있어서요."

"네… 그렇군요."

이렇게 물건공고엔 뭔가 도사릴 것 같은 것도 막상 뚜껑을 열어보면 허탈할 때가 종종 있다. 잔금을 납부하고 1주일 이내에 명도가 완료되었고 수리를 하고 매도를 완료했다. 예상대로 채광 좋은 반지하라 매매가 수월했다(물건을 매입 할 땐 항상 매수자의 시선으로 관찰하는 습관을 들여야 한다).

 내가 점유자를 만나지 않은 이유?

위 부동산에 대한 적절한 입찰타이밍은 언제일까? 필자의 글을 읽으면서 만약 한 번 더 유찰시키고 입찰해도 좋았겠다고 생각하는 사람은 무언가를 놓치고 있는 것이다. 이 부동산의 감정가격은 2,400만 원이고 임차인은 대항력이 없다. 그런데 만약 임차인 자신도 대항력이 없다는 것을 알고 있다면 다음 기일에 높은 가격으로 들어올 가능성이 있다.

왜냐하면 최우선변제금액은 낙찰가격의 1/2을 초과할 수 없으므로 이 물건의 임차인의 손해가 커지기 때문이다(필자가 받았던 1,930만 원 낙찰가에서 임차인에게 배분될 금액은 965만 원이다. 즉, 다음 매각가격에선 보증금 1,200만 원 임차인의 손해가 더욱 커지게 되어 오히려 입찰에 참여할 수 있다는 경우의 수를 생각한 것이다. 게다가 임차인은 금액을 높게 쓰고 배분을 받으면 되므로 임차인이 산정하는 입찰 가격은 필자와는 게임이 되지 않는다).

후일담이지만 실제 임차인도 입찰을 준비하고 있었고 참여하지 않은 것을 후회한다고 말을 했었다. 이런 이유로 현장조사를 했을 때 옆집 구조만 확인하고 이 물건의 점유자는 직접 만나지 않았던 것이다.

명 도 확 인 서	
처분청	○○○세무서
체납자	박 ○ 봉
매각재산의표시	인천 남동구 간석동 ○-○4○외 1필지 제지층 제비101호
명도확인내용	
임차인	이 ○ 우 주민등록번호 -
명도일자	2007 년 ○ 월 ○ 일

본인이 귀사 공매에서 매입한 부동산에 대하여 임차인 이○우는
위와 같이 그 점유 부동산을 송사무장 본인에게 명도하였음을 확인합니다.

2007년 ○월 ○일

확인자   주소 : 서울 ○○구 ○○동 1○8-○3

                성명 : 송사무장 (인)

                주민등록번호 : ○○○○○○-○○○○○○○

                전화번호 : 01○-○○○○-○○○○

붙임 : 인감증명(용도: 부동산명도확인용) 1부.

한국자산관리공사 인천지사 귀중

주의 : 1. 반드시 낙찰자 본인명의로 확인서를 작성하여야 함.

         2. 명도일은 임차인이 이사간 날을 기재하여야 함.

         3. 임차인은 이 명도확인서를 제출하여야만 배분금을 받으실 수 있으며 배분일

            로부터 31일 경과시는 처분청인 ○○○세무서에서 배분금을 수령하여야 함.

PART 1

공매 입문과
매각절차

공매란?

(1) 공매라는 말은 매우 포괄적인 용어다

　흔히 일반인들은 공매라고 하면 체납자가 국세 및 지방세 등을 체납하여 해당부동산이 관할세무서에 압류되어 강제적으로 처분되는 절차로만 이해하고 있다. 하지만 공매라는 말은 매우 넓은 의미의 용어다. 넓은 의미의 공매는 부동산 등을 처분할 때 일반적인 매매의 형식을 취하면서 공개적으로 매각하는 것을 말한다(매도자는 정해져 있지만 매수자는 정해져 있지 않은 것이다). 예를 들면, 주소, 물건의 종류, 수량, 매매가격 등 물건의 기본적인 상태와 각 물건의 개별적인 매각조건을 공개적으로 불특정 다수에게 고지한 후 매수를 희망하는 사람이 입찰 경쟁을 통하여 매수자가 결정되는 것이다. 국유잡종재산, 공공기관, 지방자치단체장의 소유부동산을 매각하는 것도 넓은 의미의 공매에 해당된다. 이런 형태의 공매는 명칭만 동일할 뿐 체납된 부동산이 강제 처분되는 절차가 아닌 일반적인 매매의 형태를 띠고 있으므로 조세를 체납하여 처분되는 공매와는 그 성격이 다르다. 즉, 기관과 개인 간의 일반적인 매매계약이라 여기면 될 것이다.

하지만 이 책에서는 한국자산관리공사(＝캠코)를 통해 매입할 수 있는, 그 중에서도 세금을 체납하여 국세징수법상 체납처분되는 압류재산의 공매에 관하여 주로 다룰 것이고, 그 외 캠코에서 입찰이 가능한 수탁재산, 유입자산 등을 소개하였고, 신탁기관에서 진행하는 기관공매를 통해 수익을 낼 수 있는 부분도 실전에 활용할 수 있도록 구성하였다. 예전에는 세무서, 지방자치단체, 공공기관, 국방부 등 국가기관 자체적으로 공매를 실시하는 경우도 있었지만 현재 그리고 앞으로는 대부분 기관들이 자산관리공사에 매각을 위임하여 공매를 진행하는 추세이므로 캠코공매를 잘 활용할 수 있다면 수익을 올릴 수 있는 물건의 종류는 매우 다양할 것이다.

(2) 한국자산관리공사(KAMCO)의 공매

온비드는 한국자산관리공사(＝캠코)가 관리 및 운영하는 공매입찰 전문사이트다. 국가기관, 지자체, 교육기관 등에서 캠코에 매각의뢰를 하므로 물건의 종류도 다양하다.

캠코의 공매는 세금을 체납한 체납자 재산에 대하여 공매의뢰를 받는 것 외 국유재산의 임대물건, 수탁재산, 유입자산, 양도세 관련 세액감면대상부동산 등 종류가 다양하다. 그중에서도 국세징수법에 의해 매각되는 부동산이 주를 이루고 있고, 수익도 가장 나은 편이다. 또한 한국자산관리공사는 경매절차를 집행하는 법원과 달리 현장입찰을 하지 않고 오직 온비드(www.onbid.co.kr)에서 전

 공매의 종류

1. 유입재산 : 금융기관의 구조개선을 위해 '부실채권정리기금'을 활용하여 한국자산관리공사가 법원경매를 통하여 취득한 재산 및 부실징후기업체를 지원하기 위해 기업체로부터 취득한 재산을 일반인에게 매각하는 부동산

2. 수탁재산 : 금융기관 및 기업체가 소유하는 비업무용 보유재산을 재무구조개선을 목적으로 한국자산관리공사에 매각을 위임한 부동산

3. 압류재산 : 채무자가 세금을 체납한 경우 체납자의 재산을 압류한 후 국세징수법에 의해 강제적으로 체납세금을 회수하기 위해 캠코에 매각을 의뢰한 부동산

자입찰을 통해서만 입찰할 수 있다(수의계약 제외).

공매는 오직 매각을 위한 물건만 있는 것이 아니다. 물건의 종류와 채권자 및 수탁자의 의뢰형태에 따라 매각을 하는 물건이 있고, 임대를 공개입찰 하는 경우도 있고, 수의계약을 할 수 있는 물건도 있다. 공매물건의 종류는 부동산, 차량, 유가증권, 회원권 등 다양하며 차츰 매각물건의 종류가 더 확대되고 있는 추세이다.

따라서 앞으로 부동산 투자에 관심 있는 투자자들은 공매의 기술 또한 터득한다면 더 좋은 기회를 맞이할 수 있다는 것이 부정할 수 없는 현실이다.

〈국세징수법에 의해 매각되는 공매물건 압류부터 매각절차 간략 설명〉

국세징수법에 의한 공매는 압류단계 → 환가단계 → 배분단계 크게 3단계로 구분할 수 있다.

1. 압류단계

압류란 체납처분의 첫 번째 단계다. 조세채권의 강제징수를 위하여 공공기관 등에서 처분을 금하는 것으로 만약 해당부동산이 압류가 된 후에 소유권, 담보권 및 법률상 처분이 되었다고 할지라도 공공기관 등에 의해 공매가 되었을 경우 그런 법률적 행위는 무효가 된다. 또한 압류는 징수권 소멸시효의 진행을 중단시킨다.

2. 환가단계

압류 후 독촉절차를 거쳐도 조세채권을 납부하지 않는다면 해당기관은 한국자산관리공사에 공매대행을 의뢰할 수 있고, 의뢰받은 캠코는 공매물건의 감정평가를 의뢰하고 공매준비를 개시한다(대략 공매대행 의뢰 후 첫 매각기일까지 2개월 정도 소요가 된다).
감정평가 및 공매절차에 대한 준비가 완료되면 캠코는 채권자 및 이해관계인에게 공매통지서를 발송한다(체납자가 고의로 송달을 받지 않을 경우 공시송달도 가능하다).

공매물건은 감정가격에서 매회 10%씩 체감하여 공매를 실시한다. 해당물건이 낙찰되면 개찰일 다음 주 월요일 오전 10시에 매각결정을 하고, 잔금은 매각결정통지서에 표시된 납부기한까지 잔대금납부계좌로 입금하면 된다(국세징수법 개정에 의거, 공매공고 시점에 따라 잔대금 납부기한이 상이하므로 입찰 전 물건정보에서 확인해야 한다. 참고로 2012.1.1. 이전 공고 물건은 매각금액 1,000만 원 미만은 7일 이내, 1,000만 원 이상은 60일 이내 납부, 2012.1.1.~ 2012.12.31. 최초공고 물건은 1,000만 원 미만은 7일 이내, 1,000만 원 이상은 30일 이내 납부, 2013.1. 이후 최초 공고 물건은 3,000만 원 미만은 7일 이내, 3,000만 원 이상은 30일 이내 납부로 개정되었다).

최초공고일자	납부기일 기준금액	기준금액 미만	기준금액 이상
2012.1월 이전	1,000만원	7일	60일
2012.1.1~12.31	1,000만원	7일	30일
2013.1월 이후	3,000만원	7일	30일

3. 배분단계

낙찰 잔금이 납부가 되면 배분순서에 따라 이해관계인에게 배분한다.

압류재산 공매

(1) 압류란

체납처분절차를 집행함에 있어서의 첫 단계로써 체납자가 소유하고 있는 특정한 유체물 또는 권리를 체납자가 법률상 처분을 하지 못하도록 함으로써 지방

Tip 참가압류의 의미

참가압류란 압류하고자 하는 재산이 이미 다른 기관에서 압류한 재산인 때에 참가압류통지서를 이미 압류한 기관에 송달함으로써 그 압류에 참가하는 강제징수절차를 의미한다(국세징수법 제57조). 즉, 이미 다른 집행기관이 압류한 경우 그 압류에 참가하여 조세채권의 회수를 실현해야 한다. 만약 기존에 압류했던 기관에서 장기간이 지나도록 공매처분을 하지 않는 경우 참가압류권자는 매각처분을 최고할 수 있고, 최고 후 3개월 이내에 매각하지 않는 경우 매각처분을 최고한 세무서장이 압류재산을 매각할 수 있다.

자치단체의 체납액 징수를 위해 체납자의 재산을 확보하는 행정처분을 말한다.

(2) 압류의 효력

압류의 효력은 ①처분금지효력, ②시효중단효력, ③우선징수의 효력, ④종물에도 효력이 발생하고, 위 효력은 해당부동산에 압류의 등기가 완료된 때에 발생한다.

(3) 공매재산의 압류부터 매각까지 절차

압류재산의 공매란 압류재산 매각에 있어 불특정 다수를 상대로 자유경쟁을 통해 그 결과가 형성되는 최고가격에 의해 매각가격을 정하여 매수인을 결정하는 매각절차를 말한다.
세금체납부터 매각절차까지의 과정을 아래의 표로 정리하였다.

공매와 경매의 차이점

필자가 실무를 경험하면서 느낀 것이 경매에서 습득한 지식을 공매에서도 매우 유용하게 활용할 수 있다는 것이었다. 왜냐하면 민사집행법에 의해 집행되는 경매와 국세징수법에 의해 채권회수를 집행하는 공매가 강제적으로 채권을 회수하는 절차라는 것 그리고 불특정 다수를 상대로 공개경쟁입찰을 한다는 것, 낙찰 후 점유자와 협의해야 하는 것 등 비슷한 점이 많았기 때문이다. 그래서 공매는 권리분석 시 알아두어야 되는 주택임대차보호법, 상가임대차보호법, 배분(경매에선 '배당'이라 함) 등 기본적인 부분은 경매에서 배운 지식을 그대로 활용 할 수 있다(절차상 차이점만 이해하면 쉽게 적응할 수 있을 것이다).

(1) 경매보다 높은 수익률

동일한 물건이 경매와 공매로 동시에 진행되었을 경우 공매낙찰가가 더 저렴하다. 그 이유는 아직 공매가 경매에 비해 잘 알려져 있지 않고, 또한 점유자를 명도 할 때 인도명령제도가 없어 명도에 관한 부담이 더 크기 때문이다. 낙찰자가 명도에 관해 법대로만 진행해야 한다면 명도기간이 길어지기에 동일 물건이라면 더 저렴하게 낙찰 받아야 한다. 하지만 경매에 인도명령제도가 있다고 하여 모든 낙찰물건에 대해 법적절차로 부동산을 인도받지 않는 것처럼 공매 역시 대부분 점유자와 협의로 마무리할 수 있다. 그래서 저렴하게 낙찰 받은 만큼 그대로 수익으로 직결될 수 있기에 경매보다 더 나은 수익을 올릴 수 있다는 것이다 (공매부동산의 효율적인 명도는 뒷부분에서 심도 있게 다룰 것이다).

(2) 시간절약이 가능한 입찰방법

전업투자자인 필자도 직장에서 가까운 곳에 위치한 법원물건이 아닌 원거리에 있는 법원물건에 입찰할 때는 거의 하루를 소진해야 하기 때문에 부담을 느낀다. 아마 필자가 직장인이었다면 거리에 관계없이 평일 입찰에 대한 부담을 가졌을 것이다. 그런데 공매의 경우 입찰에 대한 부담이 전혀 없다는 것이 아주 큰 장점이다. 인터넷을 통한 전자입찰 방식으로 월요일부터 수요일 오후 5시까지 3일에 거쳐 입찰을 할 수 있어서(수요일 오후5시 전에 보증금 납부까지 완료해야한다) 집에서든 직장에서든 공인인증서만 휴대하면 잠깐 시간을 내어 입찰하는 것이 가능하다. 따라서 바쁜 직장인이라도 휴일에 현장조사를 하고 평일에 입찰을 할 수 있다. 이는 매우 큰 장점이라 할 수 있다.

(3) 유찰되어 다음 매각기일까지의 기간과 그 가감률

경매물건은 약 한 달 간격으로 감정금액에서 20~30%씩 차감한 가격으로 매각절차를 진행한다. 그러나 공매의 경우 감정가에서 10%씩 유찰되어 1주일 간격으로 매각절차가 진행된다. 또한 유찰된 가격이 감정가격에서 절반(50/100)으로 되었을 경우 다음 매각절차를 유찰된 가격으로 진행하는 것이 아니라 새로이 매각예정가격을 정하여 다시 매각절차가(1~2개월 소요) 진행된다(국세징수법 제 74조 ③항).

(4) 보증금의 제공 방법

경매와 공매의 입찰보증금은 '최저가의 10%'로 동일하다. 경매와 공매 모두 감정가와 최저가의 의미는 동일하고, 감정가는 최초 감정한 금액으로 첫 경매진행시 통상 감정가액을 최저가로 진행한다. 첫 기일에 유찰되어 다시 진행 할 경우 가감된 최저가격으로 진행되는데 입찰 참여시 경매와 공매는 '최저가의 10%이상'를 보증금액으로 납부해야 한다. 하지만, 2016.1.1. 이전에 진행하는 공매는 '입찰가의 10%이상'을 납부해야 유효한 입찰이 된다.

예) 경매/공매 최저가 1억 원, 입찰가 1억 2천만 원, 보증금 1,000만 원(최저가의 10% 이상)

2016.1.1. 이전 공매공고물건 최저가 1억 원, 입찰가 1억 3천만 원, 보증금 1,300만 원(입찰가의 10% 이상)

 입찰가의 10% 이상이란?

공매는 입찰가격을 백원 단위까지 기재할 때 계산하기 힘들어 천단위까지는 무조건 올림하여 보증금을 입금하여도 무방하다. 낙찰되면 낙찰가격에서 보증금을 제외한 금액만큼 잔금을 납부 하면 된다.
예) 입찰가 122,999,900원, 보증금 12,300,000원

(5) 잔금납부방법

국세징수법 제75조(매각결정 및 매수대금의 납부기한 등)

④ 제3항의 납부기한은 매각결정을 한 날부터 7일 내로 한다. 다만, 세무서장이 필요하다고 인정할 때에는 그 납부기한을 30일을 한도로 연장할 수 있다.

경매는 낙찰일로부터 2주가 경과(매각허가결정+항고마감)되어야만 잔금기일이 정해진다. 하지만 공매는 개찰일로부터 3일 이내에 매각결정이 되고 매각결정일로부터 잔금납부가 가능하다. 잔금납부기한(36p 표 참고)에 납부하지 못했을 경우, 추가로 10일이 더 주어진다(국세징수법 제76조-매수대금의 납부최고). 참고로 경매와 달리 추가기간에 납부하더라도 연체이자가 없는 것이 특징이다. 경매의 경우 기간 내에 납입하지 못했을 경우 낙찰금액의 연20%에 해당되는 연체이자를

부담해야 한다.

(6) 명도절차

경매와 공매의 가장 큰 차이점은 해당부동산에 있는 점유자에게 부동산을 인도받는 절차 즉, 명도부분에서의 법적절차이다. 경매는 낙찰자가 손쉽게 부동산을 인도받을 수 있도록 하는 인도명령이란 절차가 있으나 공매는 아직 없기 때문이다. 그래서 공매의 경우 점유자와 합의가 되지 않을 경우 점유자를 상대로 본안소송인 명도소송을 제기해야 한다. 명도소송기간은 점유자가 소장을 송달받고 대응하지 않을 경우 대략 4개월 정도 소요되고 대응할 경우 6개월에서 1년 정도 소요된다. 따라서 공매가 경매보다 법적으로 처리하는 기간이 더 길어진다. 그래서 법적절차 측면에서 본다면 낙찰자가 점유자를 명도 하는 것이 조금 더 어려운 것이 사실이다(이런 이유로 공매에서는 특히 '내용증명', '점유이전금지가처분'을 잘 활용해야 한다). 하지만 이런 불편함 때문에 똑같은 물건일 경우 공매가 경매보다 10%~15%정도 저렴하게 낙찰되므로 투자자 입장에선 명도에 관한 부담을 제대로 대처할 수 있는 기술만 갖출 수 있다면 이는 큰 수익으로 연결될 수 있는 것이다.

(7) 임차인 등 이해관계인의 배분요구 신청

경매의 경우 해당부동산이 경매개시가 되면 집행법원에서 이해관계인에게 배당요구종기일 내에 채권신고를 하라고 최고(통지)한다. 그리고 이 기간(배당요구종기일) 내에 권리신고를 하지 못하면 배당받을 수 있는 지위에 있어도 배당절차에서 배당을 받을 수 없다. 특히, 선순위임차인이 있는 물건의 경우 일부러 배당요구를 하지 않는 경우가 있으므로 이는 주의 깊게 살펴보아야 할 부분이다. 공매 역시 2012.1.1.부터 '배분요구의 종기'를 정하도록 개정되었다(국세징수법 제67조 제5항). 따라서 배분요구의 종기 전에 최선순위 전세권자 및 선순위임차인도 배분요구를 해야만 배분을 받을 수 있다. 배분요구한 채권자 중에 배분요구에 따라 매수인의 인수 부담이 달라지는 경우 해당 채권자는 배분요구의 종기일 이후 이를 철회하지 못한다. 임차인 역시 배분요구종기일까지 대항력을 유지(존속요건)하고 있어야만 배분에 참여할 수 있다(예전에는 미처 배분요구를 하지 못했던 선순위전세권자나 임차인에게 낙찰 후 배분요구를 유도해 수익을 올렸던 사례도 있었지만 이제 입찰 전에 모든 배분요구절차를 마쳐야되므로 투자자입장에선 조금 더 명확한 권리분석이 가능해졌다). 또한, 2016.1.1. 이후의 공매 공고 입찰보증금은 최저가격의 10%이상을 납부하는 것으로 개정 되었으며, 차순위 매수신고 또한 가능하게 바뀌었다.

이 외 추가적인 차이점은 표로 정리하였다.

〈표로 보는 경·공매의 차이점〉

구분	경매(법원)	공매(압류재산기준)
법률적 성격	민사집행법	국세징수법
개시기입등기	경매가 개시되면 등기부등본에 경매기입등기가 표시됨(등기부등본만으로 경매진행여부 판단가능)	공매진행시 '공매공고등기'가(2012.1.1. 개정) 등기부등본이나 차량등록원부에 기입되어 해당 물건의 공매진행 여부 확인 가능
해당 사이트	대법원법원경매정보 (www.courtauction.go.kr)	온비드 (www.onbid.co.kr)

매각가격 저감률	통상적으로 전 최저가격의 20~ 30% 씩 저감(경매는 한 달 간격으로 다음매 각기일이 지정된다.)	1차 공매예정가격의 50% 한도로 매 회 마 다 10%씩 저감(단, 공매는 보통 1주일 단위 로 다음매각기일이 지정된다.)
입찰보증금	최저가격의 10%이상(전 낙찰자의 대 금미납 시 최저가의 20~30%)	최저가격의 10%이상(2016.1.1. 이전의 공 고는 입찰가의 10%이상)
입찰방법	해당법원에서 현장입찰 및 기간입찰	온비드에서 전자입찰만 가능 (현장입찰 없음)
배당(배분)요구 종기일	첫 매각기일 이전 배당요구종기일까 지 배당요구 해야 됨	최초 입찰기일 전 배분요구 종기일까지 배분요구를 해야만 배분 가능(2012.1.1. 개정)
대금 미납한 전낙찰자 매수자격 제한	전낙찰자의 재입찰 참여 불가 (매수제한)	재입찰 가능 (매수제한 규정 없음)
저당권부 채권의 상계여부	상계가능(저당권자, 임차인)	상계불허
명도 시 법적절차	인도명령 가능	명도소송(인도명령제도 없음)
명도책임	매수자	매수자(그 외 물건 부대조건 확인)
임대차 및 인수권리 내용	집행관이 직접 현장에 가서 작성한 현 황조사보고서 및 해당 경매계의 매각 물건명세서를 보고 판단 가능.	공매재산의 현황조사를 기초로 작성된 ' 공매재산명세서'를 온비드에 입찰 전에 게재하여 재산의 수량, 품질, 점유자 현황, 인수권리 등을 파악가능(2012.1.1.).
농지취득자격증명 제출시기	낙찰 후 매각허가결정이 되는 1주일 내에 제출해야 되고 미제출시 보증금 몰수 및 매각불허가 결정됨	낙찰 후 대금납부기한까지 30일이 주어 지는데 잔금납부시 소유권이전등기시까 지 제출(미제출시 매각결정취소는 안되나 소유권이전 불가)
공유자 우선매수 권리	가능	2006.10.27.부터 가능함 (국세징수법 제67조 제2항)
대금미납 시 입찰보증금처리	배당될 금액에 포함	2010.1.1.부터 배당될 금액에 포함 (국세징수법 제78조 제2항)
낙찰자 명도 확인서	배당받을 지위에 있는 임차인은 필요	배분받을 지위에 있는 임차인은 필요
매각결정기일	매각 후 약 1주일 이내(실무에선 1주일 이 대부분이나 그 기간보다 짧은 경우도 있음)	2012.1.1.부터 개찰 후 3일 이내 '매각결 정기일'지정(매각결정 전까지 공유자우선 매수 신청가능하고, 매수인 동의 없이 체납 세금 및 체납처분비 납부가능)
배분이의 절차	배당이의의 소	행정처분에 대한 불복
차순위 매수신고	가능	가능 (2016.1.1. 이후 공고부터 적용)

현황조사	집행관	세무공무원
매각물건정보	매각물건명세서, 집행관현황조사서, 감정평가서	공매재산명세서 (현황조사 및 감정평가서 포함)
잔금납부기간 경과 후 대금납부 여부	재경매일 3일 이전에 가능	잔금납부기일 경과하면 추가로 10일이 주어지고 그 기간이 경과되면 납부불가
기록열람 여부 (이해관계인)	경매사건기록부 열람 가능	배분관련 서류의 열람, 등사 가능

위 표를 보면 복잡한 것 같지만 막상 실전에 임할 때는 필요한 부분만을 체크하여 투자에 임하면 된다. 아직 국세징수법에 의한 체납처분절차는 민사집행에 의한 경매절차보다 절차상 미비한 부분이 많으나 이는 조금씩 개선되고 있다. 하지만 필자가 느끼기에 공매의 최대 장점은 3일 동안 인터넷을 통해 손쉽게 입찰할 수 있다는 것과 낙찰가격이 저렴하여 동일한 물건이라면 경매보다 조금 더 높은 수익을 올릴 수 있다는 것이다. 그렇기에 약간의 불편함을 오히려 긍정적으로 받아들이면 된다. 결국은 더 큰 수익으로 돌아오기 때문이다.

자산관리공사의 매각대행

(1) 자산관리공사의 공매업무대행

국세, 지방세, 공과금 등을 체납한 압류재산의 공매는 세무서 및 공공기관이 아닌 한국자산관리공사에서 공매대행을 한다. 이는 해당 지방자치단체에서 직접 공매를 진행하기 어려운 경우 한국자산관리공사에게 공매대행을 의뢰하여 매각부터 배분절차까지 집행하는 것이고, 이 경우 해당관서의 장이 공매를 실시한 것으로 간주된다. 최근에는 대부분 기관이 자산관리공사에 매각대행을 의뢰하고 있다. 참고로 1999.12.31. 공사법 개정을 통해 '성업공사'에서 '한국자산관리공사'로 명칭이 변경되었기에 그 이전에 검색되는 판례에는 자산관리공사가 '성업공사'로 되어 있다(성업공사=자산관리공사=캠코).

(2) 공매자산관리공사의 매각대행 근거

한국자산관리공사의 공매 대행은 국세징수법 제61조5항에 규정되어 있다.

국세징수법 제61조

⑤ 세무서장은 압류한 재산의 공매에 전문 지식이 필요하거나 그 밖에 특수한 사정이 있어 직접 공매하기에 적당하지 아니하다고 인정할 때에는 대통령령으로 정하는 바에 따라 한국자산관리공사로 하여금 공매를 대행하게 할 수 있으며 이 경우의 공매는 세무서장이 한 것으로 본다. 〈개정 2011.5.19, 2011.12.31.〉

⑥ 제5항에 따라 압류한 재산의 공매를 한국자산관리공사가 대행하는 경우에는 "세무서장"은 "한국자산관리공사"로, "세무공무원"은 "한국자산관리공사의 직원(임원을 포함한다. 이하 같다)"으로, "공매를 집행하는 공무원"은 "공매를 대행하는 한국자산관리공사의 직원"으로, "세무서"는 "한국자산관리공사의 본사·지사 또는 출장소"로 본다.

⑦ 세무서장은 제5항에 따라 한국자산관리공사가 공매를 대행하는 경우에는 대통령령으로 정하는 바에 따라 수수료를 지급할 수 있다.

⑧ 제5항에 따라 한국자산관리공사가 공매를 대행하는 경우에 제6항에 따른 한국자산관리공사의 직원은 「형법」이나 그 밖의 법률에 따른 벌칙을 적용할 때에는 세무공무원으로 본다.

(3) 압류재산의 매각대행업무 절차도

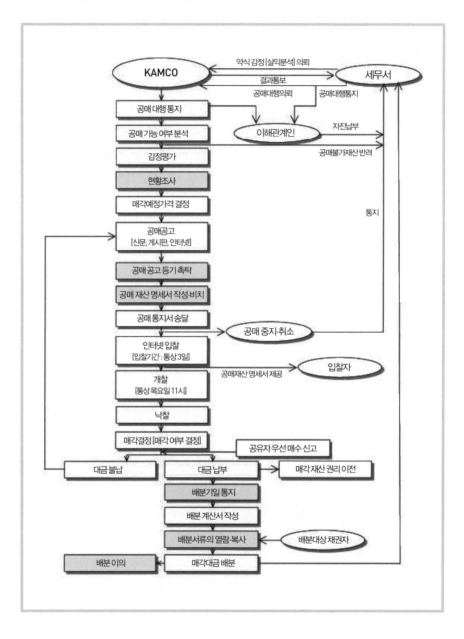

KAMCO

약식 감정 [실익분석] 의뢰
결과통보
공매대행의뢰

세무서

공매대행통지

공매 대행 통지

공매 가능 여부 분석

이해관계인

자진납부

공매불가재산 반려

감정평가

현황조사

매각예정가격 결정

공매공고
[신문, 게시판, 인터넷]

통지

공매공고 등기 촉탁

공매 재산 명세서 작성·비치

공매통지서 송달

공매 중지·취소

인터넷 입찰
[입찰기간 : 통상 3일]

공매재산 명세서 제공

입찰자

개찰
[통상 목요일 11시]

낙찰

매각결정 [매각 여부 결정]

공유자 우선 매수 신고

대금 불납

대금 납부

매각 재산 권리 이전

배분기일통지

배분 계산서 작성

배분서류의 열람·복사

배분대상 채권자

배분이의

매각대금 배분

공매물건의 매각준비

(1) 감정평가

경매와 마찬가지로 각 기관에서 공매의뢰가 접수되면 해당부동산의 매각이 가능한지 여부를 검토한 후 매각을 하기 전 시작단계로 감정평가가 이루어진다. 감정평가란 압류재산의 매각예정가격의 결정을 위해 감정인에게 감정평가를 의뢰하는 것을 의미한다.

국세징수법 제63조(매각예정가격의 결정)

① 세무서장은 압류재산을 공매하려면 그 매각예정가격을 결정하여야 한다.
② 세무서장은 매각예정가격을 결정하기 어려울 때에는 대통령령으로 정하는 바에 따라 감정인에게 평가를 의뢰하여 그 가액(價額)을 참고할 수 있다.

(2) 공매로 진행이 불가한 경우

해당 지방자치단체에서 자산관리공사에 매각의뢰를 했다고 할지라도 공매대행
이 불가능한 체납재산이 있다. 아래와 같은 물건이 접수되었을 경우 공매대행의뢰
서를 반려하고, 온비드에서 이런 물건들을 클릭할 경우 '해제', '협의', '보류', '중지'
제목의 경고창이 팝업된다.

① 체납재산의 추산가격이 100만 원 미만이거나 선순위채권이 과다하여 무잉
　여가 예상되는 경우
② 최선순위가등기, 최선순위가처분이 있는 경우(경매는 매각가능)
③ 체납재산에 관해 소송이 진행 중이거나 소유권말소에 관한 예고등기가 있는
　경우(경매는 매각 가능)
④ 체납재산의 훼손 및 멸실 등이 발생한 때
⑤ 신탁법에 의한 신탁목적으로 된 재산(신탁법 제21조)

(3) 공매재산의 현황조사

공매재산의 현황조사란 공매재산의 매각을 위해 공매대상 재산의 점유관계, 차
임, 보증금의 액수, 그 밖의 현황을 조사하여, 입찰자에게 그 현황을 공시하여 공매
부동산에 관한 정보를 제공하는 것을 말한다. 이는 2012.1.1.부터 실시되는 부분이
고, 이 조항으로 인해 입찰자들이 공매물건에 관해 좀 더 상세한 정보를 얻을 수 있
게 되었다.

국세징수법 제62조의2(공매대상 재산에 대한 현황조사)

① 세무서장은 제63조에 따라 매각예정가격을 결정하기 위하여 공매대상 재산의 현상(現狀), 점유관계, 차임 또는 보증금의 액수, 그 밖의 현황을 조사하여야 한다.
② 세무공무원은 제1항의 조사를 위하여 건물에 출입할 수 있고, 체납자 또는 건물을 점유하는 제3자에게 질문하거나 문서를 제시하도록 요구할 수 있다.
③ 세무공무원은 제2항에 따라 건물에 출입하기 위하여 필요한 때에는 잠긴 문을 여는 등 적절한 처분을 할 수 있다.

　　국세징수법 외 세무서 직원의 현황조사서 작성 지침을 아래에 첨부하였는데 추후 공매물건에서 이런 사항이 미비한 경우 '매각결정취소신청의 근거'가 될 수 있기 때문이다. 즉, 실수로 낙찰 받은 경우 이 부분에서 매각절차상 하자를 찾아보면 될 것이다.

 세무공무원의 현황조사서 작성지침

1) 기재사항- 공매재산의 현상, 점유관계, 차임, 그 밖의 현황 및 특이사항
2) 조사내용
가) 조사일시, 조사장소, 조사방법, 부동산의 현황(위치, 현황, 사용용도, 내부구조 등)
나) 부동산의 점유관계, 임대차 관계 조사내용(임차인, 임차보증금, 차임, 임대차 기간, 임차부분), 주민등록 전입(주거형 물건), 사업자등록(업무용 물건), 확정일자
※ 전입세대열람내역, 사업자등록사항 등의 열람내역, 사진이나 도면 등 첨부
(행정자치부에서 발간한 2012년 지방세 실무교육 발췌)

(4) 개별매각 우선원칙

경매와 마찬가지로 동일한 체납자 소유의 여러 개 부동산이 공매로 진행될 경우 개별매각을 원칙으로 한다. 단, 개별매각을 하는 경우 가격의 저하, 제3자의 권리침해 등이 우려되는 물건의 경우 일괄매각을 실시한다. 공장저당법에 의한 압류재산은 기계기구를 일괄 매각하며, 공장용지와 건물 중 하나만 체납자 소유인 경우라도 기계기구 포함하여 일괄매각을 한다.

공매공고

(1) 매각예정가격의 결정

　최초의 매각예정가격은 감정가격을 기준으로 결정되고, 유찰된 경우 최초매
각예정가의 100분의 10에 해당되는 금액을 체감하여 매각한다. 단, 압류의 원인
이 되는 조세채권보다 선순위채권이 있는 경우 선순위채권과 체납처분비를 합
산한 금액 이하로는 유찰될 수 없다(무잉여). 또한 최초매각예정가에서 50%까지
유찰된 가격에도 낙찰되지 아니한 경우 새로이 매각예정가격을 정하여 재공매
가 가능하다(국세징수법 제74조). 단, 매수인이 대금미납을 하여 재공매가 실시된
경우에는 낙찰당시의 매각예정가격으로 매각된다.

(2) 공매공고

공매공고에는 매수대금의 납부기한은 낙찰가격 3,000만 원 미만은 매각결정을 한 날부터 7일 이내, 3,000만 원 이상은 매각결정일로부터 30일이고, 입찰기간은 월요일 오전 10시부터 수요일 오후 5시까지 총 3일, 개찰은 목요일 오전 11시에 진행됨이 공고가 된다. 또한 공매재산이 공유지분인 경우 우선매수권이 있다는 사실과 매각결정기일은 개찰일로부터 3일 이내라는 부분이 기재된다. 그 외 공고되는 사항은 아래와 같다.

> **국세징수법 제67조(공매의 방법과 공고)**
> ② 세무서장은 공매를 하려면 다음 각 호의 사항을 공고하여야 한다. 이 경우 동일한 재산에 대한 공매 · 재공매 등 여러 차례의 공매에 관한 사항을 한꺼번에 공고할 수 있다.
> 1. 매수대금의 납부기한
> 2. 공매재산의 명칭, 소재, 수량, 품질, 매각예정가격, 그 밖의 중요한 사항
> 3. 입찰 또는 경매의 장소와 일시(기간입찰의 경우에는 그 입찰기간)
> 4. 개찰(開札)의 장소와 일시
> 5. 공매보증금을 받을 때에는 그 금액
> 6. 공매재산이 공유물의 지분인 경우 공유자(체납자는 제외한다. 이하 같다)에게 우선매수권이 있다는 사실
> 7. 배분요구의 종기(終期)
> 8. 배분요구의 종기까지 배분을 요구하여야 배분받을 수 있는 채권
> 9. 매각결정 기일
> 10. 매각으로도 소멸하지 아니하는 공매재산에 대한 지상권, 전세권, 대항력 있는 임차권 또는 가등기가 있는 경우 그 사실
> 11. 공매재산의 매수인으로서 일정한 자격을 필요로 하는 경우 그 사실
> 12. 제68조의3 제2항 각 호에 따른 자료의 제공 내용 및 기간
> 13. 제73조의3에 따른 차순위 매수신고의 기간과 절차

(3) 체납재산의 등기부에 공매공고의 등기가 기입

2012.1.1.부터 경매처럼 공매절차가 개시되면 등기부상에 공매공고에 대한 등기가 기입되어 선의의 피해자가 없도록 개정되었다.

국세징수법 제67조의2(공매공고에 대한 등기 또는 등록의 촉탁)

① 세무서장은 제67조에 따라 공매공고를 한 압류재산이 등기 또는 등록을 필요로 하는 경우에는 공매공고를 한 즉시 그 사실을 등기부 또는 등록부에 기입하도록 관계 관서에 촉탁하여야 한다. 〈개정 2011.12.31.〉

② 제1항에 따른 공매공고의 등기 또는 등록과 제71조의2에 따른 공매공고 등기 또는 등록의 말소에 관하여는 등록면허세를 면제한다. 〈신설 2011.12.31.〉

순위번호	등 기 목 적	접 수	등 기 원 인	권 리 자 및 기 타 사 항
5	압류	2009년10월1일 제66201호	2009년9월23일 압류(부가가치세과 7528)	권리자 국 처분청 서인천세무서
6	소유권이전	2010년3월26일 제16788호	2010년1월12일 임의경례로 인한 매각	소유자 이○형 850713-1****** 인천광역시 남구 ○○동 ○2-3 ○○빌라 비01호
7	4번임의경매개시결정, 5번압류 등기말소	2010년3월26일 제16788호	2010년1월12일 임의경례로 인한 매각	
8	강제경매개시결정	2010년7월21일 제64080호	2010년7월21일 인천지방법원의 강제경매개시결정(2010 타경35○호)	채권자 윤○석 650623-1****** 강원 철원군 ○○읍 ○○리 4○-9
9	압류	2010년10월28일 제78468호	2010년10월27일 압류(재산세과-7146)	권리자 국 처분청 인천세무서
9-1	공매공고	2012년2월27일 제15196호	2012년2월22일 공매공고(한국자산관리 공사2011-24○2-0○)	
10	8번강제경매개시결정등기말소	2011년1월27일 제6706호	2011년1월20일 취하	

(4) 배분대상 채권의 범위와 배분요구서 제출시기

2012.1.1.부터 배분요구종기일은 최초매각기일 이전에 정해져서 각 채권자에게 이 부분에 관해 최고가 된다. 또한 최선순위전세권과 주택임차인 및 상가임차인은 배분요구신청을 해야만 배분절차에 참여할 수 있다. 2012.1.1. 이전에는 낙찰 후에도 배분요구신청이 가능했으나 이날 이후 매각공고된 물건부터 최선순위전세권자나 선순위임차인이 배분요구를 하지 않은 경우에는 매각 후에도 신청할 수 없으므로 입찰 전에 반드시 배분요구유무를 확인해야 한다. 또한 배분요구에 따라 매수인이 인수해야 되는 부담이 달라지는 경우 배분요구종기일 이후에 이를 철회하지 못한다.

국세징수법 제68조의2(배분요구 등)

① 제67조의2에 따른 공매공고의 등기 또는 등록 전까지 등기되지 아니하거나 등록되지 아니한 다음 각 호의 채권을 가진 자는 제81조제1항에 따라 배분을 받으려면 배분요구의 종기까지 세무서장에게 배분을 요구하여야 한다.

1. 압류재산에 관계되는 체납액
2. 교부청구와 관계되는 체납액 · 지방세 또는 공과금
3. 압류재산에 관계되는 전세권 · 질권 또는 저당권에 의하여 담보된 채권
4. 「주택임대차보호법」 또는 「상가건물 임대차보호법」에 따라 우선변제권이 있는 임차보증금 반환채권
5. 「근로기준법」 또는 「근로자퇴직급여 보장법」에 따라 우선변제권이 있는 임금, 퇴직금, 재해보상금 및 그 밖에 근로관계로 인한 채권
6. 압류재산에 관계되는 가압류채권
7. 집행력 있는 정본에 의한 채권

② 매각으로 소멸되지 아니하는 전세권을 가진 자가 배분을 받으려면 배분요구의 종기까지 배분을 요구하여야 한다.

③ 제1항 및 제2항에 따른 배분요구에 따라 매수인이 인수하여야 할 부담이 달라지는 경우 배분요구를 한 자는 배분요구의 종기가 지난 뒤에 이를 철회하지 못한다.

④ 세무서장은 공매공고의 등기 또는 등록 전에 등기되거나 등록된 제1항 각 호의 채권을 가진 자(이하 "채권신고대상채권자"라 한다)로 하여금 채권의 유무, 그 원인 및 액수(원금, 이자, 비용, 그 밖의 부대채권을 포함한다)를 배분요구의 종기까지 세무서장에게 신고하도록 최고하여야 한다.

(5) 공매재산명세서의 작성 및 비치

공매재산명세서는 입찰시작 7일 전까지 작성하여 입찰마감 전까지 비치해야한다.

국세징수법 제68조의3(공매재산명세서의 작성 및 비치 등)

① 세무서장은 공매재산에 대하여 제62조의2에 따른 현황조사를 기초로 다음 각 호의 사항이 포함된 공매재산명세서를 작성하여야 한다.

1. 공매재산의 명칭, 소재, 수량, 품질, 매각예정가격, 그 밖의 중요한 사항
2. 공매재산의 점유자 및 점유 권원, 점유할 수 있는 기간, 차임 또는 보증금에 관한 관계인의 진술
3. 제68조의2제1항 및 제2항에 따른 배분요구 현황 및 같은 조 제4항에 따른 채권신고 현황
4. 공매재산에 대하여 등기된 권리 또는 가처분으로서 매각으로 효력을 잃지 아니하는 것

5. 매각에 따라 설정된 것으로 보게 되는 지상권의 개요

② 세무서장은 다음 각 호의 자료를 입찰 시작 7일 전부터 입찰 마감 전까지 세무서에 갖추어 두거나 정보통신망을 이용하여 게시함으로써 입찰에 참가하려는 자가 열람할 수 있게 하여야 한다.

1. 제1항에 따른 공매재산명세서

2. 제63조제2항에 따라 감정인이 평가한 가액에 관한 자료

3. 그 밖에 입찰가격을 결정하는 데 필요한 자료

[본조신설 2011.4.4.]

실전 **02**

공매의 난해한 부분은
경매정보를 활용하라

공매에도 경매와 마찬가지로 유치권, 선순위임차인, 법정지상권 등 소위 특수
물건이 종종 등장한다. 그런데 온비드를 이용해보면 알겠지만 공매공고는 경매
에 비해 해당 부동산에 관한 정보가 무척 부족한데 특히 점유자에 관한 부분은
더욱 그러하다. 경매는 '집행관현황조사서', '매각물건명세서'를 보고 점유자에
관한 부분이 어느 정도 체크가 가능하지만 공매는 매각공고에 나와 있는 부분만
으로 판단해야 되기 때문이다. 더군다나 최선순위권리보다 전입일이 앞선 점유
자가 배분요구를 하지 않았다면 더 어렵게 느껴질 것이다.

그런데 공매가 진행되는 부동산의 등기부등본을 살펴보면 가끔 경매기입등기
가 되어 있는 경우를 종종 볼 수 있다(세금을 납부하지 않는 사람이 은행이자도 연체
하는 것은 어찌 보면 당연한 현상이다). 그래서 필자는 경매와 공매가 동시에 진행되
는 경우 경매자료를 통해 점유자와 부동산 현황에 대한 자세한 정보를 수집하고
입찰은 경쟁이 덜한 공매를 통해 한다. 결과적으로 공매는 경매보다 낙찰가가 조

금 더 저렴할 뿐 아니라 잔금납부를 빨리 할 수 있는 장점도 있기에 이를 최대한 활용하는 것이다.

물건검색

더운 어느 여름날 컴퓨터 앞에 앉아 물건검색을 하고 있었다. 사실 나는 물건검색을 할 때면 보물찾기를 하는 어린아이 마냥 들뜬 마음으로 마우스를 클릭하곤 한다. 겉보기에 허름하여 아무도 거들떠보지 않는 부동산이지만 조금만 손을 보면 본래의 가치를 찾을 수 있거나 얼핏 법리적으로 복잡한 권리관계로 얽혀 있는 것 같지만 해결이 가능한 물건을 발견했을 때 느끼는 기분이란 낚시를 할 때 손끝에 전해오는 짜릿한 손맛 이상이다. 선순위임차인으로 표시되어 있는 한 물건이 눈에 띄었다. 공부상으로는 아파트로 표기되어 있으나 실제로는 빌라의 형태를 갖춘 부동산이었다. 물건을 대략 훑어보니 방 개수도 3개였고 그런대로 쓸만해보였다(작은 평형일지라도 방3개 빌라는 실수요자도 많고 임대 및 매매가 수월하다).

☒ 물건정보

[물건명/소재지] : 인천 남구 ○○동 ○60-60 ○○아파트 제○층 제○01호

■ 기본정보

물건종류	부동산	처분방식	매각
입찰집행기관	한국자산관리공사 공고정보	담당부서	인천지사
담당자	김○홍	연락처	032-509-1511
물건상태	낙찰	조회수	194

■ 물건정보

소재지	인천 남구 ○○동 ○60-60 ○○아파트 제○층 제○01호	
물건관리번호	2000-0○200-001	
재산종류	압류 재산	
위임기관	수원세무서	
물건용도	아파트	물건세부용도
면적	대지 18.918m² 지분(총면적:174.500m²), 건물 54.21m² .	

■ 감정정보

감정평가금액	68,000,000 원	감정평가일자	2005/07/22
감정평가기관	한국감정원		
위치 및 부근현황	본건은 인천광역시 남구 ○○동 소재 ○○사거리 북서측 인근에 위치하며 주위는 다세대, 단독주택 등으로 형성. 도보로 5분거리 대중교통소재함		
이용현황	철근콘크리트 슬래브지붕, 아파트(방3, 거실, 주방, 욕실 겸 화장실)로 이용중임.		
기타사항	일반상업지역, 방화지구임. 공부와의 차이는 없음.		

■ 임대차정보

임대차내용	이 름	보증금	확정(설정)일	전입일
감정서상 표시내용 또는 신고된 내용이 없습니다.				

※임대차정보는 감정서상 표시내용 또는 신고된 임대차 내용등으로서 누락, 추가, 변동 될 수 있사오니
참고 자료로만 활용하여야 하며 이에 따른 모든 책임은 입찰자에게 있습니다.

명도책임	매수자
부대조건	본건은 권리신고한 임차인의 서류상 대항력 있는 것으로 추정됨

관련정보	[사진정보] [위치도] [감정평가서] [지도정보] [인근시세정보] [부동산가격정보] [민원서류발급] [상권정보] [등기부실시간조회] [토지이용계획 및 개별공시지가] [토지이용규제정보]

 Tip 불편함을 즐겨라!

공매투자를 할 때 아니 다른 어떤 투자를 할 때든 정보가 부족하다는 이유로 불평하지 마라. 대부분의 투자자들이 이럴 때 불평을 하지만 필자는 그런 경우에 불만을 갖기보다는 오히려 경쟁이 덜한 게임을 할 수 있다는 생각에 더욱 집중하곤 했다. 결과를 놓고 보면 오히려 불편하고 부족한 정보가 더 수익을 올릴 수 있는 경우가 많았다!

그런데 공매공고의 임대차정보에 아무것도 기재되지 않았는데 부대조건에는 '본건은 권리신고한 임차인의 서류상 대항력 있는 것으로 추정됨'이라는 문구가 눈에 띄었다. 정말 이상한 케이스다. 권리신고를 했고, 해당부동산에 대항력이 있는 임차인이 있다면 최소한 전입일자라도 기재되어야 하는데 아무것도 기재되지 않았기 때문이다(대항력이 있는 임차인이 있는 경우 배분요구를 안했거나, 배분요구를 했더라도 배분절차에서 전액을 배분받지 못했을 경우엔 미배분금액을 낙찰자가 인수해야 한다).

그런데 공매공고의 임대차정보엔 왜 아무것도 기재되지 않은 것일까? 의외로 답은 쉽게 얻을 수 있었다. 공매는 '현황조사서'가 없기에 감정평가기관의 감정평가에 임대차조사를 의존한다(이 사건은 2012.1.1. 이전에 매각된 물건으로 임대차에 관한 공매재산명세서 제도가 없었다). 본 물건의 감정평가서를 확인해보니 '전입세대가 없는 것으로 조사됨'으로 기재되어 있었다.

공매 감정평가서 中

8. 기타사항
  가. 소 유 자 : 등기부등본상 "전○표"임.
  나. 임대관계 : 임차내역은 이해관계인 부재로 조사치 못하였으나 주택(상가)
       임대차 등 조사보고서상 전입세대가 없는 것으로 조사됨.
       (주택(상가)임대차 등 조사보고서 참조)

역시 감정평가사가 임대차조사를 하기 위해 동사무소에 방문했을 때 전입세대가 없는 것으로 감정평가서를 작성하여 제출하였고 자산관리공사에서는 그것을 참조하여 공매공고를 작성한 것이다. 하지만 투자자는 이 정보를 100% 신뢰하면 안 된다. 이런 경우 현장조사와 권리분석을 통해 본인이 추가적인 조사를 한 뒤 종합적으로 입찰여부를 판단해야 한다. 나중에 해당동사무소에 방문하여 전입세대열람을 했더니 명확하게 '정○기'라고 임차인의 남편이 세대주로 등재되어 있었다(감정평가사가 갔을 때 왜 그랬는지는 이유를 찾기 어려웠고 오히려 그런 부분이 고맙게 느껴질 뿐이다).

권리분석

공매물건 조사의 첫 단계인 권리분석을 하기 위해 등기부등본을 출력하였다(이 당시만 하더라도 유료사이트의 공매정보는 허접한 수준이었다). 그런데 등기부등본을 살펴보니 '갑구'에 '임의경매'라는 문구가 눈에 띄었다. 이 물건은 공매와 경매가 동시에 진행되고 있었던 것이다.

6	임의경매개시결정	2006년1월26일 제7208호	2006년1월25일 인천지방법원의	채권자 ○○신용협동조합 124241-0000051 인천 부평구 십정동 457-20
			경매개시 결정 (2006타경0200)	

유료사이트에 접속하여 경매사건번호를 입력해보니 임차인에 대한 정보가 상세하게 나와 있었다. 안개가 걷히듯 답답했던 부분이 한 순간에 이해가 되었고, 현장방문에 관한 부담감이 사라지는 순간이다. 임차인의 미배분금액을 감안할 수 있기에 입찰가격을 산정하는 것도 용이해졌다.

소재지	인천광역시 남구 ○○동 ○60-60, ○○아파트 ○층○01호	도로명주소검색					
물건종별	아파트	감정가	70,000,000원	기일입찰		[입찰진행내용]	
대지권	18,918㎡(5,723평)	최저가	(49%) 34,300,000원	구분	입찰기일	최저매각가격	결과
건물면적	54,21㎡(16,399평)	보증금	(10%) 3,430,000원	1차	2006-○-21	70,000,000원	유찰
매각물건	토지·건물 일괄매각	소유자	전○표	2차	2006-○-21	49,000,000원	유찰
사건접수	2006-01-24	채무자	전○표		2006-○-23	34,300,000원	기각
사건명	임의경매	채권자	○○산협	본사건은 기각(으)로 경매절차가 종결되었습니다.			

  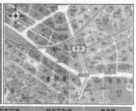

| 현장사진 | 현장사진 | 위치도 | 개황도 | 현장사진 | 전자지도 | 전자지적도 | 로드뷰 |

● **매각물건현황**(감정원 : 대화감정평가 / 가격시점 : 2006.04.27)

목록	구분	사용승인	면적	이용상태	감정가격	기타
건물	6층중 5층		54,21㎡ (16,4평)		42,000,000원	* 도시가스 설비에 의한 난방시설
토지	대지권		174,5㎡ 중 18,918㎡		28,000,000원	
현황위치	* ○○사거리 북서측 인근에 위치 * 주변은 중소규모의 공동주택 및 각종근린 생활시설등이 혼재 * 인근에 버스정류장이 소재					

| 부동산종합정보 | 토지이용계획열람 | 감정평가서 | 현황조사서 | 문건/송달내역 | 건물등기부 | 예상배당표 | 입찰기록열람 |

● **임차인현황** (말소기준권리 : 2004.09.06 / 배당요구종기일 : 2006.04.29)

임차인	점유부분	전입/확정/배당	보증금/차임	대항력	배당예상금액	기타
박○숙	주거용 전부	전 입 일: 2004, 07, 07 확 정 일: 2005, 08, 12 배당요구일: 2006, 02, 21	보25,000,000원	있음	소액임차인 미배당보증금 낙찰 자인수	
임차인분석	▶주민등록상 이○영(전입:2005. 05, 10) 전입되어 있으나, 임차관계 및 점유는 불명임 ☞대항력 있는 임차인이 있으므로, 예상배당표와 같이 미배당 보증금은 낙찰자가 인수하여야 한다.					

● **등기부현황** (채권액합계 : 61,000,000원)

No	접수	권리종류	권리자	채권금액	비고	소멸여부
1	2004, 09, 06	소유권이전(매매)	전○표			
2	2004, 09, 06	근저당	○○산협	39,000,000원	말소기준등기	소멸
3	2004, 09, 14	근저당	이○	22,000,000원		소멸
4	2005, 03, 17	압류	수원세무서			소멸
5	2006, 01, 26	임의경매	○○산협	청구금액: 30,000,000원	2006타경7275	소멸
6	2006, 05, 26	압류	성남세무서			소멸
등기부 분석	☞매각으로 전부소멸되며 인수되는 등기부상 권리 없음					

인천지방법원

매각물건명세서

| 사건 | 2000타경0200 부동산임의경매 | 매각물건 번호 | 1 | 작성일자 | 2006.06.07 | 담임법 관 | |
| 부동산 및 감정평 가액 최저매각가격의 표시 | 부동산표시목록 참조 | 최선순위 설정 일 자 | 04.09.06.근저당권 | | | | |

부동산의 점유자와 점유의 권원, 점유할 수 있는 기간, 차임 또는 보증금에 관한 관계인의 진술 및 임차인이 있는 경우 배당요구 여부와 그 일자, 전입신고일자 또는 사업자등록신청일자와 확정일자의 유무와 그 일자

점유자 의 성명	점유부분	정보출 처 구분	점유의 권원	임대차기간 (점유기간)	보증금	차임	전입신고일 자·사업자등 록신청일자	확정일자	배당요구여 부 (배당요구일 자)
박○숙	전부	현황조 사	임차 인		미상		2004.07.07		
		권리신 고	임차 인	2004.9.7~ 2006.9.7	25,000,000		2004.7.7	2005.8.12	2006.02.21
이○영		현황조 사	임차 인		미상		2005.05.10		

< 비고 >

※ 최선순위 설정일자보다 대항요건을 먼저 갖춘 주택·상가건물 임차인의 임차보증금은 매수인에게 인수되는 경우가 발생할 수 있고, 대항력과 우선변제권이 있는 주택·상가건물 임차인이 배당요구를 하였으나 보증금 전액에 관하여 배당을 받지 아니한 경우에는 배당받지 못한 잔액이 매수인에게 인수되게 됨을 주의하시기 바랍니다.

※ 등기된 부동산에 관한 권리 또는 가처분으로 매각허가에 의하여 그 효력이 소멸되지 아니하는 것

　해당사항없음

※ 매각허가에 의하여 설정된 것으로 보는 지상권의 개요

　해당사항없음

※ 비고란

　배당요구종기 06.04.29.

　　경매정보의 매각물건명세서에 임차인의 전입일자(2004년 7월 7일)와 확정일자 (2005년 8월 12일)가 명확하게 기재되어 있었고, 사건의 말소기준권리가 되는 ○○신 협의 근저당 설정일은 2004년 9월 6일이었다(공매와 경매사건의 권리분석은 동일하다).

　　즉, 임차인의 전입일이 최선순위근저당보다 빠르지만 확정일자는 느린 경우다. 다행인 것은 임차인이 소액임차인의 범위에 있으므로 소액보증금 1,600만 원에 대 해 최우선변제를 받을 수 있다는 것이다(서류상으로 미배분금액은 약 900만 원이었다).

공매정보가 부족한 부분은 경매를 활용하라

공매와 경매가 서로 상이한 것은 이를 집행하는 기관 자체가 다르기 때문이다. 경매는 '민사집행법'의 개정으로 모든 정보제공이나 매각절차에 있어서 매수자(입찰자)의 부담이 적으며 절차상의 하자가 없도록 보완이 되었지만, 공매는 매각절차에 있어서 제대로 정비가 된 것이 아니기에 매수자의 부담이 큰 편이었다(미납보증금, 공유자우선매수, 공매물건명세서에 관한 부분도 최근에야 개정된 것을 보면 가늠할 수 있다).

각설하고 경매는 해당부동산의 경매개시가 되면 감정평가서 외에도 집행관이 직접 현장에 방문하여 '현황조사서'를 작성한다. 이 조사서는 임대차금액과 점유자, 부동산의 상태 등에 관한 구체적인 보고서라고 생각하면 될 것이다. 따라서 투자자 입장에서는 감정평가서에만 의존해야 하는 공매 보다는 좀 더 많은 정보를 책상에 앉아서 얻을 수 있는 것이다(사실 몇 번 언급했듯 이러한 불편한 점 때문에 경쟁률도 낮은 것이고, 그렇기에 상대적으로 수익률을 높일 수 있는 것이다. 모든 절차가 입찰자에게 편하게 바뀌기만을 바라는 사람은 하나만 알고 둘은 모르는 사람이다. 판단이 쉽도록 완성된 정보는 높은 경쟁률을 불러오기 때문이다). 물론 공매도 세무공무원에게 현황조사를 할 수 있도록 개정되었지만 아직 그 정보는 미흡한 편이다. 그러므로 공매로 나온 물건이 있다면 우선 등기부등본을 보고 해당 물건이 경매로도 진행이 되는지 먼저 체크해 보자.

경매정보를 보니 한 눈에 이 부동산의 상황이 그려졌다(경매사건에 기각으로 기재된 이유는 이미 필자가 공매로 낙찰 받고 잔금납부를 했기 때문이다). 말소기준권리가 되는 2004년 9월 6일 근저당보다 앞서 전입한 임차인이 있는 것이다. 게다가 전입일은 앞서는 반면 확정일자가 말소기준권리보다 늦기 때문에 나머지 미배분금액은 낙찰자가 추가로 변제해야 하는 상황이었다.

우선 이 부동산 세입자의 전입일자와 확정일자의 시간적 차이가 상당하기 때문에 무언가 사연이 있거나 허위 임차인일 가능성을 염두에 두고 조사를 하기로 마음먹었다(정상적인 임차인이라면 전입신고를 하면서 확정일자를 받는 것이 보통이다).

채권자를 찾아가다

이 물건에 대해 조사하다가 대법원 경매사이트 문건접수내역에서 채권은행이 임차인의 최우선변제금액에 관해 가처분신청을 했음을 발견하고 이를 확인하기 위해 공매 담당자에게 전화를 걸었다. 즉, 채권은행에서 위 점유자를 진정한 임차인이 아니라고 생각하고 있기에 배분금에 관해 가처분을 해둔 것이고, 만약 이 문제가 법적으로 간다면 낙찰자는 참으로 애매한 상황에 처할 것이라 생각되었다. 왜냐하면 세입자가 배분을 받게 되면 낙찰자의 명도확인서가 필요하지만 그렇지 않을 경우 임차인과 채권은행 사이에 싸움(배분이의)이 끝날 때까지 명도가 지연될 수 있기 때문이다. 공매담당자에게 이를 확인한 후 바로 채권은행을 방문했다.

"안녕하세요. 송사무장입니다."
"아… 네… 무슨 일로 오셨나요?"
"다름이 아니라 지금 공매로 진행되고 있는 ○○아파트의 임차인 때문에 여쭐 것이 있어서요."
"아… 가처분이요?"

"네… 제가 서류상으로 봤을 때는 임차인이 확실한데 은행에서 임차인의 소액보증금 지급에 관해 가처분신청을 하셨더라고요?"

"아니에요… 그 사람 가짜에요. 저희 은행에서 채무자한테 대출해줄 때 받아둔 서류가 있습니다."

"그 서류가 뭔데요?"

"이해관계인도 아니신데… 그 부분까지 저희가 말씀드릴 수는 없습니다."

"네… 그런데 그 말씀하신 서류가 현재 임차인이 진정한 임차인이 아니라는 증거가 된다는 말씀이시군요. 혹시 채무자한테서 임차인이 없다는 각서 같은 것을 받으셨나보죠?"

"……."

100% 확신이 없는 허위 선순위 임차인은 보너스 개념으로 접근하라

이 사건에서 세입자의 보증금이 2,500만 원이다. 그런데 말소기준권리가 되는 선순위채권보다 확정일자의 순위가 늦으므로 최우선변제가 되는 1,600만 원을 제외한 나머지 900만 원은 낙찰 후 인수해야 한다.

이렇게 권리 상 인수금액이 남아 있을 경우 그 변제금액까지 감안하여 수익계산을 해야 한다. 변제금을 물어주고도 수익을 남길 수 있는 금액으로 입찰해야 한다는 것이다.

하지만 위 입찰물건처럼 세입자의 전입일자와 확정일자 사이의 간격이 상당한 경우 임차인이 허위일 가능성이 있다. 그러나 그렇다고 해서 임차인이 허위라는 심증만으로 변제금액을 전혀 고려하지 않은 채 높게 입찰가격을 산정하면 안 된다. 후에 진정한 임차인이 아님을 알았을 경우엔 보너스를 챙긴다는 마음으로 변제할 금액까지 감안하여 입찰가격을 산정하는 것이 좋다.

공매는 낙찰이 곧 게임의 시작일 뿐이라는 것을 명심하자!

〈입찰가격산정 및 낙찰〉

감정가격 : 6,800만 원
시　　세 : 6,500만 원
입찰가격 : 3,420만 원
인수금액 : 900만 원 → 총 : 4,320만 원
예상차익 : 약 2,000만 원

이 물건은 이런 복잡한 사연 때문인지 여러 번 유찰을 거듭하여 필자가 낙찰을 받았다. 공매로 낙찰 받은 후 경매법원을 들러 관련서류 일체를 복사했다(동일한 물건을 공매로 낙찰 받았다고 법원직원에게 잘 설명하니 가능했다). 그중에서 임대차계약서, 채권은행의 가처분신청서 등 중요한 서류를 체크한 후 임차인에게 전화를 걸었다. 서류만 봐서는 대체 어떤 사정인지 판단이 서질 않았다.

복사했던 임대차계약서에 기재된 임차인의 핸드폰번호로 전화를 했더니 웬 사내가 전화를 받고 흔쾌히 집으로 오라고 했다. 은행에서 가처분신청 낸 것을 모르고 있나? 은행과 이야기가 잘 되어 최우선변제금액을 모두 받게 되었나? 사내 목소리가 의외로 밝았기에 낙찰 받은 집으로 향할 때 더 복잡한 생각이 들었다.

그러나 현장에 도착하여 문을 열고 들어서니 필자가 생각했던 그런 포근한 분위기가 아니었다. 전화를 받았던 그 임차인은 흔히 아저씨들이 즐겨 입는 흰색 런닝셔츠를 입고 있었고 그 사이로 검붉은 그림(문신)들이 꿈틀거리고 있었다(뭐야? 이건??).

"안녕하세요. 사장님! 송사무장이라고 합니다."
"어서 오시오."

"다름이 아니고 채권은행에서 사장님께 배분될 배분금에 처분금지가처분을 해둔 것은 아시죠?"

"그게 뭔 소리요?"

"채권은행에서 사장님이 진정한 임차인이 아니라고 생각하는 것이죠(이런 경우 내가 직접적으로 진정한 임차인지 여부를 추궁할 필요가 없다)."

"그러면 내가 한 푼도 못 받고 쫓겨난다는 거요? 그럼 난 이집에서 한 발짝도 못나가지."

"(그의 눈을 응시하며)오해하지 마십시오. 제가 사장님을 법적으로 못 내보내서 여기까지 찾아온 것이 아닙니다. 단지 자초지종을 들어보고 혹시 도움드릴 일이 있으면 도우려고 온 겁니다. 저도 임차인분들이 배분을 받고 나가는 것이 맘은 편하거든요. 사장님께서 여기에 임차하게 된 경위에 대해 설명해주십시오."

"그러니까…"

그는 처음에 이 아파트를 분양받기 위해 계약금을 치른 수분양자였다. 계약금을 치른 상태에서 먼저 이 집에 전입해서 살고 있었고 그 사이에 채무자는 은행에서 대출을 받기 위해 임차인이 없다는 서류를 은행에 넘긴 것이다. 그러나 이 아파트가 경매에 넘어가게 되었고 그 후에 채무자가 계약금을 돌려주지 못하자 계약금과 동일한 수준으로 채무자와 전세계약을 맺었던 것이다. 그래서 전입일은 말소기준권리보다 빨랐으나 확정일자가 그보다 늦었던 것이다. 게다가 경매지에 쓰여 있는 임차인인 그의 아내는 채무자가 은행에서 대출받을 때 본인은 임차인이 아니라고 서류에 도장까지 찍어주었다고 했다.

임차인은 금전적인 여력이 없어 보여서 다른 곳으로 이사하려면 배분을 받아야 수월할 것이란 생각이 들었다. 게다가 몸을 도화지처럼 쓰는 사람이기에 마땅

한 벌이가 없었고, 그의 아내는 용 문신 남편에게 기 한번 제대로 못 펴고 평생을 살아온 듯한 불쌍한 사람이었다. 아내가 찍은 도장 때문에 돈 한 푼 못 받고 쫓겨날 수 있다는 말에 남자는 도끼눈을 뜨고 여자를 보고 있었고 여자는 고슴도치처럼 몸을 웅크리며 눈물만 흘리고 있었다.

이런 경우 낙찰자는 딜레마에 빠지게 된다. 하지만 만약 그 고민 중에 세입자와 채권자가 있다면 게다가 이렇게 약자인 세입자라면 웬만하면 약자 편에 서서 도움을 주려고 한다. 은행이야 조금 손해 본다고 망할 리 있겠는가.

"그렇다면 제가 사장님께서 배분받을 수 있도록 도움 드리겠습니다. 대신 제가 시키는 대로 하시면 됩니다."

"알겠소. 그렇게 되면 내가 시원스럽게 집을 비워드리겠소."

임차인을 도와서

은행에 직접 방문하여 담당자를 찾았다.

"안녕하세요. 공매낙찰잡니다."

"네… 저번에 뵀던 분이시군요. 이 물건 싸게 낙찰 받으셨던데요(나도 알거든)."

"그래요. 저는 잘 모릅니다. 그런데 제가 이렇게 찾아온 것은 임차인 때문입니다. 현장에 방문해서 대화를 나눠보고 자료를 봤는데 진짜 임차인이 맞던데요."

"저번에도 말씀드렸듯이 그 임차인은 가짭니다. 채무자한테 받아둔 서류도 있다니까요."

"그 서류 볼 수 있을까요?"

"그렇게는 안 되는데요."

"저도 이 사건에 밀접하게 관련되어 있고 이해관계인입니다. 그리고 그분이 진정한 임차인이라고 보고 있고요. 앞으로 임차인을 도와서 일처리를 할 것입니다."

"……."

은행담당자에게 '진정한 임차인이고, 억울한 부분에 관해 금감원에 민원을 넣겠다는 취지'의 내용증명도 발송하고 임차인을 시켜 은행에 계속 항의방문을 시켰다. 결국 은행담당자와 협상이 타결되었다. 임차인의 최우선변제금액 1,600만 원 중에 400만 원을 은행에게 양보하고 나머지 1,200만 원을 받는 것으로 최종 결정을 내린 후 채권은행에게 가처분 포기신청서를 제출하라고 하였다.

> **대법원 2000. 1. 5. 자 99마4307 결정 【부동산강제경매】**
>
> 근저당권을 설정하고 대출을 받으면서 채권자에게 자신은 임차인이 아니고 위 아파트에 관하여 일체의 권리를 주장하지 않겠다는 내용의 확인서를 작성하여 준 경우, 그 후 경매절차에서 대항력이 있는 임차인으로 주장할 수 없다.

임차인은 정말 운이 좋았다고 할 수 있다. 왜냐하면 본래 전소유자가 이 사건 부동산을 대출받을 당시 임차인이 직접 무상임차인 각서도 작성하여 은행에 제출했고, 또한 소유자와 맺은 임대차계약에 관해 증빙할 수 있는 금융거래내역조차 갖추고 있지 않아서 만약 은행과 배분금액에 관하여 법적으로 다퉜다면 분명 패소했을 것이기 때문이다.

물에 빠진 놈 건져놓으니깐 봇짐 내놓으라 하네

어쨌든 임차인은 내 덕분에 은행과 원만하게 마무리할 수 있었고 그나마 보증금의 절반정도를 회수할 수 있었다. 아직 명도가 완료되지 않은 상황이어서 혹시나 하여 임차인의 배분금은 내가 대신 수령하였고 채권은행에게 약속했던 400만 원을 입금해주고 나머지 1,200만 원은 이사하는 날 주기로 약속하였다. 하지만 임차인과 그의 아내가 찾아와서 어차피 모레 이사를 할 예정이니 계약을 치를 수 있게 돈을 미리 달라고 애원하였다. 미심쩍었지만 그의 아내가 사정하는 통에 하는 수 없이 그에게 돈을 전부 건네주었다.

그런데 그 다음 날 그에게서 전화가 왔다.

"저기~ 내가 일이 생겨서 못나갈 것 같은데… 집 구할 돈도 부족하고…"

"지금 무슨 말씀하시는 거죠?"

"물어보니깐 다른 집들은 1~2년도 버티다가 나가고 그러는 것 같던데."

"(갑자기 부아가 치밀었다)사장님! 사람 잘못 짚으셨습니다. 제가 사장님을 내보내지 못해서 도운 것이 아니라 도의적으로 도와드렸고 또 좋게 해결하려고 했었는데 어떻게 그러실 수 있습니까!"

"뭐여! 지금 나한테 협박하는 거야! 야~! 맘대로 해… 전화 끊어!(금세 반말까지 한다)"

"그런데 제가 법으로 진행해도 시간은 얼마 안 걸리는 것은 아시죠?"

"그래! 나도 다 안다. 다 알아."

뚝~하고 전화통화가 끊어졌다. 생각해보니 너무 괘씸했다. 만약 내가 낙찰을 받자마자 명도소송을 제기하고, 은행에선 '배분이의'소송을 제기하면 한 푼도 건지지 못하고 쫓겨났을 것이고 그의 아내가 너무 안 돼 보여서 힘들게 그들을 도와준 것인데, 이렇게 나오니 마치 뒤통수를 한 대 얻어맞은 기분이었다. 모레까지 깔끔하게 비우겠다던 그의 말을 믿고 보관하고 있던 배분금액 전부를 내준 내 불찰이었다.

'강제집행예정통보'가 의외로 효과만점이다

지금 당장 소송을 제기한다고 해도 최소 6개월 이상 소요될 것인데 그 기간이 막막하게 느껴졌다. 담배를 한 대 태우며 곰곰이 어떻게 해야 할지 생각해보았다. 이런저런 생각 끝에 임차인의 법적지식이 형편없다는 것을 이용하여 부적(?)을 붙이기로 결심했다. 공매에서 부적이란 다름 아닌 '강제집행예정통보'다.

본래 법원 집행관이 강제집행(=부동산인도집행)을 실시하기 전에 해당부동산에 방문하여 점유자에게 '○○월 ○○일까지 이사를 하지 않거나 낙찰자와 합의가 되지 않는다면 강제집행을 실시할 것입니다.'라는 통보를 한다. 그런데 점유자가 집에 있을 경우엔 구두로 통지를 하지만 부재중일 경우에는 '계고장'을 붙이는 데 필자가 이것과 비슷하게 개인적으로 만든 것이다. 실제 명도를 하다보면 아무리 기세등등했던 점유자라도 집행관의 강제집행계고를 경험하면 고분고분해지는 것을 볼 수 있는데 이 부분을 활용한 것이다. 다시 말해, 계고장은 강제집행을 예고하는 내용이고, 내가 붙인 강제집행예정통보는 나도 낙찰자로서 법대로 한다는 예고를 하는 것이라고 생각하면 된다. '예정통보'라는 문구가 있기에 공갈협박도 아니고, 내가 내 집에 경고장을 붙이는 것이니 죄가 되지도 않는다(단, 명

예훼손으로 이의를 제기할 수 있으므로 상대방의 이름은 기재하지 않는 것이 좋고, 상대의 법적수준이 낮은 경우에 사용해야 한다).

B4크기로 출력된 종이를 들고서 낙찰 받은 집으로 갔다. 조용히 청테이프로 단단하게 붙인 후 집에 돌아왔다. 다음날 바로 전화가 올 것이라 생각했는데 아무 소식이 없다. 이틀이 지나고 그에게서 전화가 왔다.

"송사무장 나 짐 빼서 그 집에서 이사 나왔소! 근데 무슨 법원에서 그렇게 집행을 빨리 나오남?"

"제가 법으로 처리해도 금세 끝난다고 말씀드렸죠!"

결국 부적 한 장으로 이틀 만에 명도를 완료했다(명도를 할 때 상대방의 법적수준을 가늠하는 것도 매우 중요하다).

대법원 판례를
실전에 **적용**하기

경·공매의 고수가 되려면 이론 공부를 쌓고, 그 이론을 실전에 접목시킬 수 있어야 한다. 하지만 대부분 투자자들은 대법원판례 보는 것을 어려워하고, 이마저도 단순히 읽는 것으로만 끝내는 경우가 많다. 탄탄한 실력을 쌓으려면 인터넷에 있는 부정확한 정보에 의존하는 것보다 대법원 판례를 실전에 접목시키고, 반대로 실전에서 애매한 물건을 접했을 때 판례를 찾아보며 답을 얻을 수 있어야 한다.

채권을 임대차로 전환한 경우에는 대항력이 성립하지 않는다!

판례1. 대법원 2007.12.13. 선고 2007다55088 판결【임차보증금반환】

【판시사항】

[1] 임대차계약의 주된 목적이 주택을 사용·수익하려는 것이 아니고 대항력 있는 임차

인으로 보호받아 기존 채권을 회수하려는 것에 있는 경우, 주택임대차보호법상의 대항력이 있는지 여부(소극)

[2] 부모가 삼촌에 대하여 가지는 대여금채권을 임대차보증금으로 대체하기로 하고 삼촌이 건축한 빌라에 관하여 임대차계약을 체결한 사안에서, 그 주된 목적이 대항력 있는 임차인으로 보호받아 부모의 대여금채권을 우선변제 받으려는 것인지에 관하여 더 심리해야 한다는 이유로 원심판결을 파기한 사례

판례2. 대법원 2003. 7. 22. 선고 2003다21445 판결【배당이의】

【판시사항】

[1] 주택임대차로서의 우선변제권을 취득한 것처럼 외관을 만들었을 뿐 실제 주택을 주거용으로 사용·수익할 목적을 갖지 아니한 계약에 주택임대차보호법이 정하고 있는 우선변제권이 있는지 여부(소극)

【판결요지】

[1] 주택임대차로서의 우선변제권을 취득한 것처럼 외관을 만들었을 뿐 실제 주택을 주거용으로 사용·수익할 목적을 갖지 아니한 계약에는 주택임대차보호법이 정하고 있는 우선변제권을 부여할 수 없다.

위 대법원판례는 임차인이 임대차계약을 체결하고, 보증금을 납부 후 해당 부동산에 주민등록을 하고 사용·수익을 했다고 할지라도 만약 그 임대차보증금이 채권을 임대차로 전환한 경우에는 대항력이 인정되지 않는다는 것이다. 또한 판례를 자세히 살펴보면 채권을 임대차로 전환했다는 사실만으로 대항력이 부정되는 것이 아니라 임대차보증금이 본래 임대시세와 현저하게 차이가 많이 났기 때문에 법원에서 주거임차인으로 인정하지 않은 것을 알 수 있다(이 부분이 이해되지 않은 독자는 위 판례를 다시 검색하여 반복해서 읽어보면 될 것이다. 판례는 결과만 보려하지 말고, 그 과정을 이해해야 완벽한 이해라 할 수 있다).

그렇다면 위와 같은 판례를 어떻게 실전에 접목시킬 수 있을까?

[물건명/소재지] : 강원 철원군 ○○읍 ○○리 8○-○ ○○○빌 제1층 제101호

입찰물건목록

■ 기본정보

■ 물건종류	부동산		
■ 처분방식	매각		
■ 물건상태	입찰공고중		
■ 조회수	290		

■ 기관정보

○ 입찰집행기관 : 한국자산관리공사
○ 담당자 : 조세정리부 / 공매3팀
○ 연락처 : 02-3420-5145 /

■ 물건정보

소재지	강원 철원군 ○○읍 ○○리 8○-○ ○○○빌 제1층 제101호		
물건관리번호	20○-02○6-003	재산종류	압류재산
위임기관	철원군청		
물건용도/세부용도	다세대주택/다세대	입찰방식	일반경쟁
면적	대지 50.43㎡ 지분(총면적 412㎡), 건물 86.49㎡		

■ 감정정보

감정평가금액	75,000,000 원	감정평가일자	2010/12/21	감정평가기관	(주)대화감정평가법인 감정평가서 >
위치 및 부근현황	○○여자중고교 인근위치, 주거지대, 교통사정은 무난				
이용현황	등고,평탄한 부정형, 공동주택 건부지				
기타사항	해당사항 없음.				

■ 임대차정보

임대차내용	이름	보증금	차임(월세)	환산보증금	확정(설정)일	전입일
임차인	김○영	15,000,000 원	0 원	15,000,000 원	2008/04/03	2008/04/03
임차인	김○빨	125,000,000 원	0 원	125,000,000 원	2007/12/07	2007/10/24

• 임대차정보는 감정서상 표시내용 또는 신고된 임대차 내용등으로서 누락, 추가, 변동 될 수 있사오니 참고 자료로만 활용하여야 하며 이에 따른 모든 책임은 입찰자에게 있습니다.

위 사건을 한 번 살펴보자.

위 빌라의 공매 감정가는 7,500만 원이다. 그런데 임차인의 보증금은 그보다 5,000만 원이 많은 1억 2,500만 원이다. 이게 무슨 말인가. 7,500만 원 빌라에 1억 2,500만 원 전세로 들어온 세입자가 있다니 상식적으로 이해가 되지 않는다. 현장조사를 하여 임차인과 대화를 나눈 결과 임차인이 소유자에게 받을 채권이 있다는 것을 확인했다(판례를 알고 있으면 현장조사 시 어떤 질문을 해야 하는지도 차이가 난다).

즉, 이 사건은 채권자가 우선변제받기 위해 자신이 소유자에게 받을 채권을 서로 협의하여 전세계약으로 전환한 것이다.

쉽게 풀어서 설명하자면, 이 사건의 1억 2,500만 원 세입자는 얼핏 서류상으로 보기에는 대항력 있는 임차인으로 보이나 이는 정당한 주택임대차계약이 아닌 채권자의 기존 채권을 전환한 것에 불과하다는 것이다. 그렇기에 실제로는 대항력이 전혀 없다고 할 수 있다. 즉, 낙찰자는 임차인의 보증금을 전혀 인수할 필요가 없다. 그런데도 많은 투자자들이 단순히 서류만 보고 대항력이 있다고 판단했기 때문에 해당 사건은 계속 유찰되었다. 법적으로 아무런 문제가 없는 것인데도 말이다.

필자가 전하고 싶은 결론은 이것이다. 평소부터 다양한 판례에 대해 많은 관심을 갖고, 이 판례는 실제 현실에서 어떤 경우에 해당되는 것일까를 연상해보며 공부를 하게 되면 실전에서도 응용하여 수익으로 연결할 수 있다는 것이다!

PART **2**

공매부동산
검색 요령

온비드 회원가입

체납처분에 의해 진행되는 물건은 해당 관공서에서 자산관리공사에 매각의뢰
(=공매대행)가 되어 공매매각절차가 진행된다. 그리고 공매절차는 현장입찰이 없
고, 온라인 입찰만 가능하므로 온비드 홈페이지에 접속하여 사용방법을 숙지해
야만 좀 더 수월하게 공매물건 검색이나 입찰을 할 수 있다. 온비드 홈페이지의
활용방법을 알아보도록 하자(그리 어렵지 않으므로 책을 보고 한 번 따라하면 쉽게 이
해가 될 것이다).

온비드 홈페이지(http://www.onbid.co.kr)에 접속하면 아래 메인화면이 나온다.

위 화면 가운데 상단에 표시된 '로그인/회원가입'부분을 클릭한 후 기본적인 사항을 입력하면 누구나 회원가입이 가능하고 회원이 되면 로그인 후 사용할 수있다(비회원도 기본적인 물건검색이 가능하지만 감정평가서, 입찰내역 등 해당부동산의 상세내역 검색과 입찰은 회원만 가능하므로 회원가입을 해두는 것이 좋다). '회원가입'을 클릭하면 '개인/개인사업자/법인/비법인단체/공익단체/외국인 등록번호 보유자/외국인 등록번호 미보유자'로 분류되어 가입이 가능하지만 대체적으로 개인 (일반)회원으로 가입을 하기에 별도 설명은 생략한다.

회원가입 후 메인화면에서 '로그인'을 클릭하면 '인증서 로그인'과 '아이디/비밀번호 로그인'으로 나눠진다. 인증서 로그인은 처음 가입하면 공인인증서를 추가로 등록해야 사용이 가능하고 입찰에 참가할 때도 공인인증서 확인절차가 있으므로 회원가입 후 추가로 공인인증서 등록을 해야 한다.

우선 로그인하여 메인페이지로 이동한다.

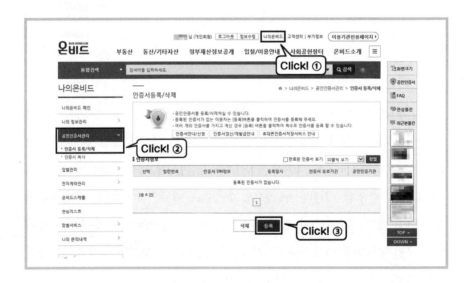

이동 후 Click①에 '나의 온비드'를 클릭하면 위 이미지와 조금 다르게 나오는데 Click②에 '공인인증서관리→인증서등록/삭제'버튼을 클릭하면 위 그림과 동일하게 나온다. 그럼 Click③의 '등록'버튼을 누르면 아래 화면처럼 공인인증서 관리 페이지가 나온다.

위 화면에서 '하드디스크·이동식 드라이브·저장 토큰·보안 토큰·휴대폰'중 범용 공인인증서가 저장된 곳을 찾아 인증서 암호 입력 후 확인버튼을 누르면 등록이 된다(단, 공매입찰 시 범용공인인증서만 등록할 수 있고 은행용은 사용할 수 없다).

※ 참고 : '범용공인인증서'는 은행에서 기본으로 발급해주는 '은행용공인인증서'와 다르므로 범용공인인증서가 없다면 추가로 발급받아야 한다.

기존에 인터넷 뱅킹을 사용하고 있으면 해당은행 홈페이지에서 발급이 가능하고, 인터넷뱅킹 미사용자라면 은행 방문하여 인터넷뱅킹 신청 후 인터넷상에서 등록하거나 타 공인인증기관(한국전자인증/(주)코스콤/한국무역정보통신/금융결제원 등)에서 발급 받아 '온비드'에 등록해야 된다.

온비드 물건검색 방법

회원가입과 공인인증서 등록을 마쳤다면 본격적으로 물건검색을 해보도록 하자. 온비드 홈페이지의 메인페이지로 이동하면 아래 화면이 나온다.

위 화면이 온비드에 접속하면 나오는 첫 메인화면이다. 물건검색을 하려면 우선 메인화면 가운데에 있는 메뉴바나 상단 메뉴바 중에서 '부동산 또는 동산/기타자산'을 클릭하면 다음 화면이 나온다.

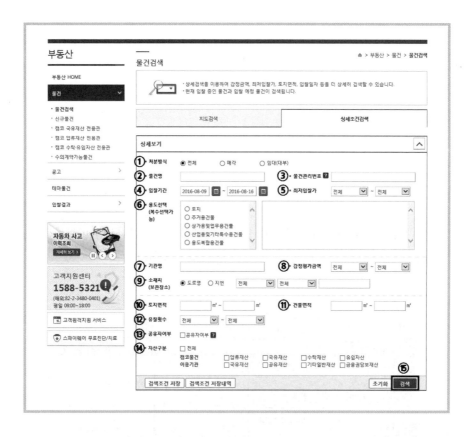

위 화면이 온비드에서 물건검색을 할 수 있는 페이지로 현재 공매로 진행 중이거나 차후 매각될 모든 물건의 검색이 가능하다. 번호순으로 각 조건을 알아보도록 하자.

① 처분방식

- 전체 : 공매로 진행되는 매각물건과 임대물건 모두를 검색할 때 사용함.
- 매각 : 압류 수탁 국유재산 중 매각되는 물건에 입찰할 때 사용.
- 임대 : 공사재산이나 국유재산의 공매공고에 명시된 기간 동안 임대를 할 수
       있는 임대물건에 입찰할 때 사용.

② 물건명

- 특정한 물건을 찾고 싶을 때 건물 명칭을 별도로 입력하여 사용.

③ 물건관리번호

경매물건은 고유의 사건번호가 있고, 공매물건은 고유의 관리번호가 부여된다.

- 공매물건의 관리번호를 알고 있을 때 검색이 가능하다.

한국자산관리공사 : 12자리(압류 국유재산)나 13자리(수탁재산)로 이루어진 물건

관리번호의 '-'와 같은 특수 문자를 포함해서 입력한다.

예) 압류 국유재산 : 2009-01234-001

    수탁 국유재산 : 32009-01234-001

기타 이용기관: 기존 방식은 숫자와 문자 혼합방식으로 사용되었지만 2010.3.30.
이후 14자리 숫자로만 표기되게 변경되었으며 숫자에 포함된 '-'와 같은 특수
문자를 제외하고 화면에 표시되는 숫자만을 입력한다. 다만 14자리(예:2010-
1234-123456)가 아닌 2010.3.30. 이전에 등록된 이용기관 물건은 특수문자를
포함한 전체를 입력해야 한다.

예) 2010.3.30. 이후 물건 : 2010-1234-123456 ⟹ 20101234123456

2010.3.30. 이전 물건 : 2010-01(온비드) ⟹ 2010-01(온비드)

④ 입찰기간

- 공매검색을 하면 기본적으로 1
  주일의 기간이 설정되어 있다.
  날짜 옆 달력모양(📅)을 클릭하
  면 기간설정이 가능하다.

날짜 설정을 너무 길게 할 필요는 없고, 약 1~2개월 정도로 설정하면 공매로
매각 예정인 물건을 거의 다 검색할 수 있다.

⑤ 최저입찰가

- 공매물건의 최저입찰가격의 차이에 따라 조건을 설정하여 검색할 때 사용
  (최저 500만 원 이하 ~ 최고 20억 원 조회가능).

⑥ 용도 선택

- 용도의 설정부분은 크게 '토지/주거용 건물/상가용 및 업무용 건물/산업용 및 기타특수용 건물/용도복합용 건물'로 분류되고 본인이 검색하고픈 용도를 체크 후 검색 하면 된다.

⑦ 기관명

- 온비드에 매각의뢰를 한 기관명을 검색할 때 사용(사용빈도 적음).

⑧ 감정평가금액

- 공매물건의 감정가격의 차이에 따라 조건을 설정하여 검색할 때 사용 (최저 500만 원 이하 ~ 최고 20억 원 조회 가능).

⑨ 소재지

- 본인이 검색을 원하는 지역을 설정하면 된다.

⑩ 토지면적

- 토지(대지 임야 농지 과수원 등 모든 토지)면적의 차이에 따라 조건을 설정하여 검색할 때 사용(1㎡부터 조회가능).

⑪ 건물면적

- 건물(주택 상가 아파트 빌라 등 모든 건물)면적 크기의 차이에 따라 조건을 설정하여 검색할 때 사용(1㎡부터 조회가능).

⑫ 유찰횟수 : 유찰이 된 횟수로 검색할 때 사용(최저입찰가율과 다름)

※ '최저가입찰가율'과 '유찰횟수'는 다르다. 공매는 유찰횟수가 많아도 무잉여가 예상될 경우 새로 매각가격을 정할 수 있어서 다시 최초감정가격(100%)으로 나올 수도 있기 때문이다. 그래서 이 조건은 유찰횟수보다 최저입찰가율로 조회하는 것이 더 정확하다.

⑬ 공유자여부

공개물건이 지분인 경우 그중에서 공유자우선매수신고가 되어 있는 물건을 검색할 때 체크한다(지분물건에 관한 검색조건은 아님).

⑭ 자산구분

본인이 검색하고자 하는 자산 종류에 클릭을 하여 검색 할 수 있고 '전체'검색도 가능하며 항목별로도 중복 검색이 가능하다.

⑮ 검색

모든 설정을 마치고 [검색] 버튼을 누르면 검색이 실행되고, [초기화] 버튼을 누르면 처음부터 다시 설정을 할 수 있다.

입찰물건 검색요령

　기본적인 온비드의 검색방법을 이해했다면 본격적으로 입찰에 참여할 물건의 검색요령을 확인해 보도록 하자. 온비드를 통한 물건검색은 여러 가지 방법이 있다. 상단메뉴에 있는 '부동산/동산 기타자산'을 통하여 검색 가능한 페이지로 이동할 수 있고, 가운데 용도별 검색 및 지역별 검색 메뉴를 활용해도 검색 가능한 페이지로 이동한다.

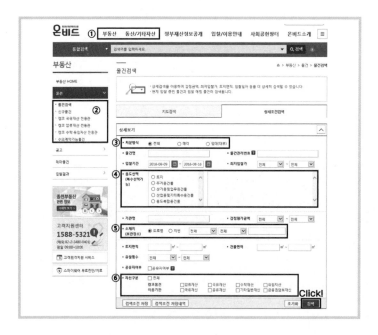

검색할 때 주로 사용하는 부분만 숫자를 표시하였다.

① 부동산 및 동산/기타자산

부동산 및 동산/기타자산 검색은 용도별로 물건을 검색할 수 있는 기능이다.

② 물건 검색

물건 검색은 물건의 종류를 선택하는 기능이다. 박스테두리 부분에 '신규물건, 캠코국유자산전용관, 캠코압류자산전용관, 캠코수탁유입자산 전용관, 수의계약가능물건'중에서 원하는 조건을 선택하면 된다.

③ 처분방식

'처분방식'은 공매공고가 된 물건이 매각물건인지 임대물건인지 분류된 검색 조건이다. 체납처분에 의한 공매물건을 검색할 때엔 '매각'에 체크하고 검색하면 된다.

④ 용도 선택

용도는 부동산의 세부용도를 선택하는 기능이다. 박스에 '토지, 주거용 건물, 상가용 및 업무용건물, 산업용 및 기타특수용건물, 용도 복합용 건물'중에서 자신이 원하는 것을 선택하면 된다(자세한 내용은 전 항에 설명하였다). 세부적인 설정도 가능하기에 활용하면 더 효율적으로 검색이 가능하다.

⑤ 소재지

소재지는 자신의 관심지역이나 검색을 원하는 지역을 선택할 때 사용한다.

⑥ 자산구분

자산구분은 압류재산, 수탁재산, 국유재산 등의 종류를 선택하는 기능이다. 통상 우리가 공매진행으로 낙찰 받는 종류는 압류재산이므로 '압류재산'으로 선택하고 검색하면 효율적인 검색이 가능하다.

위 화면에서 ②번 물건별검색에 '물건검색', ③번 처분방식에 '매각', ④번 용도선택에 '주거용건물(전체)' ⑤번 소재지에 '서울특별시' ⑥번 자산구분에 '압류재산'으로 설정하고 '검색'을 클릭하면 다음과 같은 페이지로 전환이 된다.

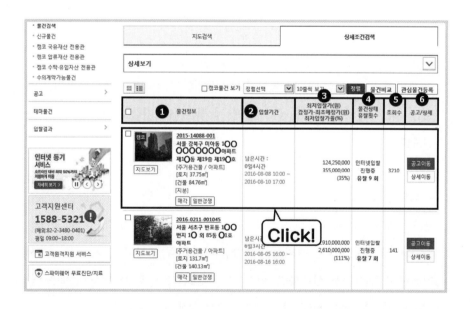

위 조건을 설정한 후 클릭하면 서울에 소재하는 체납부동산(압류재산)이 모두 나열된다. 이젠 이 물건 중에서 관심 있는 물건을 찾아보기로 하자.

일단 맨 위 박스에 있는 메뉴를 살펴보자.

① 물건정보

'입찰번호(=관리번호)'는 해당부동산의 고유번호이다. 경매절차의 사건번호라고 이해하면 될 것이다. 또한, 부동산의 주소 및 명칭 등(아파트, 상가, 오피스텔 명칭)을 확인한다. '용도'는 주택, 아파트, 근린상가, 오피스텔 등 해당부동산의 종류를 가늠 할 수 있는 항목이다.

② 입찰기간

입찰시작과 마감을 표시한다. 통상적으로 월요일 오전10시부터 수요일 오후5시까지 3일 동안 입찰을 할 수 있다. 이런 이유로 공매는 멀리 있는 지방물건일지라도 입찰에 대한 큰 부담이 없다.

③ 최저입찰가/감정가-최초예정가/최저입찰가율

해당 부동산의 감정가격에서 유찰이 된 상태의 최저매각가격을 표시한다. 감정가와 최저입찰가격이 동일한 것은 신건이라 생각하면 될 것이다.

④ 물건상태 유찰횟수

물건상태의 '공고 중'은 공매물건이 진행 중이라는 표시다. 유찰횟수는 해당물건의 유찰이 몇 번이나 되었는지 표시해준다(유찰횟수와 최저가 저감율은 다른 의미다).

⑤ 조회수

이 칸은 해당물건의 인기도를 가늠할 수 있다. 왜냐하면 불특정 다수가 해당물건을 한 번씩 클릭할 때마다 조회수가 1회씩 늘어나므로 총 조회수를 보면 얼마나 많은 경쟁자들이 그 물건을 열람했는지 알 수 있기 때문이다. 경매의 경우 유료사이트가 워낙 많기에 조회수 신뢰도가 떨어지지만 공매는 온비드를 통해서만 열람이 가능하므로 온비드 조회수는 신뢰할 수 있다. 보통 100~300번 정도 조회가 되고 그 이상이 되면 인기가 높은 것이다(그래서 예전에 관심물건으로 두었던 물건의 총 조회수를 올리지 않기 위해 처음 검색할 때 매각공고를 프린트해두고 최종 입찰할 때까지 클릭을 하지 않았던 기억도 있다. 왜냐하면 만약 조회 수가 올라간다면 경쟁자가 있을 경우 경쟁심리를 부추겨서 더 높은 금액으로 낙찰될 수도 있기 때문이다).

⑥ 공고/상세

공매공고에 대한 입찰정보 등 상세 내용을 확인 할 수 있다.

위에 있는 'Click!'부분을 클릭하면 한 개의 부동산에 대해 다음과 같은 화면이 나온다.

이제부터 한 개의 부동산에 관한 상세부분을 체크할 수 있다.

위 물건에 대해 보는 방법을 하나씩 살펴보기로 하자.

물건 검색 시
반드시 확인해야 할 사항

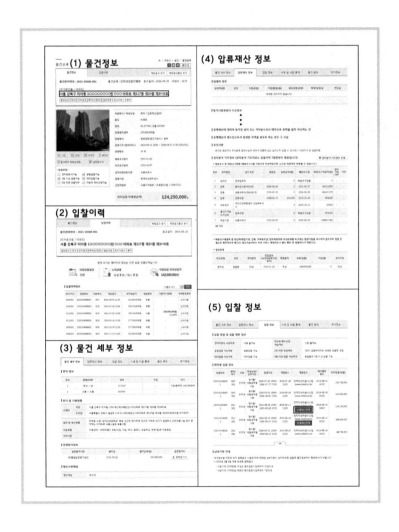

(1) 물건정보에서 확인해야 할 사항

① 주소/물건관리번호/조회수

공매가 진행되는 부동산에 대한 주소가 기재되어 있다. 그리고 입찰부동산의 물건관리번호(2015-○○88-001)를 확인할 수 있는데 이것은 경매의 사건번호와 비슷하다고 생각하면 된다. 조회수는 입찰하고자 하는 공매 물건의 경쟁자를 예상하는데 도움이 된다.

② 용도/면적

물건의 용도(아파트)와 대지지분과 건물지분에 대한 확인이 가능하다(건물지분에 표시되는 면적은 주로 분양면적이 아닌 전용면적으로 표기된다).

③ 감정평가 금액 및 입찰사항

감정평가금액과 입찰기간, 유찰횟수 등을 알 수 있다. 감정평가일이 상당한 기간이 흘렀을 경우나 불황기에 감정평가를 한 경우 시세상승 및 회복된 가격이 반영이 안 된 경우도 있으므로 그 부분을 확인하는 것도 기회가 될 수 있다(여기에선 기본적인 부분을 체크하여 호기심이 생기는 물건이라면 '(3) 물건세부정보'에서 '감정평가정보' 옆에 있는 '감정평가서'를 클릭하여 상세하게 확인하는 것이 좋다). 또한 공부상과 현황과의 차이점, 대지권 유무, 입지 등 입찰물건의 특이한 사항이 기재된 경우가 있으므로 꼼꼼하게 체크해야 실수를 하지 않는다.

④ 위임기관/담당부서

'위임기관'이 있는데 위 물건은 '도봉세무서'에서 한국자산관리공사에 공매를 의뢰한 것이다(경매로 말하면 신청채권자와 비슷하다고 생각하면 되고, 공매진행 중이라도 체납자가 위 위임기관에 체납한 세금을 납부하게 되면 공매절차가 취소된다).

그리고 여기에서 확인해야 할 부분은 '담당자정보'이다. 위 물건은 서울지역본부의 조세정리3팀에서 담당한다. 입찰 전에 위 연락처로 전화를 하게 되면 공고상 기재되어 있지 않은 부분에 대한 궁금한 사항을 질문할 수 있다(체납금액, 임대차에 관한 사항과 해당물건에 선순위임차인이 있을 때 반드시 조세채권의 법정기일도 입찰 전에 문의해야 한다. 이 부분은 중요하므로 뒷부분에 따로 설명할 것이다).

물건정보　(2) 입찰이력　해당공고 보기　해당공고물건 보기

물건관리번호 : 2015-○○88-001　공고일자 : 2016-05-25

[주거용건물 / 아파트]
서울 강북구 미아동 1○○○○○○○○한 ○○○ 아파트 제117동 제1○층 제1○○호

일반공고　매각　인터넷　압류재산(캠코)　일반경쟁　최고가방식　총액

현재 보시는 페이지의 정보는 이전 입찰 진행내역입니다.

이전입찰결과
유찰

누적상태
유찰 9 회 / 취소 0 회

이전입찰 최저입찰가
142,000,000원

❶ 입찰이력정보　　10줄씩 보기 ▼　정렬

회차/자수	입찰번호	처분방식	개찰일시	최저입찰가	입찰결과	낙찰가/낙찰율	상세입찰결과
030/001	2201514088001	매각	2016-08-04 11:00	142,000,000원	유찰	-	상세이동
029/001	2201514088001	매각	2016-07-28 11:00	159,750,000원	유찰	-	상세이동
012/001	2201514088001	매각	2016-03-31 11:00	159,750,000원	낙찰	180,000,000원 112.68%	상세이동
011/001	2201514088001	매각	2016-03-24 11:00	177,500,000원	유찰	-	상세이동
050/001	2201514088001	매각	2015-12-24 11:00	177,500,000원	유찰	-	상세이동
049/001	2201514088001	매각	2015-12-17 11:00	213,000,000원	유찰	-	상세이동

(2) 입찰이력에서 확인해야 할 사항

입찰이력은 해당 공고일 이전에 매각되었던 이력이 표시된다. 만약 과거에 낙찰되었으나 대금미납된 내역이 있는 경우 그 부분도 표시가 된다. 대개 대금미납 사건의 경우 당해세가 많거나 조세채권의 법정기일이 빠른 경우, 선순위 임차인 등 권리상 하자부분이 존재할 가능성이 높으므로 그 부분을 철저하게 확인후 입찰에 참여해야 한다.

면적 정보

번호	종별(지목)	면적	지분	비고
1	토지 > 대	37.75㎡	-	지분(총면적 144,296.6㎡)
2	건물 > 건물	84.76㎡	-	-

위치 및 이용현황

소재지	지번	서울 강북구 미아동 1353 에스케이북한산시티아파트 제117동 제19층 제1902호
	도로명	서울특별시 강북구 솔샘로 174 에스케이북한산시티아파트 제117동 제19층 제1902호(미아동,SK아파트)
위치 및 부근현황		미아동 소재 "삼각산초등학교" 북측 인근에 위치하며 대규모 아파트 단지가 밀집하고 근린생활시설 등이 혼재하는 지역으로 교통시설은 보통시됨.
이용현황		이용상태 : 아파트(방3, 주방/식당, 거실, WC2, 발코니, 보일러실, 현관 등)로 이용중임.
기타사항		-

감정평가정보

감정평가기관	평가일	평가금액(원)	감정평가서
(주)통일감정평가법인	2015-09-10	355,000,000	⬇ 감정평가서

명도이전책임

명도책임	매수자

(3) 물건 세부 정보에서 확인해야 할 사항

면적 정보, 위치 및 이용현황, 감정평가정보(감정평가정보 제일 오른쪽에는 감정평가서를 볼 수 있게 업로드 해 놓았다), 명도이전책임 등에 대한 안내가 되어있다.

❶ ▊ 임대차 정보

임대차내용	성명	보증금(원)	차임(월세)(원)	환산보증금(원)	확정(설정)일	전입일
		조회된 데이타가 없습니다.				

▊ 등기사항증명서 주요정보

●
●
●

❷ ▊ 공매재산에 대하여 등기된 권리 또는 가처분으로서 매각으로 효력을 잃지 아니하는 것

▊ 공매재산의 매수인으로서 일정한 자격을 필요로 하는 경우 그 사실

❸ ▊ 유의사항

본건은 점유자의 주민등록 등재사실에 의하여 대항력 있는 임차인이 있을 수 있사오니 사전조사 후 입찰바람

❹ ▊ 권리분석 기초정보 (권리분석 기초자료는 입찰시작 7일전부터 제공됩니다)   [🖨 권리분석 기초정보 인쇄]

▪ 배분요구 및 채권신고현황 (배분요구서를 기준으로 작성하였으며, 신고된 채권액은 변동될 수 있습니다.)

번호	권리종류	권리자명	설정일	설정금액(원)	배분요구일	배분요구채권액(원)	말소가능여부	기타
1	임차인	전세입주자	-	0	배분요구없음	0	-	-
2	압류	동두천시청(세무과)	2015-03-04	0	2015-09-17	16,618,850	-	-
3	압류	성동세무서(재산세2과)	2015-07-15	0	2016-01-20	66,487,270	-	-
4	압류	강북구청	2016-01-15	454,200	2015-10-20	454,200	-	-
5	교부청구	국민건강보험공단 강남북지사	-	0	2015-10-12	10,610	-	-
6	물건지지방자치단체	강북구청		0	배분요구없음	454,200	-	-
7	위임기관	도봉세무서	2015-02-03	0	2015-08-28	128,887,480	-	-

[총 7건]

1

▪ 배분요구채권액 중 체납액(위임기관, 압류, 교부청구)은 담보채권자와 우선순위를 비교하는 법정기일을 표시하지 않으므로 입찰 전 별도로 확인하셔야 합니다. 말소가능여부는 추후 서비스 예정이오니 별도 확인 후 입찰하시기 바랍니다.

▪ 점유관계

점유관계	성명	계약일자	전입일자(사업자등록신청일자)	확정일자	보증금(원)	차임(원)	임차부분
임차인	강O현	미상	2014-11-10	미상	250,000,000	0	미상

(4) 압류재산 정보에서 확인해야 할 사항

① 임대차 정보/등기사항증명서 주요 정보

임대차 정보에는 해당부동산의 점유자가 기재되어 있는데 위 항목을 보니 조회된 데이터가 없다. 임대차정보를 통해 권리분석을 할 때 임차인의 대항력이 있는지 유무를 확인해야 하고, 배분요구 여부도 확인해야 한다(배분요구 유무에 따라 명도의 난이도가 결정된다). 임대차 내용을 보면 주거형물건의 경우 전입되어 있는 세대주와, 상가의 경우 배분요구를 한 경우 사업자등록을 한 점유자를 파악할 수 있다. (전세권, 임차권에 대한 사항도 기재가 된다).

등기사항증명서 주요정보에는 해당 부동산 등기부등본에 기재된 내용이 표시되어 있다. 예전에는 금액과 순서가 정확하지 않았으나 최근 등기부등본의 '갑구'와 '을구'를 정리하여 업데이트를 해주고 있다. 하지만 투자자가 별도로 등기부등본을 발급받아 권리분석을 하는 습관을 들이는 것이 좋다.

② 공매재산에 대하여 등기된 권리 또는 가처분으로서 매각으로 효력을 잃지 아니하는 것

낙찰자에게 인수되는 지상권, 유치권, 분묘기지권 등이 기재가 된다. 입찰자는 입찰 전, 반드시 확인해야 할 부분이다.

③ 유의사항

공매재산명세의 '유의사항'은 경매로 비유하면 '매각물건명세서'역할을 한다고 생각하면 이해가 빠르다. 위에 매각으로 효력을 잃지 않는 것 외 불법건축물, 현황과 공부상서류와 상이한 것, 이용현황이 다른 것 등 법률적인 부분이외에 이용상, 공법상 하자, 낙찰 후 낙찰자에게 인수되는 권리 그리고 하자가 있는 경우 그 부분도 기재된다. 이 부분도 입찰 전 반드시 확인해야 한다.

④ 권리분석 기초정보

권리분석 기초정보에는 해당부동산의 배분요구 및 채권신고현황이 순차적으로 기재되어 있다. 부동산을 매입하기 전에 법률적, 경제적 하자를 미리 파악하는 것으로 등기부등본, 현장조사, 공부상차이 등을 종합하여 확인하는 절차라고 보면 된다. 온비드에서 제공하는 권리분석 기초정보로는 등기부등본을 기준으로 제공하고 있다.

※ 임대차 정보 등 압류재산에 나와 있는 모든 정보는 필수사항이다.

(5) 입찰 정보에서 확인해야 할 사항

이 칸에는 지금까지 유찰된 내역과 입찰일자, 최저입찰가에 대한 확인이 가능하다. 입찰은 통상 월요일(오전 10시)~수요일(오후 5시)까지 가능하다. 개찰결과는 입찰마감일 익일(목요일) 오전11시 15분~오후 12시 사이에 확인할 수 있다. 맨 아래 공고를 보면 낙찰금액이 3,000만 원 이상 납부기한은 매각결정일로부터 30일 이내이고, 3,000만 원 미만일 경우 7일 이내라고 기재되어 있다. 또한, 입찰 정보에서 '공매재산명세'를 확인 할 수 있다(공매재산명세의 '유의사항'은 경매로 비유하면 '매각물건명세서'역할을 한다고 생각하면 이해가 빠르다. 유의사항에 표시되는 사항은 낙찰 후 낙찰자에게 인수되는 권리 및 해당부동산의 공부상과 현황의 차이, 그리고 하자가 있는 경우 그 부분도 기재된다).

| 물건 세부 정보 | 압류재산 정보 | **(5)** 입찰 정보 | 시세 및 낙찰 통계 | 물건 문의 | 부가정보 |

▌ 입찰 방법 및 입찰 제한 정보

전자보증서 사용여부	사용 불가능	차순위 매수신청 가능여부	신청 불가능
공동입찰 가능여부	공동입찰 가능	2인 미만 유찰여부	1인이 입찰하더라도 유효한 입찰로 성립
대리입찰 가능여부	대리입찰 가능	2회 이상 입찰 가능여부	동일물건 2회 이상 입찰 가능

▌ 회차별 입찰 정보

입찰번호	회차/차수	구분	대금납부/납부기한	입찰기간	개찰일시	개찰장소	매각결정일시	최저입찰가(원)
2201514088001	029/001	인터넷	일시불/낙찰금액별 구분	2016-07-25 10:00~ 2016-07-27 17:00	2016-07-28 11:00	전자자산처분시스템 (www.onbid.co.kr)	2016-08-01 10:00	159,750,000
2201514088001	030/001	인터넷	일시불/낙찰금액별 구분	2016-08-01 10:00~ 2016-08-03 17:00	2016-08-04 11:00	전자자산처분시스템 (www.onbid.co.kr)	2016-08-08 10:00	142,000,000
2201514088001	031/001	인터넷	일시불/낙찰금액별 구분	2016-08-08 10:00~ 2016-08-10 17:00	2016-08-11 11:00	전자자산처분시스템 (www.onbid.co.kr) 공매재산명세	2016-08-16 10:00	124,250,000
2201514088001	032/001	인터넷	일시불/낙찰금액별 구분	2016-08-15 10:00~ 2016-08-17 17:00	2016-08-18 11:00	전자자산처분시스템 (www.onbid.co.kr) 공매재산명세	2016-08-22 10:00	106,500,000
2201514088001	033/001	인터넷	일시불/낙찰금액별 구분	2016-08-22 10:00~ 2016-08-24 17:00	2016-08-25 11:00	전자자산처분시스템 (www.onbid.co.kr)	2016-08-29 10:00	88,750,000

▌ 납부기한 안내

· 국세징수법 개정에 의거 공매공고 시점에 따라 잔대금 납부기한이 상이하므로 입찰전 물건정보에서 확인하시기 바랍니다.
- 2013년 1월 1일 이후 최초로 공매공고
  · 낙찰가격 3,000만원 이상은 매각결정기일로부터 30일이내
  · 낙찰가격 3,000만원 미만은 매각결정기일로부터 7일이내

공매재산 명세서

2012.1.0|후 최초공고물건은 경매의 매각물건명세서처럼 공매재산명세를 제공하고 있다.
입찰자들이 더욱 편리하게 정보를 볼 수 있도록 개정된 것인데, 공매재산 명세는 입찰시작 7일 전
부터 입찰마감 전까지 제공되며 그 기간 내에 입찰정보에서 확인할 수 있다.

국세징수법 제68조의3(공매재산명세서의 작성 및 비치 등)

① 세무서장은 공매재산에 대하여 제62조의2에 따른 현황조사를 기초로 다음 각
호의 사항이 포함된 공매재산명세서를 작성하여야 한다.

1. 공매재산의 명칭, 소재, 수량, 품질, 매각예정가격, 그 밖의 중요한 사항

2. 공매재산의 점유자 및 점유 권원, 점유할 수 있는 기간, 차임 또는 보증금에
관한 관계인의 진술

3. 제68조의2제1항 및 제2항에 따른 배분요구 현황 및 같은 조 제4항에 따른
채권신고 현황

4. 공매재산에 대하여 등기된 권리 또는 가처분으로서 매각으로 효력을 잃지
아니하는 것

5. 매각에 따라 설정된 것으로 보게 되는 지상권의 개요

② 세무서장은 다음 각 호의 자료를 입찰 시작 7일 전부터 입찰 마감 전까지 세무
서에 갖추어 두거나 정보통신망을 이용하여 게시함으로써 입찰에 참가하려는
자가 열람할 수 있게 하여야 한다.

1. 제1항에 따른 공매재산명세서

2. 제63조 제2항에 따라 감정인이 평가한 가액에 관한 자료

3. 그 밖에 입찰가격을 결정하는 데 필요한 자료

❶

압류재산 공매재산 명세

처 분 청	도봉세무서	관 리 번 호	2015-14088-001
공매공고일	2016-05-25	배분요구의 종기	2015-11-02
압류재산의 표시	서울특별시 강북구 미아동 1○○○○○○○○아파트 제1○동 제19층 제19○호 대 지분 37.75 ㎡ 건물 84.76 ㎡		
매각예정가격/입찰기간/개찰일자/매각결정기일		온비드 입찰정보 참조	
공 매 보 증 금		입찰가격의 100분의 10 이상	

☑ 점유관계   [조사일시: 2015-10-01   /정보출처 : 현황조사서 및 감정평가서]

점유관계	성 명	계약일자	전입일자 (사업자등록신청일자)	확정일자	보증금(원)	차임(원)	임차부분
임차인	광○현	미상	2014-11-10	미상	260,000,000	0	미상

이용현황(감정평가서)	아파트
	1. 본건 개요 및 현황 - 본건은 서울특별시 강북구 미아동 소재 "삼각산초등학교" 북측 인근에 위치

① 부분에서는 입찰부동산의 현황조사서가 기재되어 있는데, 위 중에서 점유자가 누구인지, 보증금과 차임, 임차인의 신고현황을 파악할 수 있다.

❷ ☑ 배분요구 및 채권신고 현황

번호	권리관계	권리자명	설정일자	설정금액(원)	배분요구채권액(원)	배분요구일
1	임차인	전세입주자		0	0	배분요구없음
2	압류	동두천시청(세무과)	2015-03-04	0	16,618,850	2015-09-17
3	압류	성동세무서(재산세2과)	2015-07-15	0	66,487,270	2016-01-20
4	압류	강북구청	2016-01-15	454,200	454,200	2015-10-20
5	교부청구	국민건강보험공단 강남북 부지사		0	10,610	2015-10-12
6	물건지지방자 치단체	강북구청		0	454,200	배분요구없음
7	위임기관	도봉세무서	2015-02-03	0	128,887,480	2015-08-28

* 채권신고 및 배분요구현황은 배분요구서를 기준으로 작성하였으며 신고된 채권액은 변동될 수 있습니다.
* 배분요구채권액 중 체납액(위임기관,압류,교부청구)은 담보채권자와 우선순위를 비교하는 법정기일을 표시하지 않으므로 입찰 전 별도로 확인하셔야 합니다.

② 부분에서는 등기부상 채권자 및 압류채권자의 배분요구 현황을 파악할 수 있다. 대항력이 있는 임차인이 있는 경우 조세채권의 법정기일도 확인하여 미배분금액이 예상되는지 입찰 전에 확인해야 한다.

❸ ▣ 공매재산에 대하여 등기된 권리 또는 가처분으로서 매각으로 그 효력을 잃지 아니하는 것

▣ 매각에 따라 설정된 것으로 보게 되는 지상권의 개요

▣ 기타 유의 사항

전입세대주(본건은 점유자의 주민등록 등재사실에 의하여 대항력 있는 임차인이 있을 수 있사오니 사전조사 후 입찰바람)

③ 부분에서는 공매로 매각되어도 낙찰자에게 인수되는 권리가 있는 경우 기재가 된다. 또한 기타 유의 사항에는 권리상 하자 이외에도 입찰부동산의 건축법상 하자나 특이사항을 기재해두므로 입찰 전에 위 부분 또한 반드시 확인을 거쳐야 할 것이다. 입찰부동산의 하자가 위에 기재되지 않은 경우 공매절차상 하자를 원인으로 낙찰 후에도 '매각결정취소신청'을 할 수 있다.

투자를 잘하려면
유찰의 원인부터 파악하라

 고수란 어떤 분야든 그 분야에 정통하거나 능력이 뛰어난 사람을 말한다. 그렇다면 경·공매분야에서 어떤 사람을 고수라 칭할 수 있을까? 만약 고수를 크게 두 부류로 나눠본다면 첫 번째는 법적으로 복잡하게 얽혀있는 사건을 해결할 수 있는 사람일 것이고, 두 번째는 어려운 물건은 아니더라도 꾸준하게 수익을 올릴 수 있는 사람이라 할 것이다. 그런데 만약 두 부류 중에서도 누가 더 고수냐고 필자에게 묻는다면 필자는 '어려운 사건을 잘 해결하는 사람보다 꾸준하게 수익을 올릴 수 있는 사람'이라고 말하고 싶다. 어려운 물건을 잘 해결하면 수익이 더 많아지는 것 아닌가라고 반문하는 이도 있겠지만 어렵고 복잡하다고 하여 반드시 수익이 커지는 것은 아니다. 어떤 이는 '법정지상권', '지분', '유치권' 등 복잡한 물건을 낙찰 받아 너무 오랜 기간 동안 투자금이 묶여 있거나, 아니면 어려운 하자를 해결하고도 수익이 미비하거나 손해를 보는 경우도 있는데 이런 사람까지 고수라고 할 수는 없을 것이다. 즉, 부동산투자에 있어서 물건의 난이도와 수익이 반드시 비례하는 것은 아니므로 어려운 물건이라도 하자가 없다고 가정했을 때 임대 및 매매가 용이한 물건을 낙찰 받아야 한다. 그렇지 않으면 어렵게 하자를 해결하고도 그 결과가 좋지 않을 수 있다.

필자도 많은 물건들을 검색하고 입찰하고 있지만 기왕이면 권리관계가 복잡하지 않으면서 손쉽게 수익을 올릴 수 있는 물건들을 더 선호한다. 복잡한 실타래를 푸는 것(특수물건)은 수익이 확실하게 보장될 때에는 도전하지만 그렇지 않은 경우엔 손쉽게 수익을 올리는 물건에 투자한다.

Tip 집착을 버려라!

'버려야 채울 수 있다'는 말이 있다. 어느 분야든 자신이 공들였던 부분도 버릴 수 있어야 더 좋은 결과가 나오는 법이다. 훌륭한 도공은 오랜 기간 도자기를 공들여 구웠더라도 마음에 들지 않으면 과감히 부순 후 미련 없이 버리는 과정을 반복하기에 더 좋은 도자기를 만든다.
부동산 투자 또한 마찬가지다. 여러 번 현장에 다녀왔고, 본인의 노력이 상당부분 투입되었다 할지라도 꺼려지는 부분이 있고 최종적으로 마음에 들지 않는다면 집착을 버려야 한다. 그런데 대부분의 초보자들은 이럴 때에 그 부동산에 관하여 집착하는 경우가 있다. 또한 아쉽게 떨어진 물건 때문에 힘들어 하기도 한다. 하지만 그런 물건을 과감하게 포기할 수 있어야, 또한 패찰의 기억을 지우고 묵묵히 전진할 수 있어야 더 좋은 기회를 맞이할 수 있는 것이다. 준비되지 않은 만남이 좋게 끝날 리 없다.

오피스텔 투자

최근 많은 사람들이 부동산 투자에 관심을 갖게 되면서 비교적 적은 돈으로 매매차익과 임대수익이라는 두 마리 토끼를 잡을 수 있는 오피스텔이 점점 더 인기를 끌고 있다(부동산의 유행은 새로운 상품이 나오면서 뜨거운 관심을 받기도 하지만 그동안 소외되다가 정부정책이나 가치의 재발견의 이유로 어느 순간부터 각광받기도 한다). 오피스텔 투자의 장점이라면 임대수요가 풍부하여 공실률이 낮다는 점과 주거형에 비해 전세가 아닌 월세로 세를 놓는 것이 수월하다는 것이다(또한 업무용으로 임대할 경우 주택 수에 포함되지 않고 그 경우 종합부동산세도 주거용, 업무용이 별도로 산정되므로 세제부분에서 유리한 부분도 있다). 따라서 안정적인 임대수익을 원하는 사람에게는 오피스텔이 제격이라고 할 수 있다. 필자가 보유한 배당형 부동산 중에서도 빌라, 아파트, 상가, 오피스텔이 있는데 그중에서 오피스텔은 공실 부담이 없고 빌라, 아파트의 경우처럼 매번 임대시마다 해줘야하는 도배 및 장판에 관한 부담 또한 없어서 관리가 무척 편하다고 느끼고 있다(지금 소개하는 물건도 6년 동안 도배, 장판을 새로 하지 않고 임대되고 있으나 그 외 주거형 부동산은 약 2~3년 주기로 시공을 해주고 있다).

투자를 잘하려면 유찰의 원인부터 찾아야 한다!

공매로 물건을 검색하던 중 오피스텔 한 채가 눈에 들어왔다. 무엇보다도 감정가격에 비해 저렴하게 떨어진 최저가격이 바쁜 시선을 멈추게 했다.

왜 낮은 가격대로 유찰된 것일까??

물건검색을 하다가 이렇게 낮은 가격대로 유찰된 물건을 발견했을 때 '정말 저렴한 물건이 있네.'라는 반가운 마음이 들기도 하지만 한편으로는 '이거 뭔가 함정이 있는 것 아니야?'라고 생각하며 긴장을 하기도 한다. 하지만 어떤 물건이든 왜 저렴하게 유찰되었는지 원인만 알아낼 수 있으면 두려움 없이 투자할 수 있게 된다(실력을 쌓으려면 본인이 입찰하지 않는다고 할지라도 왜 유찰이 되었는지는 체크하는 습관을 들이는 것이 좋다). 이런 과정을 반복하다보면 본인의 투자 감각이 더욱 탄탄해지는 것을 느낄 수 있을 것이다(훌륭한 의사는 무엇보다도 병의 원인을 정확하게 잘 찾아내는 사람이다. 병의 근원을 모르는데 좋은 처방을 할 리가 없지 않은가. <u>투자도 마찬가지로 유찰된 원인을 잘 찾아내는 사람이 해결방안을 고민하게 되고 그런 고민을 반복하다 투자의 답을 얻어내곤 하는 것이다</u>).

공매물건이 저렴하게 유찰되는 원인을 나눠보면 크게 총 3가지라 할 수 있다.

① 법리적으로 인수할 권리사항이 있는 경우
② 당해세가 많거나 조세채권의 법정기일이 빠른 경우
③ 부동산 현황의 결함이 있거나 가치가 없는 경우

일단 위 오피스텔의 등기부등본과 공매공고의 서류들을 검토하기 시작했다. 그런데 모든 서류들을 검토해보아도 낙찰 후 추가로 인수해야 되는 선순위권리나 다른 법적하자는 발견할 수 없었다. 그렇다면 ①②에는 해당되지 않으므로, 유찰된 원인③을 현장에서 찾을 수 있을 것이라 생각했다.

기본적인 서류(감정평가서, 지적도, 등기부등본 등)들을 출력하여 현장으로 차를 몰았다. 현장에 도착하여 총 14층인 이 오피스텔 앞에서 고개를 들어 입찰물건의 위치를 확인했다. 그런데 손에 쥐고 있는 도면과 실제 건물현황을 확인해보니 이 물건은 전면, 후면이 아닌 측면에 위치하고 있었다. 또한 이 오피스텔과 바로 옆 건물이 매우 가깝게 위치하고 있어서 어른 손만 뻗으면 닿을 정도였다. 건물의 앞 뒤쪽을 오가며 이리저리 살펴보고 내부로 들어가 복도에 있는 창문을 통해 고개를 내밀어보니 대략 감을 잡을 수 있었다. 이 오피스텔이 유찰된 원인은 햇볕이 거의 들지 않는 '채광'때문이었고, 또한 창밖으로 보이는 것은 오직 옆 건물 벽뿐이어서 마치 교도소와 같은 분위기를 연출했기 때문이다.

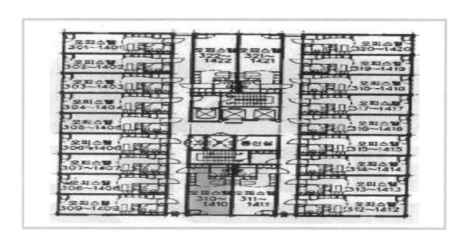

더군다나 오피스텔의 유일한 창문 또한 후면에 위치했기 때문에 이곳에 살게 되는 사람은 옆 건물 벽만 쳐다보고 있을 판이었다. 부동산에 들러 위 측면에 위치한 호수에 관해 임대시세를 문의했을 때도 역시나 채광 및 조망 부분 때문에 부정적으로 답변을 했다.

안 좋은 물건은 좀 더 싸게 사면 그만이다

하지만 단지 그런 이유로 이 오피스텔이 안 좋은 물건이라 생각한다면 뭔가를 놓치고 있는 것이다. 투자란 모든 장점을 고루 갖춘 미인부동산을 찾아내는 것이 아니라 비록 단점이 있더라도 수익을 낼 수 있는 물건을 찾아내는 것이다. 로얄층의 전망 좋은 아파트를 프리미엄을 주고 매입하여 조금 더 수익을 얹혀 매도하는 것과 1층에 위치하고 북향의 아파트를 저렴한 가격에 매입하여 조금 더 수익을 얹혀 매도하는 것은 크게 차이가 없다는 것이다.

오피스텔도 마찬가지다. 더 좋은 조건을 갖춘 오피스텔을 비싸게 매입하는 것보다 조금 부족하지만 시세보다 저렴하게 매입할 수 있는 부동산이 더 좋은 투자물건이라고 생각한다. 필자는 대학시절 반 지하에 자취를 해본 경험이 있기에 이 정도 수준이면 정말 좋은 물건이라 생각했다(매매를 생각한다면 매수자의 입장에서 그리고 임대를 생각한다면 임차인의 입장에서 한 번쯤 고민해보는 것도 괜찮다. 이 물건 바로 인근에 대학교가 위치하고 있었다).

참고로 희한한 것은 로얄층의 좋은 향을 갖춘 A급 물건과 채광이나 조망이 부족한 이 오피스텔이 매매가격에서는 차이가 날 수 있어도 임대가격에서는 별 차이가 없다는 것이다(부동산을 사려고 하는 매수자는 하나부터 열까지 꼼꼼하게 따지지만 잠시 머물 곳을 고르는 임차인은 매수자보다는 대충 보는 경우가 있고 어느 정도의 불편함은 감수하고서 계약을 한다는 것이다).

부동산에서 다른 물건에 비해 더 낮은 임대시세를 언급했다고 할지라도 이 오피스텔은 전체적으로 공실이 없었다. 즉, 수요가 풍부했으므로 외모(?)의 핸디캡 때문에 굳이 임대가격을 낮추지 않아도 손쉽게 계약이 될 수 있다고 생각했다. 임대목적으로 매입한다면 아무런 문제가 되지 않는다는 것이다(정상적인 오피스텔의 세입자라도 1년의 임대차기간을 채우지 못하고 나가는 경우가 많고, 약간의 불편함은 감수하고서 사는 사람이 훨씬 많다).

어느 정도 가격이면 낙찰이 가능할까?

지금껏 많은 부동산을 낙찰 받았어도 매번 입찰금액을 쓸 때면 고민이 시작된다. 만약 아무도 모르는 나만의 입찰가 산정 노하우가 있다면 그런 고민은 필요 없을 것인데 아직까지 필자를 포함하여 경·공매 고수들에게 그런 비법은 없다. 필자도 입찰가를 산정할 때 '감'에 80% 이상 의지하여 결정한다.

그런데 최근 많은 투자자들이 엑셀프로그램을 활용하여 기대수익률과 기존낙찰가데이터를 조합한 후 입찰가를 산정하고 있다. 인터넷을 조금만 검색하더라도 그런 식으로 만들어진 프로그램을 구하는 것 또한 어렵지 않다. 하지만 지금까지 나온 숫자들을 조합하면 어떤 공통점이나 수치를 발견할 수는 있겠지만 그 수치는 결국 입찰가격을 산정하는데 단순한 참고사항일 뿐 신뢰할만한 자료는 아니므로 주의해야 한다.

입찰가 산정에 관한 본격적인 고민이 시작되었다. 일단 경쟁자를 감안해야 하므로 체납관리비 조사를 위해 관리사무소에 문의하거나 시세조사를 위해 인근 부동산에 들렀을 때 메모했던 부분들을 살펴보았다(관리사무소, 부동산, 동사무소, 구청에서 경쟁자들의 동향을 알 수 있는 한 마디 질문이 입찰가 산정 시 도움이 된다). 경쟁은 그리 심하지 않을 것으로 느껴졌다. 최저가에서 160만 원을 더 쓰기로 결정했다. 경쟁자가 파악되지 않았던 점과 건물의 구조와 채광이 좋지 않은 점 등을 고려할 때 이 정도 금액이면 충분히 승산이 있을 것이라 생각했다.

무효처리 및 2회 입찰

입찰서를 제출했더라도 최저가의 10%에 해당하는 보증금을 입금하지 않은 경우에는 무효처리가 된다. 또한 온비드는 정해진 입찰기간 내에 2회에 거쳐 입찰서를 제출할 수 있다. 단, 첫 번째 제출했던 금액 이상으로 입찰을 하려고 할 때에만 2회 입찰이 가능하다.

▌입찰상세정보

물건관리번호	2000-03○9-001	조회수	98
물건명	인천 남동구 ○○동 11○-○외 1필지 ○○노빌리안○차 제○층 제○10호		
유효입찰자수	2명(현장 0명 / 인터넷 2명)		
개찰결과	낙찰	낙찰금액	39,100,000원
감정가격 (최초 최저입찰가)	75,000,000원	낙찰가율 (감정가격 대비)	52.13%
최저입찰가	37,500,000원	낙찰가율 (최저입찰가 대비)	104.27%

▌공매정보

자산구분	압류재산	담당부점	인천지사
회차/차수	37 - 001	개찰일시	2006/09/14 11:00

▌낙찰가율정보(감정가격 대비)

용도 :

지역	최근1년	최근3개월	최근3개월	직전월

▌대금납부 및 배분기일 정보

대금납부기한	납부여부	납부최고일	납부여부	배분기일
2006-11-13	미납	2006-11-23	납부	2006-12-14

결과는 필자 외 1명이 추가로 입찰하여 필자가 낙찰을 받았다. 최저가에서 160만 원을 올렸으므로 차순위와 가격 차이도 크지 않을 것이라 생각되었고 그로 인해 낙찰의 기쁨은 조금 더 커졌다(사람 마음이 간사해서 누군가를 아슬아슬하게 제쳤다는 것에 기뻐한다. 또한 본인의 판단이 옳았다고 안심도 하게 된다. 물론 시간이 지나

면 단독입찰에 적용되어 간다).

수요일에 입찰해서 목요일에 낙찰을 확인하고 그 다음날(금요일) 오후 2시에 맞춰 자산관리공사에 방문하여 '매각결정통지서'를 수령했다(참고로 2012.1.1. 공고되는 사건부터는 개찰일 다음 주 월요일 오전 10시에 매각결정통지서 수령 여부와 관계없이 매각결정이 된다). 혹시나 저렴한 가격에 낙찰된 것을 인지한 체납자가 해당 관청에 방문하여 체납세금을 납부하거나 분할납부에 관한 협의를 할 경우 '취하, 보류, 취소' 등이 될 수도 있기 때문이다.

가끔은 게임이 너무 쉽게 끝나기도 한다

공매공고의 임대차정보에 표시된 점유자의 이름을 보니 여성이라 생각되었다. 그런데 무슨 사연인지 몰라도 낙찰이 되기까지 배분요구를 신청하지 않은 상황이었다(경매에 비해 공매는 입찰 전에 배분요구를 하지 않는 경우가 더 많다). 매번 점유자를 만나기 전에 아예 공매절차를 모르거나 아니면 무진장 착한 사람이 있으면 좋겠다는 달콤한 상상을 하며 현장에 방문한다(확률은 거의 반반이지만…).

점유자와 직접 대면하기 전 음료수를 사들고 해당 관리사무소에 방문하여 이 오피스텔이 공매로 낙찰되었음을 확인해드리고 현재 점유하고 있는 입주자에 관해 조심스레 물어보았다(상대방을 만나기 전에 그에 대한 정보를 수집하는 것은 협상을 할 때 매우 중요한 부분이다). 관리실 직원은 이 오피스텔에는 젊은 여자가 혼자 살고 있다고 했다. 그리고 오피스텔의 주차증 발급내역을 보여주며 그녀가 빨간색 외제차를 타고 다닌다고 귀띔해주었다(음료수의 효과인지 몰라도 무척 호의적으로 알려 주었다). 아직 점유자를 만나기 전이었지만 명도가 그리 어렵지 않을 것이라 생각되었다. 일단 채무자의 친인척이나 지인관계가 아닌 듯하고, 돈이 없는 사람보다는 외제차를 소유한 사람의 명도가 수월한 것이기 때문이다. 자신감이 넘치는 발걸음으로 오피스텔로 이동하여 초인종을 세게 눌렀다. 그런데 아무런 응답이 없다.

주변에서 식사를 하고 다시 점유자를 방문했으나 연신 초인종을 눌렀음에도 아무런 대답이 없다. 현관문에 연락처를 붙여두고 돌아왔다(대부분 점유자들은 메모를 남겨두면 연락을 하므로 너무 조급하게 생각하지 않아도 된다).

며칠 후 그녀에게서 전화가 왔다. 오피스텔이 아닌 근처에서 만나기로 약속을 정하였다.

"안녕하세요. 송사무장이라고 합니다."

"네… 안녕하세요."

"(영수증을 살짝 보여주며)오피스텔이 공매로 낙찰된 것은 아시죠?"

"네… 알고 있습니다."

"곧 잔금납부가 완료되면 이사를 가셔야 될 텐데 어떻게 계획하고 계신지요?"

"제가 사정이 있어서 여기서 몇 개월 더 있어야 됩니다. 어떡하죠?"

"음… 그러면 재계약을 하시겠어요? 의뢰인께 잘 얘기하면 조건은 맞춰드릴 수 있을 듯합니다."

"정말 다행이네요. 그렇게 해주세요. 꼭 부탁드립니다."

"참, 배분요구 신청은 왜 안 하셨나요?"

"그게 뭐죠?"

"……."

확인해보니 이 여성은 보증금 700만 원에 월차임은 30만 원에 계약했으나 입주하자마자 임대인과 연락이 두절되어 어쩔 수 없이 이곳에 눌러 살게 되었다고 한다. 배분요구를 신청하는 것이 좋겠다는 필자의 권유에 흔쾌히 배분요구를 하였고, 다행히도 보증금 중 일부를 배분받을 수 있게 되었다. 착하고 순진한 세입자를 만나는 것도 낙찰자의 운이다. 세입자가 배분요구를 하니 명도와 재계약까지 너무 쉽게 진행이 되었다. 보통 명도를 할 때 어떻게 하면 상대방을 압박할지 먼저 고민을 하지만 반대로 어떤 부분을 도와줄 수 있는지를 생각하면 의외로 쉽게 해결되는 경우도 있다. 이렇게 사건이 쉽게 종결될 때에는 돈을 버는 것이 쉽다고 생각되기도 한다.

배 분 요 구 서 (임차인용)

처 분 청	인천남동구청	체 납 자	김 진 후
관리번호	200○-03○○9-001	배분기일	

임 대 차 현 황

임대인	임차인	전입일자	확정일자	임차보증금
김 ○ 후	김 ○ 미	2003.8.29.	없음	700만 원
매각재산	인천 남동구 ○○동 11○-○ ○○노빌리안○차 ○10호			

배분금 수령 계좌번호 신고

은 행	예 금 주	계 좌 번 호	비 고
○○은행	김 ○ 미	○○0401-01-○○53○○	통장사본첨부

귀사의 배분기일 지정통보에 따라 위와 같이 배분요구 하오니
배분금을 지급하여 주시기 바랍니다.

2006. ○ . 8 .

임차인 주소 : 인천 남동구 ○○동 11○-○ ○○노빌리안○차 ○10호
　　　성명 : 김 ○ 미
　　　전화번호 : 011-○05-○8○9

한국자산관리공사 귀중

붙임 : 1. 임대차계약서 사본 1부.
　　　 2. 주민등록등본 1부.

수익계산

낙찰가격	: 3,910만 원
대　출	: 2,700만 원(월이자 10만 원)
월　세	: 보증금 500만 원/월차임 50만 원
취득세	: 180만 원
도　배	: 40만 원

최종현금투입비용	: 930만 원
매달 현금흐름	: +40만 원(월세-대출이자)
현재시세차익	: 세전 +3,890만 원(현 시세 7,800만 원)

오피스텔에 관해 추가로 알아두어야 할 사항

2008년 금융위기 이후 부동산 시장은 큰 폭의 등락을 보이고, 또한 그 이후에 유럽의 재정위기 등으로 불안한 전망들이 쏟아져 나오자 부동산시장에서는 거래가 뚝 끊겼다. 전세가만 고공행진을 보이고 있다. 부동산은 금융과 밀접하게 관련되어 있기에 이 시기뿐만 아니라 앞으로도 국내 금융 및 부동산 정책, 나아가 해외상황 등에도 민감하게 반응할 것이다. 하지만 수익형부동산은 외부상황에 관계없이 안정적인 임대수익만 올릴 수 있으면 족하므로 자신의 포트폴리오를 어떻게 구성할 것인지 고민해봐야 할 것이다. 필자가 아는 한 지인은 전세와 융자를 안고 아파트 여러 채를 매입하여 보유하다가 도중에 부동산 불황기 내지 횡보기를 맞이하여 무척 힘들어하는 것을 옆에서 지켜보았다. 따라서 불안한 정세에는 시세 차익형보다 임대 수익형 부동산으로 적절하게 포트폴리오를 구성하게 되면 마음 편한(?) 투자가 가능하다. 또한 정부에서 오피스텔에 관해 주거용 임대사업을 허용하고, 바닥난방, 욕실 설치 등 각종 혜택을 추진하고 있다는 것도 고무적이다.

빌라의 경우 소득이 불안정한 서민들 수요가 많은데 비해 오피스텔은 비교적 생활수준이 나은 층이거나 직장에 다니는 사람들의 비중이 커서 월세연체율도 낮고, 사후 수리를 해줘야 하는 부담도 덜한 편이다(필자가 경험해보니 빌라는 임대 외에 수리 등으로 신경써야할 부분이 많고, 세입자들의 요구사항도 많다).

오피스텔 투자에 관해 기본적으로 알아두어야 할 사항과 투자자의 지위에서 좋은 오피스텔을 고르는 방법에 관해 알아보자.

① 임대수익을 염두하고 오피스텔을 매입한다면 층과 향에 연연하지 마라

아파트는 한 동에서도 층과 향에 따라 임대가격에 차이가 있지만 이와는 달리 오피스텔은 저층과 고층 그리고 서향, 동향, 북향은 비슷한 임대시세를 보인다. 특히 소형오피스텔일수록 이런 현상은 두드러진다. 그러므로 실수요가 아닌 임대수익을 감안하여 오피스텔을 매입하려 한다면 또한 그 지역의 임대수요가 탄탄하다면 굳이 로얄층이나 남향을 고집할 필요는 없이 저층과 북, 서향 등 시세대비 저렴한 오피스텔을 선택하는 것이 낫다. 오피스텔은 첫째도 둘째도 임대수익을 어느 정도 수준으로 거둘 수 있느냐이다.

② 전용률을 반드시 확인하라(분양평수에 속지마라)

가끔 어떤 지역의 기존 오피스텔 시세가 평당 1,000만 원 정도의 수준인데 바로 인근에 추가로 분양하는 오피스텔의 신문, 현수막을 보면 빨간 글씨로 3.3㎡(구 평)당 500~700만 원대로 분양한다는 문구를 종종 볼 수 있다. 대체 무슨 일일까? 그것은 바로 각 오피스텔마다 전용률 차이가 나는데 바로 이 점으로 소비자를 유혹하는 것이다. 오피스텔의 전용률은 45%~80%까지 큰 폭의 차이가 난다. 최근 지어지는 대형오피스텔의 전용률은 70%~80%로 높은 편이지만 아직 소형오피스텔은 전용률이 50% 미만이거나 그 수준의 것들이 많다. 따라서 분양평수는 동일한 30평형이지만 실제평형(분양평수×전용률)은 15평이 될 수도 있고 24평이 될 수도 있는 것이다. 건설사는 이런 착시현상을 이용하여 소비자들이 해당 부동산이 싸다고 판단하게끔 광고하고 분양을 하는 것이다.

분양평수(30평형)×전용률(50%)=15평형

분양평수(30평형)×전용률(80%)=24평형

따라서 오피스텔을 매입하는 경우 반드시 전용률, 전용면적을 체크해야 한다.

③ 수요와 공급을 명심 또 명심하라

아무리 시설이 좋은 오피스텔일지라도 수요가 없는 곳에는 절대 투자해선 안 된다. 또한 최근 도시형생활주택 등 1~2인 가구에 초점을 맞춘 소형주택 상품이 대폭 늘어났기에 임대수요를 감안하지 않고 무작정 매입하면 추후 공실에 대한 부담이 생기고, 임대료의 상승 또한 기대하기 힘들 수도 있다(오피스텔은 수익형부동산이므로 임대가격이 상승해야 매매가격 상승도 기대할 수 있다). 따라서 그 지역의 수요층을 먼저 확인한 후 매입할 것인지 결정해야 한다. 임대수요는 대학교, 지하철역, 백화점, 대형병원, 대형마트 및 상업지역, 공단 등 직장수요가 풍부한 지역과 오피스텔 주변 건물들의 노후도가 심한 지역이 좋다. 그리고 현재 공실이 없더라도 주변에 건물을 지을 수 있는 공터가 많은 지역은 2~3년 후 공급이 많아져서 공실률이 높아질 수 있으므로 주변까지 꼼꼼하게 확인하며 투자해야 한다.

④ 기왕이면 임차인의 입장에서 매입하라

비슷한 수준의 매매가격이라면 단층보다는 물건 수납공간이 있는 복층이 좋다. 그리고 기왕이면 평당 관리비도 저렴한 곳이 좋다(의외로 관리비 차이도 많이 난다). 또한 오피스텔 임차인이 월세를 살지라도 대부분 차를 소유한 사람이 많으므로 주차시설도 넉넉한 곳이 좋다. 좋은 조건이 갖춰진 곳은 임차인의 선호도가 높으므로 그만큼 공실에 관한 부담도 줄일 수 있다. 여기서 오해하지 말 것은 오피스텔을 매입할 때 가장 중요한 것은 '얼마나 싸게 매입하느냐'이지 위 옵션이 모두 갖춰진 부동산을 뜻하는 것은 아니다. 그래서 말머리에 '기왕이면'이란 수식어를 삽입한 것이다.

⑤ 오피스텔을 사업용으로 임대할 경우 부가세별도(vat별도)란 문구를 기재해야 한다

부가세 별도를 기재하지 않으면 임대인이 일반사업자가 되므로 월세에 부가세를 포함해서 받은 셈이 되어 추후 임대인에게 불이익이 발생한다.

⑥ 부부가 임대사업을 할 경우에는 소득이 없거나 소득이 적은 명의로 매입하는 것이 좋다

낙찰을 잘 받는 방법

지금껏 단독으로 낙찰 받은 경우가 많았다

경·공매 입문 후 지금까지 꾸준하게 낙찰을 받고 마무리를 하고 있다. 최근에도 근린시설과 모텔, 상가를 단독으로 낙찰 받고 처리중이다(필자가 지금까지 매입한 물건 중에서 단독으로 낙찰된 물건의 비중이 70% 정도 되는 듯하다). 매입물건 중 몇 건은 명도가 진행 중이고, 어떤 물건은 소송이 거의 마무리 되어 가는 중이다.

단독으로 낙찰 받은 물건이라고 하여 모두 복잡한 물건은 아니다. 어떤 물건은 겉보기에 복잡하게 보일지라도 그 물건의 이해관계를 알고 있다면 쉽게 마무리되는 물건이다.

투자를 경험하며 느끼는 것은 물건을 수월하게 낙찰받기 위해 법과 부동산의 이론에 관하여 습득하는 것도 중요하지만 물건을 검색하거나 현장에서 접하게 될 때의 '감각과 마인드'가 더 필요할 때도 있다는 것이다.

유료사이트에 접속하여 물건검색을 할 때 이 물건은 분명 다른 이들은 그냥 흘려보냈을 것인데 혼자서 탐독한다고 느낄 때 작은 짜릿함을 느낀다. 그리고 그런 느낌을 받은 물건은 결과 역시 단독으로 낙찰 되곤 한다.

낙찰을 잘 받는 방법

경·공매 공부는 계속하고 있는데 왜 자신은 낙찰을 받지 못하고 매번 고배를 마시는 것인지 고민하는 이가 많을 것이다. 그런 사람들 중에서 패찰을 거듭할수록 경쟁을 피하기 위해 점점 더 어렵고 복잡한 물건에 관심을 가지게 되고, 수도권에서 멀리 떨어진 지방물건을 찾기도 한다. 하지만 단지 경쟁을 피하기 위해 도피식 투자만 하게 되면 그 이후에도 긍정적인 결과가 나오지 않을 가능성이 높으며 그 마저도 수익이 나지 않을 경우 경·공매투자 자체를 아예 포기하게 되는 경우도 생긴다.

그렇다면 대체 낙찰을 잘 받는 방법은 무엇일까?

무엇보다도 우선 다른 경쟁자들과 물건을 검색하는 기준부터 달라야 할 것이다. 많은 사람과의 경쟁을 피하면서도 수익을 올릴 수 있는 나만의 투자기준이 있어야 하고, 없다면 하나씩 만들어야한다.

그 기준이 법리적으로 복잡한 방향으로만 치우쳐서도 안 되고, 가치투자의 성격으로만 접근할 것도 아니다. 또한 투자기준을 너무 복잡하게 생각해서도 안 된다(주식이든 부동산이든 청중 앞에서 거창하게 이론을 들먹이는 사람일수록 실제 실전에는 서투른 이가 많다).

필자가 생각하는 실전에서 낙찰을 잘 받는 방법에 관하여 정리해보았다(이론이 아닌 감각에 관한 부분까지 정형화하기엔 한계가 있지만). 아래의 부분들은 비록 한 줄의 원칙이지만 그 원칙도 반복해서 읽어보면 필자가 말하고자 하는 숨은 뜻까지 이해할 수 있을 것이다.

(1) 투자란 장점을 고루 갖춘 부동산을 사는 것이 아니다

투자란 마치 미인대회처럼 가장 외형이 좋은 부동산을 찾는 것이 아니다. 실수요자가 아닌 투자자에게 좋은 부동산이란 '역세권', '남향', '로얄층'이란 단어가 포함된 물건이 아니라 오직 더 많은 수익을 안겨줄 수 있는 부동산이다. 이런 생각을 가지고 물건을 검색하다보면 입지가 1등인 부동산보다 2, 3등에서 더 높은 수익을 얻는 경우가 많다는 것을 경험하게 될 것이다(4, 5등은 낙찰 후 특별한 노력이 필요하다). 인터넷 쇼핑을 잘해서 지인들 물건까지 구매해주는 사람이 있다. 그런데 그는 절대 1등 상품을 사지 않는다. 왜냐하면 어떤 물건이든 1등은 상품가격에 브랜드가격이 포함되어 있기 때문이다. 부동산도 마찬가지다. 1등의 기능을 갖고 있는 2, 3등을 찾으면 성능은 비슷하지만 더 저렴한 가격으로 매입할 수 있는 것이다.

(2) 유찰의 원인부터 분석하라

투자를 잘 하려면 이 물건이 왜 이렇게 저렴하게 유찰되었는지 진정 어떤 부분이 걸림돌이었는지 짚어내야 한다. 원인과 해결방안 등을 동시에 고민하려 하지 말고 일단은 유찰의 정확한 원인을 파악하는 것에 공을 들여야 한다. 그 원인만 정확하게 찾아낼 수 있으면 그 다음부턴 해결방안 찾기에만 집중할 수 있기 때문이다. 원인도 모른 채 단지 싸다는 이유로 입찰했다간 낭패를 보기 십상이다.

(3) 현재 모습보다 바뀔 모습을 상상하라

혹시 현장에 갔을 때 입찰부동산에 쓰레기가 쌓여 있고, 물이 새고, 냄새가 난다고 하여 인상이 찌푸려진다면 아직 투자에 서투른 것이다. 그런 부분 때문에 부담이 된다고 생각하지 말고, 오히려 그 부담 때문에 조금 더 저렴한 가격에 살 수 있겠다는 생각을 하라. <u>물건을 접할 때 이렇게 마인드를 바꾸는 것만으로도 더 많은 물건이 눈에 들어올 것이다.</u> 건물 외벽의 벽돌이 군데군데 떨어져 있다면 다시 붙이거나 페인트를 칠하면 될 것이 아닌가. 초보는 부동산의 현재 모습에 현혹되지만 고수는 바뀔 모습을 상상하며 매입한다.

(4) 100% 확신 후 입찰을 하면 떨어질 확률이 높다

대부분 투자자는 선순위임차인 물건을 조사할 때 '무상임차인각서' 유무를 채권은행에 확인하곤 한다. 그리고 무상임차인각서가 있다는 것이 확인되면 그때부터 그 물건에 관하여 안심하고 입찰을 하는 경향이 있다. 하지만 선순위임차인 투자에서 정말 수익을 올릴 수 있는 경우는 '무상임차인각서' 유무를 쉽게 확인하는 케이스가 아니다. 그 정도는 남들도 다 알아보는 것이 아니겠는가. 그것 말고 좀 더 숨어있는, 남들이 찾기 힘든 단서를 어렵게 찾아냈을 때 더 큰 수익으로 연결시킬 수 있다. 선순위임차인이 아닌 유치권, 지상권 등 특수한 경우에도 마찬가지다. 많은 입찰자들이 쉽게 정보를 취득할 수 있는 물건에선 큰 수익을 얻기 힘들다.

(5) 난이도와 수익률이 반드시 비례하는 것은 아니다

유치권이 있는 아파트와 그렇지 않은 일반물건이 있다면 금액을 조금 더 지불하더라도 일반물건에 입찰하는 것이 좋다. 복잡한 물건이 수익이 되는 것은 맞지만 그렇다고 반드시 고수익을 안겨주는 것은 아니다. 법정지상권, 선순위임차인, 유치권 등 인수권리가 있는 물건들을 아무리 싸게 낙찰 받았더라도 해결을 못한다면 도루묵이고, 그 기간이 너무 길어진다면 성공한 투자라고 말할 수 없기 때문이다. 따라서 투자자는 난이도와 수익률 사이에서 적절한 조율을 해야만 한다. 고수는 어려운 물건을 해결할 수 있는 사람이 아니라 꾸준하게 수익을 올릴 수 있는 사람이다. 기왕이면 쉬운 물건으로 수익을 올릴 수 있다면 더욱 좋은 것이다. 극심한 경기침체로 인한 공포 때문에 일반 물건의 입찰경쟁률도 극도로 낮아졌는데 특수물건 증거수집에 몰두하고 있는 이가 있다면 그는 경매고수가 아니라 투자의 기본감각조차 없는 사람이다.

(6) 해당물건의 숨은 이해관계를 파악하라

해당부동산이 비록 외형상 좋지 않더라도 누군가에게는 꼭 필요한 물건일 수도 있다. 아니면 해당부동산 뿐만 아니라 인근부동산의 추가매입을 통해 더 큰 수익으로 연결시킬 수 있는 경우도 있다. 투자를 잘 하려면 해당물건만을 볼 것이 아니라 그 부동산과 관련하여 얽혀있는 숨은 이해관계들도 읽어낼 수 있어야 한다. 즉 큰 그림을 그려 좋은 물건을 만들 수 있는지를 검토해야 된다. 그 물건 자체는 볼품이 없어도 다른 이에겐 꼭 필요한 경우가 있기 때문이다. 결국 투자의 핵심 중 하나는 환금성이기 때문에 누군가가 바로 사줄 사람이 있다면 비록 해당 부동산이 볼품 없을지라도 과감히 베팅해야 할 때가 있는 법이다.

(7) 조사는 남보다 일찍 시작하라

일찍 일어나는 새가 먹이를 손쉽게 얻듯이 일찍 조사하는 투자자가 좋은 물건을 낙찰 받을 확률이 높다. 모든 투자자들이 보통 2회 정도는 유찰이 되어야 관심을 갖고 조사를 하기 시작한다. 그 결과 당연히 입찰 경쟁률은 높아지게 되고, 자연스레 낙찰가능성은 줄어든다. 필자는 100% 신건일 때부터 물건을 조사하는 습관을 가지고 있다. 대부분의 투자자들은 신건일 때는 거의 쳐다보지 않기 때문이다. 이때부터 조사를 하는 습관을 들여놓으면 정보 구하기도 훨씬 수월하며, 의외의 큰 수확을 거두어들일 수도 있다. 항상 일찍 시작하는 습관을 들이자.

(8) 판례와 실전을 별개로 생각하지 마라

부동산 공매는 절대 이론 따로 실전 따로가 아니다. 이론만 주구장창 공부한다고 해서 고수가 되는 것도 아니고, 아무런 배경지식 없는 상태라면 현장에서 부지런히 움직인다한들 계속해서 헛발질만 할 뿐이다. 이론의 핵심인 판례와 실전이 적절히 병행되어야 큰 수익으로 연결시킬 수 있다. 판례공부를 할 때에도 단순히 읽는 것에만 그치지 않고, 이것을 어떻게 실전에 적용시킬지 고민하고 상상하며 읽어야 발전 속도가 빠르다. 공매는 절대 이론과 실전이 별개인 것이 아니다. 제 아무리 법에 능통한 변호사(법률전문가)라 할지라도 실전 경험이나 감각이 없다면 직접 투자로 연결시킬 수 없는 법이다. 항상 이론과 실전의 두 바퀴를 동시에 돌려야 투자라는 마차를 잘 돌릴 수 있음을 명심하자.

(9) 물건종별의 특징을 이해하고, 한 분야에 대한 전문성을 갖춰라

경매로 돈을 벌 수 있는 방법은 정말 다양하다. 단순히 법률적으로 하자 있는 물건을 해결한다는 식으로만 접근하지 않도록 하자. 다양한 물건종별의 특징을 이해하고 해당 물건 종별에 대해 깊이 있는 지식을 몇 가지 갖추어두는 것만으로도 다른 이들과 차별화된 투자가 가능하다. 다세대, 아파트, 오피스텔 등 간단한 물건들을 경험해봤다면 그 다음에는 허름한 주택이나 다가구, 상가, 토지, 또는 모텔과 주유소, 사우나, 공장 중에서 자신과 맞는 것을 골라서 그 물건들을 집중적으로 연구해도 좋다. 핵심은 단순히 법률적 접근을 넘어 물건종별의 특징을 이해함으로써 자신만의 무기를 만들어 나가는 것이다. 이렇게 다른 분야를 접근할 때 물건종별의 특징뿐 아니라 반드시 그 분야의 임대 및 매매는 어떻게 이뤄지고 있는지 확인해야 한다. 그 결과가 당연히 훌륭한 수익으로 돌아올 것임은 두말할 것도 없는 사실이다.

(10) 엑셀과 기존 낙찰가는 참조만 할 뿐 맹신하지마라

아직까지 필자는 '감'을 즐긴다. 또한 그 '감'이 여전히 살아있다는 것을 느낀다. 입찰가격을 정할 때 다른 경쟁자들이 얼마의 입찰가를 적어낼지 상상해보는 재미와 긴장감은 게임을 더욱 즐겁게 한다.

입찰가격을 정확하게 산출할 수 있는 공식은 없다. 많은 투자자들이 기존 낙찰가 통계나 엑셀을 활용하여 입찰가를 산정하지만 그것은 훌륭한 답이 나오는 공식이 아니라 과거자료를 기반으로 한 데이터일 뿐이다. 또한 각각의 사건마다 경우의 수가 다르기에 모든 것을 일괄적으로 하나의 대상으로 보는 것에도 무리가 있다. 시기가 다르고, 점유자가 다르고, 해당물건의 입지와 난이도, 입찰에 임하는 투자자의 실력도 다르기 때문이다. 많은 데이터들을 최대한 참고하되, 결국은 투자자 자신의 본능적 감각이 마지막 히든카드라는 사실을 명심하자.

(11) 불확실성에 대한 결단이 필요하다

투자란 불확실성에 투자하는 것이다. 또한 불확실성이 높은 때이거나 현재는 아무도 관심을 두지 않는 저평가 물건을 매입했을 때 고수익을 가져다주는 경우가 많다. 그래서 투자를 잘 하려면 결단이 필요하고 더불어 본래의 가치를 찾을 때까지 기다릴 수 있는 인내가 뒷받침되어야 한다. 대부분 이론을 잘 안다고 하는 사람도 이 부분이 결여되어 제대로 된 투자를 하지 못하는 경우가 많다(무모함과 용기의 차이 정도는 이해해야 된다). 몇 년 동안 책만 보고 있는 이들도 있다. 항상 그들은 아직 준비가 되지 않았다는 이유로 합리화하지만 완벽히 준비가 되었다는 때는 원래 존재하지 않는다. 시장상황은 늘 변하며, 모든 것은 계속 진화하기 때문이다. 어느 정도 준비가 되었다면 다소 불안한 마음이 들더라도 실전에 과감히 투자할 수 있는 용기와 결단이 필요하다. 진부하지만 용기 있는 자가 미인뿐 아니라 미(美)부동산을 얻는 법이다.

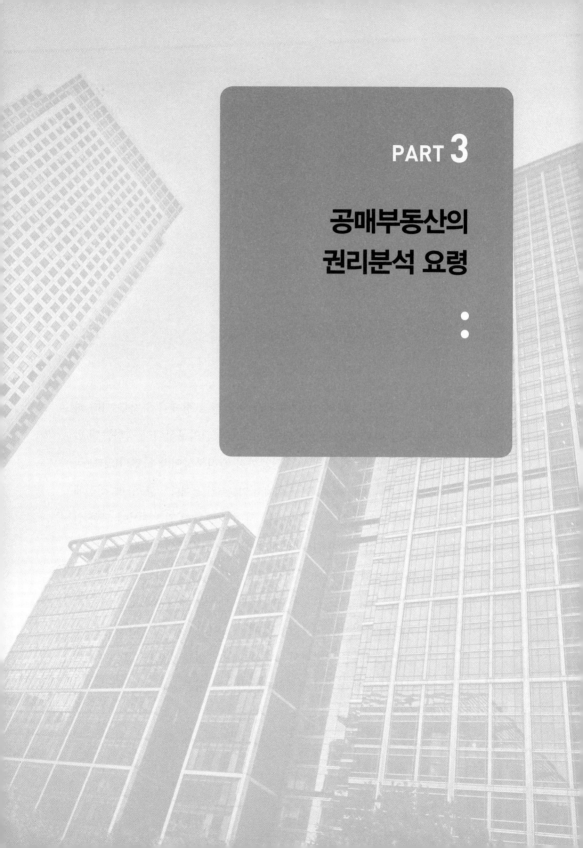

PART **3**

공매부동산의
권리분석 요령

권리분석이란?

　권리분석이란 부동산을 매입하기 전에 법률적 그리고 경제적 하자를 미리 파악하는 것이다. 통상 법률적 하자를 판단하는 것에만 권리분석이라 칭하는데 필자의 경우 수익성을 확실하게 검토하는 단계까지 권리분석이라 하였다(권리분석이란 용어는 법률용어가 아니라 투자자들 사이에서 만들어진 용어다). 경·공매 실전에 임하기 전에 실수하지 않고 안전하게 투자를 하려면 반드시 권리분석에 관한 원리를 이해하고 실전에 접근해야 한다. 공매와 경매의 권리분석 방법은 동일하므로 기존에 경매공부를 했던 사람은 몇 가지만 추가로 이해한다면 쉽게 적용할 수 있으므로 부담 갖지 않아도 된다. 공매의 경우 대부분 조세채권에 의해 진행되는 절차여서 권리분석 외에도 배분절차 등에서 보이지 않는 함정이 등장할 수 있으므로 그 부분만 체크하면 실전에서 실수하는 일은 없을 것이다. 그럼 실전에서 권리분석을 하는 방법에 대해서 자세히 알아보도록 하자.

공매물건의 4단계 권리분석 요령

공매물건의 권리분석은 필자가 실전에서 취하는 방식처럼 크게 4단계로 나눠서 체크한다면 빠뜨리는 부분 없이 꼼꼼한 검토가 가능하다. 처음에는 4단계로 확인하는 것이 어색할지 모르지만 익숙해지면 권리분석에 소요되는 시간도 단축이 된다(참고로 권리분석을 신속하게 끝내려는 습관은 금물이다. 경·공매 투자를 할 때 무엇

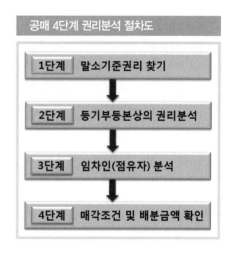

공매 4단계 권리분석 절차도

1단계 말소기준권리 찾기

2단계 등기부등본상의 권리분석

3단계 임차인(점유자) 분석

4단계 매각조건 및 배분금액 확인

보다도 진지한 자세가 필요하다. 정확한 권리분석은 부동산 투자자가 갖추어야 할 필수적인 요소이다. 그래야 훗날 치명적인 실수가 없다).

1단계 : 말소기준권리 찾기

말소기준권리란 권리분석의 기준이 되는 권리를 말한다. 등기부등본상 다른 권리들이 말소기준권리보다 순위가 뒤에 있다면 공매로 처분되면서 말소기준권리를 포함한 모든 권리들은 소멸된다. 즉, 공매로 낙찰 되고 소유권이전을 하게 되면 전 소유자(체납자)의 채무로 얼룩졌던 등기부등본상의 권리들이 깨끗하게 세탁(촉탁) 되는 것이다. 그래서 권리분석의 첫 단계는 '말소기준권리'를 찾는 것에서 시작한다.

Tip 공매에서 (말소기준권리 포함하여) 후순위 권리들이 소멸되는 이유!

국세징수법 기본통칙 제79-77…1【매각에 수반하여 소멸되는 권리】

제77조에서「매각에 수반하여 소멸되는 권리」에는 다음의 것이 있으며, 이들 권리는 매수인이 매수대금을 납부한 때에 소멸하는 것으로 한다.

1. 매각재산상에 설정된 저당권 등의 담보물권

2. 전호의소멸하는 담보물권 등에 대항할 수 없는 용익물권, 등기된 임차권

3. 기타 압류에 대항할 수 없는 권리

등기부상 권리들 중에서 말소기준권리가 될 수 있는 것들

① 근저당

② 압류

③ 가압류

④ 경매기입등기(등기부상에 '강제경매개시결정', '임의경매개시결정'이라고 볼 수 있다.)

⑤ 담보가등기(등기부상에 '소유권이전청구권가등기'로 표시가 되어 있다.)

해당부동산의 등기부등본 '갑구'부분과 '을구'부분의 모든 권리들을 나열하여, 말소기준권리가 될 수 있는 권리들 중 최선순위에 위치한 권리가 말소기준권리가 된다.

2단계 : 등기부등본상의 권리분석

말소기준권리를 찾았으면 다음은 등기부상의 모든 권리를 날짜순으로 나열하여 말소기준권리보다 앞선 인수권리가 있는지 확인하는 단계다.

〈등기부상 권리 중 인수되는 권리〉

전소유자의 가압류(공매 매각 시 자산관리공사에서 소멸주의를 택했는지 인수주의를 택했는지로 결정됨), 배분요구하지 않은 선순위전세권(최선순위임차권은 배분요구를 하시 않아도 배분이 된다), 선순위지역권, 선순위지상권, 선순위가처분, 선순위가등기 등

〈등기부상의 권리는 아니지만 인수되는 권리〉

배분요구하지 않은 대항력 있는 임차인, 법정지상권, 유치권, 분묘기지권, 그 외 해당부동산의 공법적인 제한사항 등

복잡한 것을 기재해 놓은 것처럼 보이지만 실제 말소기준권리를 찾고 나면 깨끗하게 말소되는 공매물건이 대부분이므로 인수되는 권리에 관한 것들은 추후 하나씩 공부를 해가면서 도전해도 된다. 또한 등기부등본상이나, 등기부상의 권리는 아니지만 인수되는 권리 및 제반사항 등은 모두 매각조건에 기재가 되므로

입찰 전에 확인이 가능하다(낙찰자에게 인수될 여지가 있는 부분이 '매각조건'에 기재되지 않았다면 그 사유로 '매각결정취소'신청이 가능하다).

Tip 경매절차로 매각이 가능하지만 공매로
매각이 절대 불가한 경우

① 말소기준권리보다 앞선 가처분, 지상권, 지역권, 소유권이전청구권가등기가 있는 경우
(공매실무에선 말소기준권리보다 앞선 최선순위가처분, 최선순위가등기(담보가등기가 아닌 경우)가 존재하는 경우 진행을 하지 않고 있다-자산관리공사 업무지침)

② 예고등기
(실무에선 소유권에 관하여 변동이 생길 수 있는 예고등기가 기입되어 있는 경우에는 공매진행을 하지 않고 있다)
즉, 경매에서는 '선순위가처분', '선순위가등기', '예고등기'가 있는 사건은 진행하지만 공매에서는 진행하지 않는다.

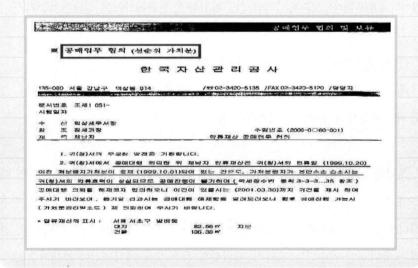

※ 공매업무 협의 (선순위 가등기)

한 국 자 산 관 리 공 사

135-080 서울 강남구 ○○동 ○4 　　　/☎02-○20-51○ /FAX 02-○20-51○ /담당자

문서번호 조세1 051-○
시행일자

수　신　○○세무서장
참　조　징세과장　　　　　　　　　　　　수임번호 (2000-0○60-001)
제　목　체납자　　　　　　　　　　　　　압류재산 공매업무 협의

　1. 귀(청)서의 무궁한 발전을 기원합니다.
　2. 귀(청)서에서 공매대행 의뢰한 위 체납자 압류재산은 귀(청)서의 압류일 (1999.10.20)
이전 소유권이전 청구권 가등기가 등재 (1999.10.01) 되어 있는 건으로, 향후 가등기에 기한
부동기 이행시 귀(청)서의 압류효력이 상실되므로 공매진행이 불가하여 공매대행 해제코자 협의
하오니 이견이 있으시는 (2001.03.30) 까지 귀권을 제시하여 주시기 바라오며, 동기일 경과시는
공매대행 해제함을 알려드리오니 가등기 말소등으로 인한 공매진행 가능시 재 의뢰하여 주시기
바랍니다.

　▴ 압류재산의 표시 : 서울 서초구 방배동
　　　　　　　　　　대지　　　　　82.56㎡　　지분
　　　　　　　　　　건물　　　　　136.38㎡

한국자산관리공사 조세정리1부장

※ 공매업무 협의 (소유권 말소 예고등기)

한 국 자 산 관 리 공 사

135-080 서울 강남구 ○○동 ○4 　　　/☎02-○20-51○ /FAX 02-○20-51○ /담당자

문서번호 조세1 051-○
시행일자

수　신　○○세무서장
참　조　징세과장　　　　　　　　　　　　수임번호 (2000-0○60-001)
제　목　체납자　　　　　　　　　　　　　압류재산 공매업무 협의

　1. 귀(청)서의 무궁한 발전을 기원합니다.
　2. 귀(청)서에서 공매대행 의뢰한 위 체납자 압류재산은 귀(청)서의 압류일 (1999.10.20)
이전 소유권말소 예고등기가 등재 (1999.10.01) 되어 있는 건으로, 공매진행이 불가하여
공매대행 해제코자 협의하오니 이견이 있으시는 (2001.03.30) 까지 귀권을 제시하여 주시기
바라오며, 동기일 경과시는 공매대행 해제함을 알려드리오니 향후, 공매진행 가능시 재 의뢰
하여 주시기 바랍니다.

　▪ 압류재산의 표시 : 서울 서초구 방배동
　　　　　　　　　　대지　　　　　82.56㎡　　지분
　　　　　　　　　　건물　　　　　136.38㎡

한국자산관리공사 조세정리1부장

3단계 : 임차인(점유자) 분석

공매절차가 개시되면 해당부동산의 점유자들에게 공매통지서 및 배분요구통지서를 발송한다. 그러면 해당부동산에 있는 임차인은 배분요구종기일이 도래되기 전에 배분요구를 해야만 배분을 받을 수 있다. 공매공고에 있는 '임대차정보' 부분에 임차인의 보증금액과 확정일자가 있는 경우엔 배분요구를 한 것으로 생각하면 되고 전입일자만 기재되어 있는 경우엔 그렇지 않다고 판단하면 될 것이다(그래도 입찰 전에 해당물건의 담당자에게 전화를 걸어 다시 한 번 확인하는 습관을 갖는 것이 좋다).

ex) 온비드 화면에서 볼 수 있는 임대차 정보

① 전입세대주가 없는 경우

〈임대차정보〉

임대차내용	이름	보증금	확정(생성)일	전입일
감정서상 표시내용 또는 신고된 내용이 없습니다.				

해당부동산에 전입세대주가 없는 경우 위처럼 임대차정보에 빈칸으로 기재가 된다(이런 물건은 대부분 세입자가 없는 공실이고, 간혹 채무자가 점유하고 있는 경우가 있다).

② 전입세대는 있으나 배분요구를 하지 않는 경우

〈임대차정보〉

임대차내용	이름	보증금	확정(생성)일	전입일
전입세대주	윤○철	0		2008/03/25

임대차정보에 임차인의 이름과 전입일은 있지만 보증금과 확정일자는 기재되지 않은 경우다. 이 칸에 보증금과 확정일자가 표기되지 않은 이유는 임차인이 별도로 배분요구를 하지 않았기 때문에 자산관리공사에서 그 내역을 모르기 때문이다(위처럼 배분요구를 하지 않았는데 임차인의 전입일이 말소기준권리보다 앞서 대항력이 있는 경우에는 반드시 현장을 방문하여 임대차계약 체결 여부를 확인한 후 입찰해야 한다).

③ 전세권이 기재되어 있는 경우

〈임대차정보〉

임대차내용	이름	보증금	확정(생성)일	전입일
전세권	권○근	100,000,000	2009/05/18	

해당부동산의 등기부등본에 전세권이 설정되어 있는 경우 위처럼 임대차정보에 전세권 금액과 내역이 기재된다(하지만 전세권에 관한 내용이 기재되어 있을지라도 담당직원과 통화하여 다시 한 번 전세권자의 배분요구여부를 확인해야 한다. 왜냐하면 전세권자는 배분요구를 하지 않아도 등기부를 참조하여 담당자가 임의로 기재해 놓는 경우도 있기 때문이다. 배분요구를 안 한 경우 '유의사항'에 인수 사항이 기재된다).

④ 임차인이 여러 명일 경우

〈임대차정보〉

임대차내용	이름	보증금	확정(생성)일	전입일
임차인	참좋은○○[대표자 손○진]	50,000,000		2007/12/12
임차인	이○철	70,000,000	2007/09/21	2007/10/22
임차인	박○자	85,000,000	2009/07/27	2009/07/23
임차인	임○진			2005/09/25

임차인이 여러 명일 경우 위처럼 기재되는데 맨 위 참좋은○○(대표자 손○진)은 대표자로 기재된 것으로 보아 사무실로 쓰고 있을 것이고 이○철, 박○자는 임차인으로 신고를 했고 맨 밑에 있는 임○진은 보증금과 확정일자가 없으므로 배분요구신청을 하지 않은 것이라 판단할 수 있다.

배분요구를 하지 않은 선순위임차인이 있는 물건 중에서 임차인의 보증금을 인수하고도 수익이 예상되거나 허위임차인임이 명확하게 판단되는 경우에는 입찰해도 상관없다.

 ※ 또한 등기부상 권리분석으로는 아무런 문제가 없게 보일지라도 입찰부동산에 대항력과 우선변제권을 모두 갖춘 임차인이 있는 경우에 미배분금액이 발생되어 그 금액을 인수해야 하는 경우가 종종 발생되므로 조세채권의 법정기일을 반드시 체크해야 한다!!(이 부분은 뒤에 상세하게 설명할 것임)

4단계 : 매각조건 및 배분금액 확인

경매절차에선 낙찰 후 추가로 낙찰자에게 인수되는 권리가 있을 경우 '매각물건명세서'상에 그 부분을 기재해 놓는다. 만약 그런 사항이 누락되었을 경우 '매각불허가'신청이 가능하다. 마찬가지로 공매절차에서도 '유의사항'에 입찰자가 낙찰 후 추가로 인수해야 하는 권리나 부동산의 하자, 특별매각조건 등을 기재하므로 입찰 전에 반드시 이 부분을 체크해야 한다.

ex) 실제 공매매각 시 기재된 다양한 유의사항

① 해당 공매물건의 권리 상 하자에 대한 유의사항

유의사항	본건은 유치권신고서가 접수된 건으로 이점 유의하시어 시전조사후 입찰바랍니다.(신고내용 : 전사용자에게 점유권 및 인도합의금으로 지급한 3500만원 및 공사대금 2260만원에 대한 유치권신고)

⟨자산관리공사에 접수된 경우 유치권 신고에 관해 유의사항에 기재한다. 위처럼 유치권신고가 되어 있는 물건은 반드시 현장조사를 거쳐 유치권자의 점유 빛 진위 여부에 관한 법률적 검토를 마친 후 입찰해야 한다.⟩

유의사항	본건은 권리신고한 임차인의 서류에 의하여 대항력 있는 임차인이 있을 수 있으므로 사전조사 후 입찰바람

⟨말소기준권리보다 앞서 전입한 점유자가 있을 경우 '대항력이 있는 임차인이 있을 수 있음'이라고 기재한다. 이 경우 현장방문을 통해 진정한 임차인인지 여부와 담당자에게 배분요구를 했는지 여부를 확인 한 후에 입찰해야 한다. 선순위 근저당권 금액이 적은 경우 대위변제를 했는지 여부도 확인해보는 것이 좋다.⟩

② 권리 상 하자가 아닌 부동산 현황상 차이점 및 매각조건에 관한 유의사항

유의사항	본건은 공부 및 현황 도로로 이용중이므로 기보상여부(수용포함)등을 사전조사후 입찰하시기 바랍니다.

〈유의사항에 지목이 대지로 되어 있으나 재개발지역의 도로로 이용 중이라 기재되어 있다. 또한 국가에 수용되는 지역이므로 보상여부와 보상금액을 확인 후 입찰해야 한다.〉

유의사항	본건은 대지권없이 건물만 매각하오며, 등기부등본상 건물면적 41,653㎡이고 집합건축물관리대장상 면적 36.36(공유면적 : 복도및계단 7.57㎡)로 다소 차이가 있는 바 사전조사후 입찰바랍니다.

〈토지는 타인의 소유이고 건물만 매각하는 조건일 경우〉

유의사항	공부상 지목이 "대"이나 현황 인접필지와 함께 주차장 용도로 이용중

〈지목이 '대지'이나 다른 인접토지와 함께 주차장으로 이용 중이라 기재함-현황상 차이점〉

유의사항	본건은 등기부등본상 제비3층 제비301호로 되어 있고, 집합건축물대장상 제비3층 제301호~제비3층 제303호로 분리등재되어 있으나 실제는 1개호수의 휘트니스 센터로 이용중임을 알려드리오니 이점 유의하시고 입찰바랍니다.

〈3개호수로 등재되어 있으나 실제론 1개 호수로 합쳐서 이용 중이라는 매각조건- 현황상 차이점〉

유의사항	본건은 건물만의 매각으로서 토지소유자가 건물등 철거소송(수원지방법원2009가단 77057)에서 승소하여 건물철거가 확정된 물건이므로 입찰시 유의하시기 바랍니다.

〈건물만의 매각이고 토지주의 건물철거가 확정된 건물로 기재되어 있음〉

유의사항	본건은 건물만 매각하는 조건이며, 건물 일부 연접토지 지상위에 소재하고 제시외건물 (창고18.3㎡)이 소재하는 바 사전확인후 입찰하시기 바랍니다.

〈인접토지 지상 위에 소재하고 건물만의 매각임이 기재되어 있음〉

지금까지 살펴본 것은 공매물건의 유의사항으로서 권리분석의 최종단계라 할 수 있는 것들이다. 대부분 권리 상 하자가 될 수 있는 것이고 공부상과 현황상의 차이점, 기타 매각조건 등을 기재해 놓으므로 그 경우 현장조사를 통해 꼼꼼하게 체크하는 습관을 들이도록 하자.

필자가 지금까지 경험했던 것에 의하면 법적 지식과 부동산 가치를 보는 눈 사이에 틈새시장이 있었다. 그 곳에 수익을 올릴 수 있는 기회가 많았다. 왜 이런 틈새시장이 존재할까? 만약 외형상(?) 법적하자가 있는 부동산이 공매로 진행되고 있다고 가정해보자. 그 부동산을 바라보는 법률전문가는 법률적인 부분에 관한 해답을 가지고 있을 수는 있다. 하지만 실제로 발품을 팔아가며 부동산의 가치를 파악하여 매도하는 절차까지 실행한다는 것은 현실적으로 무척 힘들다. 반대로 공인중개사나 일반투자자는 그 부동산의 가치는 알고 있을지라도 법률적인 부분을 해결하기에 부담을 느끼기 때문에 쉽게 다가설 수 없는 것이다. 따라서 부동산 투자를 할 때에는 적절한 법적지식과 가치를 판단할 수 있는 두 가지 능력을 제대로 갖추어야 그 틈새시장을 공략할 수 있다.

예전에 서울에 있는 연립주택인데 중개업소에서 필자에게 등기비만 있으면 그냥 바로 소유권을 이전해가라고 했던 적이 있었다. 등기부등본을 보니 압류와 근저당 등 소유자의 채무가 더덕더덕 붙어 있어서 그 채무가 연립주택의 시세를 초과한 케이스였다(그러니 가져가라고 한 것이다). 그런데 등기부등본을 꼼꼼하게 살펴보니 소멸시효가 완성되어 그 중에서 변제하지 않고 법률적으로 해결할 수 있는 채무가 약 70% 정도 되었다. 그 부동산을 중개업소 사장이 봤을 때에는 법적으로 해결할 자신이 없어서 버거웠겠지만 관련지식을 갖춘 필자에게는 좋은 투자기회가 될 수 있었던 것이다. 이처럼 관련 법적지식의 유무에 따라 같은 부동산이라도 어떤 이에겐 돌로 보이겠지만 다른 이에겐 좋은 투자물건이 될 수도 있는 것이다. 평소에 이런 생각을 항상 가지고 있으면 우연히 접하게 되는 판례, 법령, 뉴스 기사 등을 보고도 흥분을 느낄 때가 있다. 비단 경·공매 투자뿐만이 아니더라도 관련 법률 지식을 갖춰놓으면 일반 부동산 매물에 접근할 때에 유용하게 쓸 수 있다. 그다지 권리상 복잡한 물건도 아닌데 단순히 해당 부동산에 압류가 되어 있거나 가처분 등이 경료되어 있으면 일반인들은 매매 및 임대를 꺼리지만 그 권리관계를 확실히 이해할 수 있다면 남보다 더 싼 가격에 흥정을 할 수 있는 기회를 잡을 수 있는 것이다. 진부한 말일 수 있지만 결국 아는 것이 힘인 것이다.

낙찰을 잘못 받았다면 취소시켜라

경·공매로 토지와 건물이 따로 진행된다면 토지를 먼저 취득하는 것이 정석이다. 왜냐하면 통상 지상건물이 토지에 관하여 '법정지상권'이 없는 경우 토지주가 법리적으로 매우 유리한 지위에서 건물주를 압박할 수 있기 때문이다. 만약이 때 건물주가 토지주의 제안(?)을 받아들이지 않는다면 최악의 경우 건물이 철거될 수도 있기에 토지주는 본인의 의도대로 유리하게 협상을 이끌어낼 수 있다.

반대로 물건 검색 시 토지는 제3자 소유로 되어 있고, 건물만 매각되는 경우 대부분 투자자들은 관심을 두지 않는 편이다. 그러나 이런 상황을 역으로 해석해보면 모두 관심을 두지 않아 경쟁자가 없어 높은 수익을 거둘 수도 있다는 뜻이다. 그러므로 '건물만 매각되고 법정지상권이 존재하여 건물주가 토지주와 협의를 하지 않아도 사용수익에 지장이 없는 경우'라면 도전해보는 것도 좋다고 생각한다.

소재지	경기 남양주시 금곡동 ○○-2외 8필지 제지하층, 제2층, 제3층		
물건관리번호	2009-00○3-004	재산종류	압류재산
위임기관	남양주시청	배분요구종기	
물건용도/세부용도	근린생활시설	입찰방식	일반경쟁
면적	건물 191.7㎡ , 건물 192.815㎡ , 건물 192.815㎡		

☐ 감정정보

감정평가금액	231,000,000 원	감정평가일자	–	감정평가기관	(주)나라감 정평가법인
위치 및 부근현황	남양주시 금곡동 금곡역 동측 안근에 위치하며, 버스정류장 및 금곡역이 소재하여 대중교통편익은 보통시됨.				
이용현황	가) 공장, 보일러실, 계단실나) 주택(방3,베란다,거실,주방), 사무실2, 계단실, 화장실다) 오병○○교회, 숙소2, 계단 실, 화장실				
기타사항	해당사항 없음.				

☐ 임대차정보

임대차내용	이 름	보증금	차임(월세)	환산보증금	확정(설정)일	전입일
전입세대주	한○희	0 원	0 원	0 원		1998/11/11
전입세대주	하○일	0 원	0 원	0 원		2001/09/29

* 임대차정보는 감정서상 표시내용 또는 신고된 임대차 내용등으로서 누락, 추가, 변동 될 수 있사오니 참고 자료로만 활용 하여야 하며 이에 따른 모든 책임은 입찰자에게 있습니다.

시선이 고정되다

공매물건 검색하다가 전체 3층 건물 중에서 1층을 제외한 지층, 2층, 3층 건물
만 매각되는 물건이 눈에 띄었다. 서류를 보니 아직 미준공된 건물로 대지권도
없고, 1층은 체납자가 아닌 제3자의 소유로 되어 있었다(1층 소유자는 대지권을 가
지고 있었으므로 공매물건도 지상권이 성립하는 경우에 해당된다).

이 건물은 대지권 없이 매각되기에 낙찰 후 추가로 토지주와 상대(?)를 해야
한다는 부담이 있고, 또한 건물 전체가 아니라 가장 중요한 1층 부분이 매각에서

제외되었다는 것이 단점이었다. 하지만 1층을 제외하더라도, 577.33m^2(구 174.6평)의 건물 규모의 최저가격이 1억 1,550만 원 수준이라는 부분, 그리고 이 물건의 입지가 내 시선을 고정시켰다.

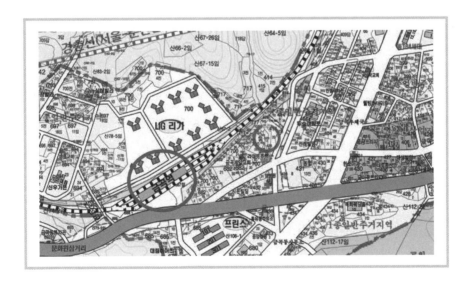

지적도를 보니 경춘선 구간 중 신설된 금곡역과 도보로 3분 정도 거리이고, 삼거리 코너자리에 위치하고 있었다.

물건에 몰입되다

이 녀석의 저렴한 가격과 역세권에 있는 위치를 확인한 이상 그냥 지나칠 수가 없었다. 머릿속으로 역세권으로 위치가 좋으니 1층이 없더라도 2, 3층만 잘 수리해서 임대를 놓으면 수익이 충분하고, 지하층도 어느 정도 크기가 되니 창고 용도로 세를 놓으면 될 것이라 생각했다. 행여 이 물건으로 대출받지 못하더라도 3층만 수리하여 전세로 놓아도 투자금의 상당부분은 회수할 수 있을 것이라 예상했다.

그런데 공매공고, 감정평가서, 등기부등본 등 관련서류들을 몇 시간씩 검토 해봐도 대지권 부분에 대하여 도저히 감을 잡을 수 없었다. 토지등기부를 보니 대지권이 건물 지분비율대로 일정하게 나눠진 것도 아니었고, 또한 그 소유관계가 무척 복잡하여 공매물건의 귀속된 대지권이 현재 누구 소유로 되어 있는지 정도만 겨우 확인이 가능한 상태였다. 참고로 이 건물은 홀로 서 있지만 본래 단지 내 상가 건물로 건축된 것이고, 대지권이 다른 아파트와 함께 공유지분으로 되어 있는 상태라 더욱 복잡했다.

그리고 서류를 검토해보니 공매에서 매각제외 된 1층은 이 건물 3층에 있는 임차인이 소유하고 있고, 이 물건의 소유자(=건축주)는 2층을 점유하고 있다는 것을 확인할 수 있었다. 아마 다른 경쟁자들은 서류와 물건 현황만 보더라도 한숨을 쉬며 포기할 것이라는 생각이 들었다.

Tip 권리분석 시 서류검토만으로 답을 얻을 수 없을 때

가끔 서류만으로 명쾌한 권리분석이 불가능한 경우가 있다. 이렇게 애매한 물건을 접했을 때 애써 서류 검토만으로 답을 얻으려 하지 말고, 이해되지 않는 부분을 따로 메모해두었다가 현장에서 직접 이해관계인들에게 사실 관계를 물어보며 실마리를 얻어야 한다. 그리고 현장조사에 나가서는 기왕이면 소유자보다 임차인을 먼저 만나보고, 임차인에게 원하던 답을 얻지 못했을 때 소유자를 만나는 것이 좋다(임차인이 소유자보다 대화할 때 호의적이기 때문이다). 임차인과 대화를 할 때 공매절차 및 배분절차 등 임차인이 궁금했던 부분에 관하여 설명해주면 대화를 원만하게 이끌 수 있다.

이 건물의 경우 3층의 임차인이 1층을 소유하고 있었으므로 필자의 답답함을 해결할 수 있을 것이라 생각했다. 현장에 도착하자마자 1, 2층을 지나 곧바로 임차인이 살고 있는 3층 교회로 올라갔다. 올라가는 계단에서도 내 시선은 이쪽저쪽 바쁘게 움직이고 있었다. 초인종을 누르고 잠시 기다리니 목사부부가 나왔고, 나를 응접실로 안내했다. 누구나 그렇듯 처음에는 양복 입은 낯선 사내를 경계한다. 하지만 서로 대화를 주고받으면서 임차인은 점점 호의적으로 바뀌고 있었다. 이 공매물건은 건물만 매각이 되고 대지권이 없는 등 매우 복잡하여 목사내외분은 그간 궁금했던 부분이 많았는지 필자에게 끊임없이 질문을 했다. 그리고 질문에 관한 상세한 답변을 해주면서 나 역시 이 물건에 관해 메모해왔던 부분을 하나씩 질문하며 실마리를 얻을 수 있었다. 현장에 오기 전 서류와 충분하게 씨름했기에 몇몇 질문만으로도 건물에 얽히고 설킨 문제의 해답을 충분히 얻을 수 있었다. 목사님의 답변을 통해 사실관계를 파악하게 되니 머릿속에서는 이미 이 물건을 해결할 수 있는 시나리오까지 완성되었다. 현장을 떠나기 전 마지막으로 목사님께 여쭤봤다.

"목사님 혹시 저 말고 다른 사람들이 방문한 적 있었나요?"

"아뇨, 송사무장님이 처음입니다. 저희는 이번에도 아무도 안 오는 줄 알았어요."

건물을 빠져나오며 이 물건은 100% 단독낙찰일 것이라 확신했다. 왜냐하면 이 물건은 서류검토만으로 도저히 답을 얻을 수 없는 물건이었기 때문이다. 다만 한 명의 경쟁자가 입찰할 가능성이 있는데 바로 현재 2층에 거주하고 있는 소유자였다. 하지만 소유자의 경우 최저가 근처에서 입찰하는 경향이 있으므로 그보다 살짝 올린 금액이라면 충분히 낙찰 받을 수 있을 것이라 생각했다.

예상했던 대로 역시 단독낙찰이었다. 입찰 전의 예상했던 시나리오대로 하나씩 풀려가고 있었다.

입찰결과			
물건관리번호	2009-00○3-004	조회수	397
물건명	경기 남양주시 금곡동 ○○-2외 8필지 제지하층, 제2층, 제3층		
입찰자수	유효 1 명 / 무효 0 명 (인터넷)		
입찰금액	118,000,000원		
개찰결과	낙찰 (해제)	낙찰금액	118,000,000원
물건누적상태	유찰 5 회 / 취소 0 회 입찰이력보기		
감정가격 (최초 최저입찰가)	231,000,000원	낙찰가율 (감정가격 대비)	51.1%
최저입찰가	115,500,000원	낙찰가율 (최저입찰가 대비)	102.2%

낙찰 후에야 건물의 하자를 발견하다

입찰 전에 계산하기를 이 건물의 대지권을 추가로 취득하고, 목사님과 협의후 1층 부분을 추가로 매입한다면 이 전체 건물을 최소 7억 원 정도에 매도할 수있을 것이라 예상했다. 물론 이 시나리오를 완성하기 위해선 2층 소유자를 상대로 명도소송을 제기하여 소유자의 아내명의로 된 대지권 부분에 관해 협의를 유도해야하고, 만약 그게 여의치 않다면 3층 임차인이 전세금 6,000만 원에 관한배분을 받지 못하는 점을 이유로 전세금반환청구의 소를 제기하여 토지(소유자의부인)에 관해 경매신청을 하는 것이다(부인이 전세금에 관해 연대보증 및 각서를 작성해준 것을 확인했음). 또한 목사님이 1층을 소유하고 있긴 하지만 더 나은 곳의 상가를 얻도록 도와드리면 추가로 1층도 매입이 가능할 것이라 예상했다. 그러나이러한 것들이 모두 진행 되려면 모든 절차를 최소 3년의 여유를 두고 사건들을하나씩 진행하며 해결하려고 했었다.

그런데 이런 달콤한 상상은 낙찰 후 다시 현장을 방문했을 때 순식간에 깨져 버렸다. 낙찰을 받고 다시 현장을 둘러보기 위해 3층에 들러 목사님의 안내를 받으며 건물을 둘러보았다. 그런데 3층 내부 천장이 무너졌던 흔적이 발견된 것이다.목사님은 얼마 전에 갑자기 천장이 무너져서 보수했다고 말했고, 다른 부분도 그럴 가능성이 있다고 하였다. 필자가 3층을 둘러보니 그럴 가능성이 농후한 것이여기저기 심한 균열이 보였다. 천장이 무너지는 것은 흔한 경우가 아니므로 건물을 둘러보는 내내 기분이 썩 좋지 않았다. 그런데 설상가상 격으로 지하층에 방문했더니 곰팡이 냄새가 진동하는 것이었다. 목사님께서 설명하시기를 장마철이면건물 외벽에서 내부로 물이 스며들고, 펌프를 작동시켜도 어김없이 침수된다는 것이다. 침수가 되면 필자의 기대대로 창고용도로 임대하는 것도 수월하지 않을 것이라 생각했다. 옥상을 비롯한 건물 구석구석을 둘러보니 건물 자체가 부실공사로 심각한 하자가 있어 대대적인 보수공사가 아니면 건물의 사용이 어려울 듯했다.

정말 힘이 빠지는 순간이었다. 입찰 전에 복잡한 권리관계를 풀어나갈 해법에만 신경 쓰느라 정작 다시 임대해야 하는 부동산 내부에는 소홀했던 내 불찰이었다. 복잡한 법적 하자를 감안하여 3년동안 해결해야 하는 것은 예상하고 낙찰받은 것이지만 건물의 대보수를 해야만 정상적으로 임대를 놓을 수 있다는 사실이 영 찜찜했다. 게다가 이런 고민을 하고 있는 때에 단기간에 높은 수익을 거둘 수 있는 다른 물건이 내 눈에 등장한 것이다(뒤에 소개되는 수탁재산물건이다). 갑자기 이 녀석이 눈엣가시가 되어버렸다. 고민 끝에 매각결정을 취소시키기로 마음먹었다. 하지만 만약 '매각결정취소신청서'가 받아들여지지 않을 경우에는 이 녀석이 나와 인연이 있다고 여기고 잔금납부를 하리라 생각했다.

맘에 들지 않으면 취소시켜라

며칠 전까지만 해도 이 물건의 하자를 어떻게 해결해서 수익을 올릴까 고민했었는데 이제 입장이 바뀌어 이 물건이나 공매매각절차의 어떤 흠을 찾아내어 매각결정취소를 고민하는 우스운 상황이 되어버렸다.

사실 낙찰 받고나서 물건이 잘못되었거나 썩 마음에 들지 않는 상황은 투자하다보면 허다하게 발생한다. 그렇다고 소중한 입찰보증금을 포기할 수는 없으므로 할 수 있는 모든 시도는 해보는 것이 좋다. 법원경매에서 해당물건에 관한하자나 집행법원의 절차상의 하자를 찾아내면 '매각불허가신청'을 할 수 있듯 공매물건도 공고나 절차상의 하자가 있다면 매각결정취소를 할 수 있다.

경매에서 '매각물건명세서'서류는 입찰자들에게 인수될 수 있는 입찰부동산의 법률적 하자나 공법상의 하자를 미리 고지하여 불측의 손해를 입지 않게 하게끔 하는 역할을 하는데 보통 그 부분에 관해 제대로 기재되어있지 않은 부분을 찾아내어 매각불허가결정을 받아내곤 한다.

그렇다면 공매에서 경매처럼 매각물건명세서의 역할을 하는 것은 무엇일까? 2012.1.1. 이전의 매각공고에서는 '부대조건'이라고 기재된 부분이다. 하지만 2012.1.1. 이후 국세징수법이 개정되어 공매절차에 관한 하자를 찾는 것이 더 쉬워졌다. 개정된 이후의 물건은 '공매재산의 현황조사 및 공매재산명세서'가 이 역할을 하므로 이 부분이 제대로 작성되었는지 확인하면 된다.

매각결정취소 요건 찾기!

국세징수법 제62조의2(공매대상 재산에 대한 현황조사)

① 세무서장은 제63조에 따라 매각예정가격을 결정하기 위하여 공매대상 재산의 현상(現狀), 점관계, 차임 또는 보증금의 액수, 그 밖의 현황을 조사하여야 한다.

② 세무공무원은 제1항의 조사를 위하여 건물에 출입할 수 있고, 체납자 또는 건물을 점유하는 3자에게 질문하거나 문서를 제시하도록 요구할 수 있다.

③ 세무공무원은 제2항에 따라 건물에 출입하기 위하여 필요한 때에는 잠긴 문을 여는 등 적절한 처분을 할 수 있다.

[본조신설 2011.4.4.]

국세징수법 제67조(공매의 방법과 공고)

② 세무서장은 공매를 하려면 다음 각 호의 사항을 공고하여야 한다. 이 경우 동일한 재산에 대한 공매·재공매 등 여러 차례의 공매에 관한 사항을 한꺼번에 공고할 수 있다.

1. 매수대금의 납부기한
2. 공매재산의 명칭, 소재, 수량, 품질, 매각예정가격, 그 밖의 중요한 사항
3. 입찰 또는 경매의 장소와 일시(기간입찰의 경우에는 그 입찰기간)
4. 개찰(開札)의 장소와 일시
5. 공매보증금을 받을 때에는 그 금액
6. 공매재산이 공유물의 지분인 경우 공유자(체납자는 제외한다. 이하 같다)에게 우선매수권이 있
   다는 사실
7. 배분요구의 종기(終期)
8. 배분요구의 종기까지 배분을 요구하여야 배분받을 수 있는 채권
9. 매각결정 기일
10. 매각으로도 소멸하지 아니하는 공매재산에 대한 지상권, 전세권, 대항력 있는 임차권 또는
    가등기가 있는 경우 그 사실
11. 공매재산의 매수인으로서 일정한 자격을 필요로 하는 경우 그 사실
12. 제68조의3 제2항 각 호에 따른 자료의 제공 내용 및 기간
13. 제73조의3에 따른 차순위 매수신고의 기간과 절차

이 물건의 공매공고를 확인해보니, 사실상 건물만 매각되는 물건으로 취득하지 못하는 대지권 부분이 있는 것인데도 '토지 및 건물 일괄매각'이라고 기재하여 공매절차를 진행한 것이다.

유의사항	– 소유권이전등기 전 가처분에 의한 권리이전 시 매각결정취소 조건이오니 사전 조사 후 입찰바람. – 대지권 미정리 상태이나 포함하여 일괄 매각하며, 대지권 등기와 관련된 일체의 사항은 매수인 처리 조건이오니 사전조사 후 입찰바람.

한 줄씩 매각결정취소신청서를 작성해갔다. 어떤 서면이든 합리적이어야 하고, 정성을 쏟아야 긍정적인 결과를 얻을 수 있다. 또한 서면 역시 상대방을 설득해가는 과정이라 생각하고 본인이 상대방(자산관리공사 담당자)의 입장이라면 어떻게 받아들일지 고민하며 작성한다면 더 좋은 결과물을 얻을 수 있다.

매각결정취소신청서

물건관리번호   2009-00○○3-004
위 임 기 관   남양주시청
체 납 자   (주) 칠○건설
매 수 인   송사무장
신 청 인   송사무장

신청인은 '경기도 남양주시 ○○동 ○○○-2외 8필지 제지하층, 제2층, 제3층'(이하 '이 사건 부동산'이라 합니다)에 관하여 한국자산관리공사 조세정리부 공매○팀에서 매각한 물건관리번호 : 2009-00○○3-004호의 매수신고인으로써 아래와 같은 사유로 위 공매사건의 매각결정 취소를 신청합니다.

– 아 래 –

1. **한국자산관리공사의 이 사건 부동산에 관한 공매공고를 보면 공매매각의 대상물은 집합건물인 근린생활시설로 기재되어 있습니다.**

한국자산관리공사의 홈페이지(이하 '온비드'라 합니다)에 게재된 이 사건 부동산의 매각공고를 보면, 이 사건 부동산은 집합건물인 근린생활시설로 되어 있는 것을 볼 수 있습니다. 또한 통상 집합건물의 경우 집합건물의 소유 및 관리에 관한 법률(이하 '집합건물법'이라 합니다) 제20조에 의해 전유부분과 대지사용권은 일체성을 가지고 있어서, 구분소유자의 대지사용권은 그가 가지는 전유부분의 처분에 따르고, 전유부분과 대지사용권을 분리처분할 수 없다고 규정되어 있기에, 이 사건 부동산 역시 위 집합건물법 제20조에 의해 대지권과 일괄매각으로 공고되었습니다. 그러나 이 사건 부동산은 위 집합건물법에 규정된 조건에 있지 않고, 매수인이 구분건물을 취득하더라도 대지권을 취득할 수 없는 경우에 해당되어 위 공고를 신뢰하고 입찰에 참가했던 신청인이 곤란한 상황에 처하게 되었습니다.

2. 이 사건 공매절차의 부대조건에는 '대지권을 포함하여 일괄매각'이라고 공고되었으나 이 사건 부동산은 구분소유자가 대지권을 취득할 수 없는 상황이므로, 잘못된 매각조건을 공고하여 진행한 공매절차는 절차상 중대한 하자에 해당된다고 할 것입니다.

한편 위 한국자산관리공사의 홈페이지에 게재된 이 사건 매각절차의 공매공고에는 아래와 같이 잘못된 매각조건이 명시되어 있습니다(증 제1호증 공매공고).

＊ 부대조건 ＊

- 소유권이전등기 전 가처분에 의한 권리이전 시 매각결정취소 조건이오니 사전 조사후 입찰바람.
- 대지권 미정리 상태이나 포함하여 일괄 매각하며, 대지권 등기와 관련된 일체의 사항은 매수인 처리 조건이오니 사전조사 후 입찰바람.

위 부대조건 중, 두 번째 항목을 보면, '대지권 미정리 상태이나 포함하여 일괄 매각하며'라는 내용이 명시되어 있는 것을 볼 수 있습니다. 하지만 이 사건 (집합)건물에 부속된 토지소유권의 변동내역을 살펴보면, 최초 소유권은 1992.9.19. 진○경에게 귀속되었고, 그 후 1995.5.15. 진○연에게로 상속이 되었으며, 다시 동일에 성○중에게 매매를 원인으로 소유권 이전되었다가, 최종적으로 2009.5.7. 현소유자인 김○옥에게로 매매를 원인으로 소유권이전이 되었습니다(증 제2호증 토지등기부등본).

이처럼 이 사건 토지부분 소유자들 중에서는 한 명이라도 건축주의 지위에 있었거나, 수분양자의 지위, 또는 구분소유자의 지위에 있었던 사람은 없었으므로, 결과적으로 이 사건 부동산은 구분소유자의 건물처분에 대지권이 함께 처분되어야 하는 집합건물법 제20조에 부합되지 않는 건물이라 할 것입니다. 한편, 이와 같은 경우에 관하여 판단한 대법원판례에서도 구분소유자의 지위에 있었던 사람이 분리처분을 할 수 없다고 규정되어 있을 뿐, 타인의 토지까지 대지소유권은 귀속시킬 수 없다고 하였습니다.

일　자	건 물 소 유 권	토 지 소 유 권
1991.12.24. 1992.9.19. 1995.5.15. 2009.5.7.	→ (주)칠○건설(소유권보존)	→ 진○경(경락) → 진○연(상속) → 성○중(매매) → 김○옥(매매)

〈건물과 토지의 소유권이전에 관한 연혁표〉

즉, 이 사건 매각대상물은 대지권이 없을 뿐만 아니라, 이 사건 매각절차를 통해 대지권을 취득할 수도 없는 건물임에도, 부대조건은 그와 달리 '토지 및 건물 일괄매각'이라고 명시하고 있는 것입니다.

3. 한국자산관리공사의 공매에 입찰할 때 입찰자들은 해당 사건에 관하여 낙찰 후 인수될 수 있는 사항이 기재되어 있는 '부대조건(국세징수법 개정으로 현재는 '공매물건명세서'라 기재하면 됨)'을 유심히 살피고, 또한 그 공고를 신뢰하여 입찰에 참가합니다.

한국자산관리공사의 공개매각절차의 매각공고는 모든 부분에서 입찰에 관한 중요한 정보를 담고 있습니다. 그러나 그 중에서도 입찰참가자들이 특별히 중요하게 검토하는 사항은 바로 위 부대조건입니다. 왜냐하면 공매공고의 부대조건은 경매절차의 '매각물건명세서'와 같은 역할을 하고 있으며, 입찰자가 유의해야 할 사항이나 매각 후 인수되는 법적부담(예를 들면, 진행되는 물건의 공부상 면적과 실제면적의 차이점, 지목과 실제 이용현황의 차이점, 유치권, 전소유자의 가압류 인수, 배분요구 하지 않은 선순위전세권, 배분요구하지 않은 대항력이 있는 임차인 등 매수인에게 인수될 수 있는 사항)에 관해 미리 고지하는 역할을 하기 때문입니다. 따라서 입찰참가자들은 위 부대조건의 내용을 신뢰하고 인수할 부분이 있다면 그 부분을 감안하여 입찰에 참가하게 되는 것입니다.

한편 경매절차의 매각물건명세서의 기재가 잘못된 경우 국가가 매수인에게 손해배상

책임을 진다는 판례가 있으므로, 법원경매절차를 준용하는 공매절차에서도 부대조건의 기재가 잘못되어 낙찰자에게 손해가 발생되었다면 이에 관하여 한국자산관리공사에서 손해배상책임이 있다고 할 것입니다(증 제3호증 대법원판례).

이 사건 공매절차에서도 신청인은 위 부대조건에 기재된 '대지권 미정리 상태이나 포함하여 일괄매각'이라는 내용을 신뢰하고 입찰에 참가하였습니다. 그러나 매각 결정 후 현장에 가서 대지소유자와 확인한 바 이 사건 대지권은 건물과는 달리 처음부터 (주)칠○건설의 소유에 있지도 않았고, 구분소유자 등 대지권을 주장할만한 자의 지위에 있었던 전소유자도 없었으며, 게다가 현재는 제3자인 김○옥에게 귀속되어 있으므로 공매낙찰자가 집합건물법 제20조에 따라 대지권을 취득할 수도 없습니다(토지 소유자 김○옥은 신청인에게 현재 평당 1천만 원의 가격으로 매수할 것을 요구하고 있습니다). 결국 이 사건 부동산의 실제 대지권은 이 사건 공개매각절차에 포함되어 일괄매각 되지 않았으며, 법리적으로 될 수도 없는 조건입니다.

또 이러한 하자는 위 부대조건의 후단에 '대지권 등기와 관련된 일체의 사항은 매수인 처리 조건이오니 사전조사 후 입찰바람'이라는 내용이 기재되어 있다고 하여도 치유될 수 없는 것입니다. 왜냐하면 위 후단의 내용은 '대지권의 등기'에 관하여 기재된 내용이므로, 낙찰자가 이 부분에 관하여 토지소유자를 상대로 '대지권이전등기 내지 소유권이전등기 청구의 소'를 진행할 수도 없는 상황이기 때문입니다. 위 부대조건 후단의 기재내용은 매수인이 법률적으로 대지권을 취득할 수 있으나 그 등기가 아직 정리되어 있지 않은 경우에 해당되는 것이고, 이 사건처럼 매수인이 아예 대지권을 취득하지도 못한 사안에는 적용될 수 없는 것입니다.

4. 결론

한국자산관리공사의 공개매각절차에 대한 '압류재산 매각업무 편람'중 120p. '5. 매각결정의 취소'를 보면, 나항에서 '매각결정 후 매수자 귀책이 아닌 여타의 사유가 있는 때에는 관서의 장과 협의, 매각결정을 취소할 수 있다.'라고 명시되어 있는 것을 볼 수 있습니다. 또한 국세징수법 제67조(공매공고의 방법과 공고) 2항을 보면 매각공고 시 공매재산의 중요한 사항에 관해 기재해야 된다고 규정하고 있습니다.

그러나 이 사건 공매공고의 부대조건에서는 매각목적물에 관하여 '대지권을 포함하여 일괄매각'한다는 내용으로 잘못 기재되었고, 낙찰자는 잘못된 공고를 신뢰하여 낙찰 받았습니다. 하지만 실제로는 대지권을 현실적으로 취득하지 못하고 취득할 수도 없는 상황이므로, 이는 명백히 매각공고의 하자에 해당되는 것입니다.

따라서 위와 같은 하자는 명백히 '매수자 귀책이 아닌 여타의 사유'에 해당되는 것이므로, 이에 신청인은 위 압류재산 매각업무 편람 및 국세징수법67조 2항에 관한 공고상 하자를 이유로 이 사건 매각허가결정에 관한 취소를 신청합니다.

2011. ○. ○.

위 신청인 송사무장 (인)

한국자산관리공사 조세정리부 공매○팀 귀중

서류 제출 후에도 적극적으로 대응하라

'매각결정취소신청서'를 제출하고, 공매담당자에게 전화를 걸었다(아직까지 공매담당자는 어떻게 결정할 것인지 고민하고 있을 것이다).

"관리번호 ○○사건 낙찰잡니다. 혹시 제가 제출했던 '매각결정취소신청서'에 관한 결과가 어떻게 되었나요?"

"아직 명확하게 결정되지 않았고 회의 중입니다. 그리고 이런 경우 자산관리 공사에서 결정하는 것이 아니고, 위임기관 남양주시청에 제출하신 신청서를 다시 발송하여 위임기관의 처분을 기다려야 되거든요."

"그럼 얼마나 기다려야 하는 겁니까?"

"통상 서면이 접수되면 1주일 내에 통보하게 되어있으니 그때까지 기다려주세요."

그런데 1주일 내로 연락을 주겠다던 담당직원이 2주가 지나도 연락이 없어서 다시 전화를 걸었다.

"2주일이 지났는데 아직도 연락이 없네요?"

"사장님. 솔직히 감정평가서를 보시면 '대지권매각제외'라고 분명히 기재되어 있는데요."

"그럼 매각결정을 그대로 유지하시겠다는 말씀입니까? 공매공고에는 '일괄매각'이라고 되어 있지 않습니까? 당연히 입찰자가 오해할 수 있겠죠?"

"뭐… 그야 선생님께서 알아서 판단하셨어야죠."

"이 건물은 집합건물법 제20조에 의해 구분소유자가 당연하게 대지권을 취득하는 경우에 해당되지 않습니다. 그런데 공매공고에 일괄매각이라고 기재되어 있잖아요. 제가 자산관리공사의 이 공고를 믿고 물건에 입찰한 것 아닙니까? 그런데 대체 이 문구는 누가 작성하신 거죠?(이미 알고 있지만)"

"제가 한 건데요."

"그렇다면 제가 잘못된 공고로 인해 대금미납을 하게 되어 결국 입찰보증금을 손해 본다면 담당자나 자산관리공사를 상대로 손해배상청구를 할 수 밖에 없겠군요?"

"……"

"어찌되었든 결과만 빨리 알려주세요. 매각결정취소가 안된다면 대금미납을
할 것이고, 제 변호사를 통해 손해배상청구의 소를 제기할 예정입니다."

"……"

다음날 담당직원에게서 전화가 왔다.

"선생님, 오전에 회의를 통해서 최종적으로 매각결정이 취소됐고요. 입찰보증
금은 계좌로 입금해드리겠습니다."

"아… 잘됐네요. 감사합니다. 수고하세요."

아마도 필자가 매각결정취소 신청서 외에 담당자에게 전화를 하여 적극적으
로 대처하지 않았다면 긍정적인 결과가 나오지 않았을 수도 있었을 것이다.

대금납부 및 배분기일 정보				
대금납부기한	납부여부	납부최고일	납부여부	배분기일
2011-07-26	미납	2011-08-08	미납	매각결정취소

어떤 일이든 노력하면 원하는 결과를 얻어낼 수 있는 경우가 많다!!

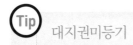

대지권미등기

1. 대지권미등기

'대지사용권'이란 구분소유자가 전유부분을 소유하기 위하여 건물의 대지에 대하여 가지는 권리를 말한다. 그리고 대지사용권 중 일체·불가분성에 있는 것을 대지권이라 한다. 그런데 기타 사유로 건물에 관하여 아직 대지권등기가 되어 있지 않은 경우를 '대지권미등기'상태라 한다. 대지권등기란 1동의 집합건물 등기용지의 표제부에 집합건물의 표시와 함께 대지권이 되는 토지의 지번, 지목, 면적을 함께 표시하여 해당 집합건물의 대지와 상호관계를 건물등기부만으로 토지까지 쉽게 파악이 가능하게 한 것이다. 또한 1동만 아니라 전유부분에 관한 건물표시와 함께 구분소유자가 갖는 대지사용권의 종류와 지분비율도 표시가 되고, 건물등기부에 대지사용권이 등기된 때부터 건물등기부가 토지등기부의 역할까지 동시에 수행하게 되는 것이다(그 이후부터 대지에 관한 변동사항도 원칙적으로 건물등기부에만 표시해야 한다).

> 집합건물의 소유 및 관리에 관한 법률 제20조(전유부분과 대지사용권의 일체성)
>
> ① 구분소유자의 대지사용권은 그가 가지는 전유부분의 처분에 따른다.
> ② 구분소유자는 그가 가지는 전유부분과 분리하여 대지사용권을 처분할 수 없다. 다만, 규약으로써 달리 정한 경우에는 그러하지 아니하다.
> ③ 제2항 본문의 분리처분금지는 그 취지를 등기하지 아니하면 선의(善意)로 물권을 취득한 제3자에게 대항하지 못한다.

위 집합건물법을 해석하면 대지사용권은 건물의 전유부분과 공용부분에 대하여 종속적 지위에 있으므로 분리하여 처분할 수 없고, 건물부분만 처분한다고 해도 그 부분을 취득한 사람은 대지에 관하여 권리도 취득하게 되는 것이다. 따라서 경매절차에서 대지권미등기의 구분소유건물을 낙찰 받은 경우 경매개시결정의 효력은 대지사용권에도 미치므로 낙찰자는 대지사용권에 관해서도 유효하게 권리를 취득하는 것이다. 자산관리공사 직원이 위 법률을 근거로 '토지 및 건물 일괄매각'이라고 공고한 것이다. 하지만 집합건물의 건물만 매각된다고 하여, 모든 케이스에서 자동적으로 대지권을 취득할 수 있는 것은 아니다.

2. 대지사용권을 취득하는 경우와 그렇지 않은 경우

① 대지권을 취득할 수 없는 경우

대지권등기가 없는 구분건물은 두 가지로 분류할 수 있다. 첫째는 사유지상에 건축된 시민아파트처럼 본래부터 대지사용 권리가 없는 경우로써 경락이후에도 여전히 대지권을 취득할 수 없다. 또한 집합건물로 신축되었으나 준공절차까지 마치지 못하고 도중에 토지만 제3자에게 이전된 경우 추후 건물을 취득하더라도 대지권까지 취득하는 것이 아니다(공매사건이 이 케이스에 속한다).

② 대지권을 취득할 수 있는 경우

두 번째는 신축아파트처럼 주택단지의 필지 자체가 대규모이거나 토지구획사업 대상이 되어 있던 경우 실제 대지 사용권은 있으나 환지 등의 절차 지연으로 등기부상 대지권 등기가 되지 않은 경우이다. 이런 경우는 대지권미등기임에도 불구하고 실제로는 대지권까지 경매가액에 포함되어 나오는 경우이므로 낙찰을 받게 되면 대지 사용권 역시 낙찰자에게 소유권이 귀속된다.(대법원 2000.11.16 선고 98다45652판결) 그러나 이런 경우 통상 대지권등기는 최초 분양받은 자 명의로 되어있으므로, 이 자가 대지권등기를 낙찰자에게 이전해 주지 않을 경우 법적절차에 의해 낙찰자 명의로 이전하여야 하는 번거로움은 감수해야 한다. 또한 대지가 최초건축주의 명의로 되어 있거나, 수분양자의 명의로 되어 있지만 대지권등기만 되지 않은 경우엔 건물을 취득하는 사람이 대지권도 자동으로 취득하는 것이다. 이런 경우 기회가 될 수 있다.

PART 4

공매부동산의
현장조사 및
입찰 요령

공매부동산의 현장조사

공매에서 입찰자에게 가장 중요한 첫 단추가 현장조사(=임장활동)다. 첫 단추가 꼬이면 정말 끝날 때(임대, 매매)까지 속을 썩이게 된다. 또한 일반물건이 아닌 선순위임차인, 지분, 유치권, 법정지상권 등 소위 특수물건의 경우 서류검토는 물론이고, 현장조사를 잘해야만 더 명확한 답을 얻을 수 있다. 이제부터 현장조사에 관한 여러 절차를 설명할 것이다. 물론 실력이 쌓이면 생략해도 되는 부분들이 있지만 처음에는 모든 절차를 생략하지 않고, 하나하나 꼼꼼하게 챙기도록 하자.

공매는 큰돈이 오고 가는 게임이다.
현장에서 습득한 정보로 수익을 얻을 수도 있지만
실수는 곧 금전적인 손실로 직결이 되므로 늘 진지한 자세로 임해야 한다.

(1) 물건검색부터 입찰까지 과정

①온비드(www.onbid.co.kr)에서 공매공고 확인▶▶ ②1차 수익성여부 판단(인터넷 참조하여 공매최저가격이 시세보다 저렴한지 판단)▶▶ ③등기부등본(www.iros.go.kr)으로 권리분석▶▶ ④(대항력과 우선변제권을 모두 갖춘 임차인이 있는 경우)공매공고에 기재된 담당자에게 전화를 걸어 해당부동산과 관련하여 당해세 여부, 조세채권의 법정기일이 빠른지 확인, 임차인의 배분요구 여부 확인▶▶ ⑤(권리 상하자나 인수권리가 없음을 확인 후)현장출발▶▶ ⑥주민센터에서 전입세대열람 내역 발급(발급 시 세대합가 확인 및 해당부동산에 성이 다른 세대주가 있는 경우에는 체납자와의 친인척 여부 가능성확인)▶▶ ⑦현장확인(공부상주소와의 일치여부, 도시가스, 주차여건, 건물누수 여부, 꼭대기 층의 경우 옥상방수상태 확인, 우편물, 체납관리비, 관리사무소에서 탐문 등)▶▶ ⑧매매 및 임대시세 확인(인근 부동산 3곳 이상 방문하여 급매물 가격과 매도가격, 매수가격을 따로 확인해야 됨)▶▶ ⑨주위 인프라 및 혐오시설 체크▶▶ ⑩최종 입찰여부 결정

(2) 현장조사 Check list

① 입찰부동산의 전입세대열람을 꼼꼼하게 하자

전입세대열람은 입찰부동산의 세대주의 전입일과 세대원의 최초전입일자가 함께 기재되어 있다. 그러므로 세대원 중에 세대주보다 전입을 빨리 한 사람이 있다면 최초전입일자를 기준으로 대항력을 취득하므로 그 부분을 눈여겨보자(전입세대 열람을 신청한 사람은 세대주보다 세대원의 전입일자가 빠른 경우 그 세대원의 성

명과 전입일자를 열람할 수 있다-주민등록법 제14조). 그리고 해당부동산에 체납자와 성이 다른 점유자가 있는 경우 주민센터 직원에게 반드시 체납자와의 친인척 관계를 물어보자(공무원은 묻는 자에게만 대답해준다).

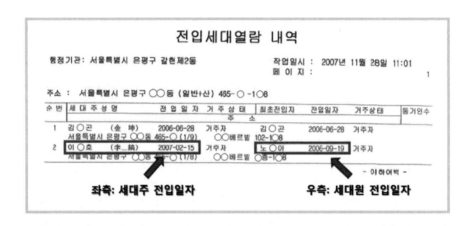

그 외 공매공고에 신고 된 자가 세대열람을 해도 나오지 않을 경우 인접번지도 확인해야 하고, 주소지 앞에 '산'자를 입력해야 하는지 확인(예를 들면 57과 산 57)하고, 공유자가 많을 경우에는 모두 발급받아서 현장에서 우편물과 비교해야 한다.

② 현장에 가면 단점부터 찾아라

옥상과 복도를 돌아보며 건물누수 여부와 크랙(금) 정도를 확인하라. 건물자체가 하자가 많은 경우에는 아무리 내부수리를 잘한다고 해도 임대 및 매매가 수월하지 않을 수 있다. 왜냐하면 낙찰 후 건물 옥상과 외벽 등 전체 수리를 하려고 해도 다른 세대의 협조를 받는 것이 쉽지 않기 때문이다. 따라서 건물 자체가 하자인 경우 주의해야 한다. 그리고 채광, 도시가스 설치 여부, 수도 등 기본적으로 주거생활을 하기 위한 여건이 제대로 갖춰졌는지 확인해야 한다.

③ 근린시설, 모텔, 주유소, 토지 등을 입찰할 때 해당 부동산의 인접필지가 동일인의 소유였는지 그리고 진입로 확보 여부도 반드시 확인해야 한다

온전한 부동산인줄 알고 입찰했는데 확인해보니 진입로가 없거나 타인 소유의 토지로 되어 있어서 낙찰 후 고생하는 경우가 있다. 이런 경우는 체납자가 여러 필지를 소유하고 있었는데 일괄매각 되지 않고 개별매각 되었거나 체납자가 그 지역 사람인 경우에 이웃에게 토지사용승낙에 관한 협조를 얻어 건물을 사용했던 경우다.

④ 공부서류와 현황의 일치 여부를 확인하라

토지의 경우 감정평가서, 지적도, 토지대장, 토지이용계획확인원을 지참하여 현장에서 현황과 일치하는지를 확인해야 한다. 관리가 소홀한 농지나 임야의 경우 상속등기 과정에서 지적도와 실제 사용관계가 다를 수 있으므로 해당 공매물건의 정확한 위치와 경계확인은 필수 체크사항이다. 만약 본인이 이 부분에 관해 자신이 없는 경우 해당 군청 담당자에게 문의하거나 그 지역 건축설계사무소에 방문하여 상담하면 정확한 판단이 가능하다. 빌라, 오피스텔, 연립 등 집합건물의 경우에는 등기부등본 및 건축물대장상의 주소와 현황이 일치하는지 여부도 확인해야 한다.

⑤ 상가의 경우 임대가격을 정확하게 파악해야 한다. 그리고 얼핏 겉보기에는 괜찮게 보일지라도 유동인구의 정확한 동선을 파악해야 한다. 만약 사람이 다니지 않는 곳이라면 영업이 수월할 리 없다(상가일수록 발품을 더 많이 팔아야 한다).

상가는 매매가 성사될 때 임대가격에 준하여 매매가격이 형성되므로 임대가격을 꼼꼼하게 체크해야 한다. 아무리 매매호가가 높아도 임대가격이 낮으면 매매가 무척 힘들기 때문이다. 통상 상가는 분양시점으로부터 1년 후 확인해보면 분양가보다 낮은 금액대로 매매가격이 형성되는데 가장 큰 이유는 분양당시 임대가격을 높게 책정했지만 시간이 지나면서 주위와 비슷하게 시세가 형성(주로 낮아짐)이 되면서 매매가격도 떨어지기 때문이다.

⑥ 연체된 공과금이나 추가 공사여부를 따져봐야 한다

상가의 경우 연체된 관리비가 수천만 원씩 되는 경우도 있다. 또한 점유자가 버젓이 영업을 하고 있는데도 불구하고 관리비가 연체된 경우가 종종 있으므로 체납관리비를 확인하고 입찰해야 한다. 해당 부동산의 평당 관리비가 얼마인지도 확인하면 좋다. 각 건물별로 매월 부과되는 관리비의 차이가 은근히 크기 때문이다. 관리비가 너무 높으면 낙찰 후 임대할 경우 세입자를 구하는 것이 힘들고 월세가격을 올리는 것도 수월하지 않다(참고로 전기요금, 가스요금, 수도요금은 낙찰 후 등기부등본을 갖고 방문을 하게 되면 소유권이전등기 전에 발생한 요금에 대해서는 손비처리를 해준다). 또한 수도나 전기가 호수마다 개별로 되어 있지 않거나, 옥상 방수 공사가 제대로 안 되어 있는 경우, 마감공사가 안 되어 있는 경우엔 추가 공사비를 감안하여 입찰가격을 산정해야 한다.

⑦ 유해, 혐오시설이 있는지 체크하라

현장에 가서 입찰물건의 상태만을 체크하고 곧바로 집으로 돌아가는 사람도 있다. 자신이 잘 아는 지역일 땐 관계가 없으나 모르는 지역에선 좀 더 시간을 투자하자. 주변에 납골당, 쓰레기소각장, 화장터가 있는지 체크를 하고 철탑, 군용

비행구역, 군부대사격장 등이 있는지도 확인해야 한다. 환경과 소음은 임대 및 매매가격에 매우 중요한 영향을 끼치기 때문이다.

⑧ 시세조사는 2곳 이상의 부동산을 방문하여야 한다

아무것도 아닌 것 같지만 의외로 실전에서 가장 많이 실수하는 경우다. 초보뿐만 아니라 오히려 몇 번의 투자경험이 있었던 사람들도 실수를 많이 한다. 법원의 감정가격은 기본적으로 채권회수를 위한 감정평가이기에 시세보다 높게 책정되는 것이 관례이므로 감정가를 무조건적으로 신뢰해선 안 된다. 본인이 초보일수록 부동산을 여러 곳 방문하는 수고를 해야 하고, 매도가격과 매수가격의 차이가 의외로 큰 편이므로 반드시 따로 확인해야 한다(처음엔 모르는 곳에 들어가는 것이 부담이 많이 되지만 경험이 쌓이게 되면 자신만의 스타일이 생기고 부동산에서 농담을 나눌 정도로 능숙해지게 된다). 그리고 임대가격도 전세와 월세를 나누어서 물어보자(지방일수록 전세가격과 월세가격의 차이가 많이 난다).

⑨ 특수물건의 경우 해당 부동산의 점유자와 관련된 사항을 입찰 전에 충분한 증거자료를 확보해두면 낙찰 후 해결이 수월하다

전입일이 말소기준권리보다 빨라서 서류상으로 대항력이 있어 보이지만 의심이 가는 경우에 의외로 현장에서 답을 얻을 수 있다. 유치권이 신고 된 부동산의 경우는 현장답사를 할 때 실제 해당부동산을 누가 점유하고 있는지 반드시 확인해야 한다. 예를 들면 유치권신고는 건설회사로 기재되어 있으나 실제로는 임차인이나 채무자가 직접 점유하고 있는 경우도 있고, 선순위임차인이지만 채무자와 함께 동거하고 있는 경우도 있다. 이런 경우엔 임장 시 녹취기 및 현장사진, 우편물, 주변인진술 등 증거자료 확보에도 신경을 쓰는 것이 좋다(처음에 순진하

게 진실을 말했던 사람도 시간이 지나면 번복하는 경우가 있기 때문이다).

현장답사의 중요성은 아무리 강조해도 지나치지 않다. 왜냐하면 현장조사를 통해 서류로는 풀 수 없었던 답을 얻을 수도 있고, 보이지 않았던 함정을 발견할 수도 있기 때문이다. 또한 현장조사를 거듭할수록 부동산에 관한 관찰력과 감각도 발달하게 되므로 이 또한 무시할 수 없는 장점이다. 부동산은 기본을 지키고 정진하면서 실력이 쌓이게 되었을 때, 본인의 상상력과 응용력을 현실화시킨다면 다른 이와 차별화된 투자가 가능하다.

공매부동산의 입찰가 산정요령

(1) 현금만 투입했을 때 수익 계산

현장조사를 모두 마쳤어도 어느 정도의 가격으로 입찰하면 좋을지 결정해야한다. 어찌 보면 본인의 생각을 최종 마무리하는 단계라고 할 수 있다. 입찰가 산정은 수익을 낼 수 있는 금액을 정하는 것이지만, 거기에 하나의 감각이 더 필요한 것이 다른 경쟁자들과 경합하여 낙찰 받을 수 있는 가격이어야 한다는 것이다. 가끔 낙찰을 받고도 차순위(2등)와 너무 큰 금액 차이로 인해 크게 아쉬워하는 이들도 있고, 아주 근소한 차이로 기뻐하는 이들도 있다. 쉬운 권리분석으로 판단이 가능한 아파트, 오피스텔 등 초보 및 실수요자들이 관심 갖는 물건의 경우 기존 낙찰가에 기준하여 낙찰되는 경우가 많고, 어려운 권리관계나 겉보기에 하자가 많은 물건의 경우는 현장조사시 경쟁자들의 동향이나 물건의 난이도를 참고하여 입찰가를 산정해야 한다. 물론 정확한 입찰가를 산정하는 수식은 없고,

이는 감각과 운이 필요한 부분이기도 하다. 사실 필자도 늘 고민하는 부분이다. 어떤 경우에는 1%도 안 되는 아주 근소한 차이로 낙찰되는 경우도 있고 반대로 수천만 원에서 수억 원 차이로 낙찰될 때도 있었다. 그래서 이 단계에선 투자자의 생각이 가장 중요하다. 낙찰이 되면 '수익이 확정'되는 것이라고만 생각해야 하고, 차순위와 차이나는 금액에 관한 미련은 아쉽지만 버려야 한다. 그런 마인드컨트롤에 실패하면 정작 수익이 확정되어 기뻐해야 하는 상황임에도 그 상황을 즐기지 못하게 된다. 낙찰은 또 하나의 시작이므로 이 단계를 최대한 즐기고 혼자만의 축배를 드는 시간을 가져보자.

다시 한 번 정리하자면 입찰가 산정은 '최대의 수익을 낼 수 있으면서도 낙찰은 받을 수 있는 가격'을 정하는 것이다. 우선 수익을 계산하려면 '원가계산'을 잘해야 한다. 내 본전이 얼마인지 알아야 남길 이익을 계산할 것이 아니던가. 따라서 원가계산을 할 때는 낙찰가뿐 아니라 임대 및 매매를 놓을 때까지 소요되는 비용을 감안해야 한다.

① 원가 산정하기

- 낙찰가(입찰보증금+잔금)
- 취득세(법무사수수료 포함)
- 이사비용(소유자인지 임차인인지 건물 크기 및 상황에 따라 차등 설정)
- 밀린공과금(전기,수도,가스는 낙찰자의 소유권이전일 또는 명도일까지 정산 가능하므로 괜찮으나, 체납관리비의 경우 공용부분은 낙찰자의 부담이므로 미리 감안해야 됨)
- 수리비용(수선비용과 도배,장판 등 리모델링 비용)
- 금융비용(임대를 놓을 때까지 대출이자 3-6개월 미리 산정하기)
- 중개수수료 등 기타 잡비용

② 수익=시세(급매) - 원가

③ 예) 급매 9,500만 원, 낙찰가 6,000만 원인 아파트의 경우

6,000만 원(낙찰가) + 140만 원(취득세) + 200만 원(각종비용) = 6,340만 원

수익 = 9,500만 원 − 6,340만 원 = 3,160만 원 (세전)

(2) 대출(레버리지)을 활용했을 때 수익률 계산

수익률 계산이란 대출 및 차후 임대를 통해 회수할 수 있는 임대보증금을 제하고 최종투입현금 대비 얻어지는 수익을 계산하는 것을 말한다. 사람들은 경 · 공매 투자를 하며 거의 대부분 대출을 활용한다. 실제 대출(레버리지)을 활용하면 현금투자비율을 상당하게 낮출 수 있어, 동일한 규모의 투자금으로도 여러 개로 분산투자가 가능하기에 현금투자만 했을 경우보다 리스크도 줄이고, 더 높은 수익도 올릴 수 있다. 투자를 위한 대출은 좋은 약이다. 필자 역시 현금투자만 고집했더라면 자산을 불리는데 몇 배는 속도가 더뎠을 것이고, 마음에 드는 물건이 있을 지라도 아쉬워하며 흘려보내는 경우도 있었을 것이다. 대출도 기술이다. 생각의 전환을 할 수 있는 사람은 본인이 먹을 수 있는 것보다 더 맛있는 식사가 가능하다.

위의 수익계산을 했던 경우를 실제로 계산해보자.

Ⓐ 현금투자만 했을 경우

Ⓑ 대출을 60% 받은 경우

ⓒ 대출을 80% 활용한 경우로 나눠서 수익률을 계산해보면

A = 수익/(낙찰가+제반경비) × 100 = 3,160/6,340 * 100 ≒ 49.8%(세전)

B = 수익/(낙찰가-대출60%+제반경비) × 100 = 3,160/2,740 * 100 ≒ 115.3%(세전)

C = 수익/(낙찰가-대출80%+제반경비) × 100 = 3,160/1,540 * 100 ≒ 205%(세전)

간단하게 비교하더라도 대출을 많이 활용할수록 현금투자비율이 줄어들게 되어 수익률이 올라감을 확인할 수 있다.

하지만 수익률의 함정에 빠지면 안 된다

그런데 공매투자를 할 때 오직 수익률에만 현혹되어 접근하면 투자의 기본을 놓치게 되어 함정에 빠질 수도 있다는 것을 명심해야 한다. 위에 소개된 Case A, B, C를 비교해보면, C의 경우 가장 높은 수익과 수익률을 거둘 수 있기에 대출을 활용하는 것이다. 하지만 레버리지의 환상에 빠져 본인의 낙찰가격이 높더라도 대출을 많이 받거나 임대보증금을 높은 비율로 회수하게 되면 최종투자 되는 현금이 줄어들게 되어 높은 수치의 수익률을 어렵지 않게 맞출 수 있게 된다. 즉, 낙찰가격이 높더라도 대출만 높게 받으면 수익률을 맞출 수 있기에 무리한 투자를 할 수도 있다는 것이다.

특히 임대목적의 물건일 경우 수익률의 함정에 빠질 수도 있다.

따라서 입찰 전에 현금만 투입했을 경우 8~15%(본인의 능력과 경험치에 따라) 정도 나오는지 점검해보는 것이다. 만약 그 기준이 충족된다면 레버리지를 활용하여 수익을 극대화시킨다는 생각으로 접근하면 더 좋은 결과를 얻을 수 있을 것이다.

(3) 입찰가 산정하기

수익 및 수익률에 관해 정확하게 계산할 수 있다면

① 최근 동일한 조건의 물건들이 경매절차에서 어느 정도의 수준에서 낙찰되
  었는지
② 부동산이 상승장인지 횡보장세인지 여부와
③ 물건의 난이도 및 활용도가 좋은지
④ 노후도 및 수리여부, 대출가능여부는 수월한지 등을 짚어본 후

입찰가를 산정하면 된다. 자신이 없는 사람은 본인이 진지하게 가격을 산정하
여 모의입찰을 해보자. 공매는 입찰했을지라도, 입찰보증금을 납부하지 않으면
자동으로 무효처리가 되므로 입찰하는 절차까진 미리 실전이라 생각하고 경험
해보는 것도 괜찮다.

공매로 상가
매입하기

임차인도 경쟁자가 될 수 있다

예전 경매물건 중에서 선순위임차인이 있는 주택에 입찰을 준비하고 있을 때였다. 그때 필자는 그 주택의 2층에 점유하고 있는 임차인이 위장임차인이라고 판단했었는데 그 이유는 선순위로 전입되어 있는 사람이 현장조사 결과 소유자의 아들인 것을 알게 되었기 때문이다(상식선에서 친부모의 부동산에 전세로 사는 아들은 없을 것이다. 더군다나 부모도 함께 주민등록이 되어 있었다).

정황만으로는 위장임차인이 분명하다고 확신했지만 그래도 첫 번째 임장을 갔을 때 점유자를 만나지 못했기에 입찰 전에 다시 한 번 현장을 방문했었다. 그리고 운 좋게(?) 임차인 부부를 만났다. 그날이 입찰일 바로 전날이었으므로 약간 무리를 해서라도 상세하게 조사하려고 마음을 먹고 있었기에 그에게 조목조목 질문도 하고 설득도 해보고 겁(?)도 주면서 대화를 이끌어나갔다. 그런데 내

예상과 달리 점유자는 본인이 4,000만 원에 전세로 살고 있고 만약 낙찰 받게 되면 배당요구를 하지 않았기에 낙찰자가 보증금을 추가로 변제해야 될 것이라고 너무도 태연하게 주장하는 것이다. 이런 대화가 오고가자 서로 언성이 조금 높아졌다. 현장을 빠져 나오면서 임차인에게 경고성 멘트를 날렸다.

"만약 제가 낙찰을 받은 후에도 억지주장을 하시면 곤란합니다. 그럴 경우엔 형사처벌 대상이 됩니다."

이렇게 강한 어조로 임차인과의 만남을 마치고, 다음날 입찰에 들어갔으나 입찰결과는 의외였다.

뚜껑을 열어보니 이 사건에 총 2명만 입찰에 참여했다. 그런데 내가 2등을 했고 임차인이 1등을 한 것이다. 알고 보니 내 경고에 깜짝 놀란 임차인이 부리나케 입찰에 참여한 것이었다(아마도 내가 입찰 전에 들쑤시지 않았다면 임차인이 입찰을 한다고 해도 다음 기일을 노리고 들어갔을 것이다. 왜냐하면 해당 부동산이 지분, 대항력 등 외형상으론 하자가 많이 있었고 그와 대화를 나눌 때에도 그런 부분을 느꼈기 때문이다). 공들인 물건이었기에 아쉬움도 컸다.

<u>그 다음부턴 현장 조사를 할 때 웬만하면 임차인의 신경을 자극하지 않으려고 하는 편이다. 임차인도 나의 경쟁자가 될 수 있다는 것을 경험으로 깨달았기 때문에.</u>

자산관리공사에서 제공하는 정보만으로는
입찰여부를 판단하기에 부족하다

공매는 경매에 비해 해당 부동산의 하자에 관한 정보가 매우 빈약하다. 특히, 이때는 국세징수법이 개정되기 전이어서 자산관리공사가 매각을 진행할 때 입찰부동산의 임차인에 대한 상세한 내역을 공지할 의무가 없으므로 이 부분이 특히 취약했다(경매는 집행관의 '현황조사서 및 점유관계조사서'와 '매각물건명세서'를 보고 판단할 수 있었다). 그래서 만약 임대차정보에 관한 부분이 감정평가서에도 기재되어있지 않고, 임차인이 입찰 전에 배분요구신청도 하지 않았다면 입찰자가 공매공고에 있는 서류만으로 임차인의 대항력 유무를 판단하기가 애매했다. 이 공매사건의 경우 역시 <u>'감정서상 임차인이 있는 것으로 조사된 바, 임차인의 대</u>

[×] 물건정보

☎ 상담전화 : 1588-5321

[물건명/소재지] : 경기 부천시 ○○구 ○동 0150-4○○○타워-○ 제4층 제400호

■ 기본정보

물건종류	부동산	처분방식	매각
입찰집행기관	한국자산관리공사 [공고정보]	담당부서	인천지사
담당자	조세정리팀	연락처	032-509-1522
물건상태	낙찰	조회수	259

■ 물건정보

소재지	경기 부천시 ○○구 ○동 0150-4○○○타워-○ 제4층 제400호	
물건관리번호	2009-1○070-001	
재산종류	압류 재산	
위임기관	부천시청	
물건용도	근린생활시설	물건세부용도
면적	대지 25,86㎡ 지분(총면적 803.8㎡), 건물 120,54㎡ .	

■ 감정정보

감정평가금액	175,000,000 원	감정평가일자	2009/09/17
감정평가기관	(주)감정평가법인 대일감정원		
위치 및 부근현황	본건 부천시 ○○구 ○동소재, GS벽화점 남서측 인근에 위치하는 ○○○타워-○ 400호임. 교통사정 무난, 제반차량 출입이 용이함.		
이용현황	소매점(유아용품판매점)으로 이용중임.		
기타사항	해당사항 없음.		

■ 임대차정보

임대차내용	이 름	보증금	확정(설정)일	전입일
전입세대주	꼬마야			

※임대차정보는 감정서상 표시내용 또는 신고된 임대차 내용등으로서 누락, 추가, 변동 될 수 있사오니 참고 자료로만 활용하여야 하며 이에 따른 모든 책임은 입찰자에게 있습니다.

명도책임	매수자
부대조건	감정서상 임차인이 있는 것으로 조사된바, 임차인의 대항력 여부 등에 관하여 사전조사 후 입찰 바람
관련정보	[사진정보] [위치도] [감정평가서] [지도정보] [부동산가격정보] [민원서류발급] [상권정보] [등기부(토지)실시간조회] [등기부(건물)실시간조회] [토지이용계획 및 개별공시지가] [토지이용규제정보]

항력 여부 등에 관하여 사전조사 후 입찰바람'이라고만 기재되어 있을 뿐이다. '아쉬운 놈이 우물판다'는 옛말처럼 입찰하려는 사람이 알아서 조사해야만 했다.

경기도 부천 소재의 상가가 공매로 진행되고 있었다. 임대차 정보에 따르면 이 상가에 '꼬마야'라는 소매점이 운영되고 있다는 것 외에는 임차인의 사업자 등록일이나 확정일자 여부를 판단할 수 있는 어떤 정보도 없다. 만약 이 상가의 임차인이 대항력을 갖추고 있고 배분요구를 하지 않은 경우라면 낙찰자가 낙찰 금액 외에 추가로 보증금을 인수해야 하는 상황을 감안해야 한다.

부대조건을 살펴보니 임차인의 대항력 여부와 보증금액은 입찰자가 알아서 사전조사 후 입찰하라고 기재되어 있다. 돈이 오가는 게임이니 단순하게 감으로 만 입찰할 수는 없을 것이다. 그렇다면 어떻게 임차인의 대항력 여부와 보증금액 을 알아내야 할까?

우선 감정평가서를 살펴보았다. 공매사건에서는 감정평가서에 임대차정보를 기 재해 놓는 경우도 종종 있기 때문이다. 하지만 감정평가서에서도 '꼬마야'라는 상 호의 유아용품 판매점이 입점 되어 있다는 것 외에는 어떤 정보도 얻을 수 없었다.

감정평가서의 임대차정보

이 상가는 감정가격 1억 7,500만 원에서 현재 8,570만 원까지 유찰되어 있었으므로 가격적 메리트는 충분했지만 임대차정보를 모르니 답답할 노릇이었다. 먹음직스럽지만 독이 들어있는지 쉽게 확인이 되지 않았다. 하지만 그렇다고 놓치기는 아까운 물건이었다. 게다가 이 상가의 입찰일은 2009년 12월 28일부터 2009년 12월 30일까지로 연말에 걸쳐있는데다 공교롭게 이 시기에 눈이 왔으므로 다른 경쟁자들이 현장조사를 하는 것도 쉽지 않아 더욱 좋은 조건이라는 생각이 들었다.

항상 명심하자. 내가 어려우면 남도 어려운 법이다. 힘들면 힘들수록 수익을 더 높일 수 있다고 생각한다면 이런 난관도 즐길 수 있을 것이다.

상가는 인터넷정보를 활용하라

위에서 언급했듯 자산관리공사도 임차인이 배분요구를 하지 않는 이상 임차인에 대한 어떤 정보도 알고 있지 못하다. 고로 이런 경우엔 입찰자가 철저하게 조사하여 알아내는 방법뿐이다.

그런데 이 물건처럼 입찰할 부동산이 상가(업무용부동산)인 경우라면 인터넷을 십분 활용하여 훌륭한 정보를 얻을 수도 있다. 요즘에는 판매점, 피부샵, 음식점, 숙박업소까지도 온라인을 통해 더욱 광범위하고 효과적인 홍보를 꾀한다. 즉, 웬만한 곳은 홈페이지를 갖고 있고 그 여건이 안 되더라도 인터넷 블로그나 카페 등에서 자신의 가게를 자세히 소개하고 있어서 인터넷 검색을 통해서 상가에 관한 정보를 얻어낼 수 있는 경우가 예상외로 많다(점유자의 실제사진, 연락처, 영업현황에 대한 점검도 가능하다).

공매정보의 '꼬마야'라고 검색창에 입력을 했더니 내가 입찰하려는 가게의 홈페이지 주소가 검색되었다. 크게 기대하지 않았는데 홈페이지가 눈앞에 펼쳐지니 설레기 시작했다.

마우스를 클릭해가며 홈페이지의 이곳저곳을 둘러보았다. 인터넷 서핑만으로 매장 내부와 규모를 파악할 수 있었고, 고객문의에 관한 페이지를 보니 임차인의 영업현황까지 파악할 수 있었다(장사가 잘 되어야 재계약을 유도할 수 있으므로 영업부분도 무척 중요하다). 홈페이지가 잘 관리되고 주문이 많은 것을 보니 임차인이 영업력을 상당히 갖추고 있다는 생각이 들었다.

하지만 지금 내게 무엇보다도 중요한 것은 임차인의 대항력 유무와 만약 대항력이 있다면 과연 임차인의 보증금은 얼마인지를 확인하는 것이다(주거형물건의 경우 전입일을 기준으로, 상가건물의 경우 사업자등록일을 기준으로 대항력이 발생한다). 이를 파악하기 위해 이곳저곳을 둘러보던 중 임차인의 사업자등록일을 가늠할 수 있는 중요한 단서를 찾아낼 수 있었다.

매 장 명 : 꼬마야
사업자등록번호 : 130-16-37007
사업장소재지 : 경기도 부천시 ○○구 ○동 0150-4 ○○○타워○○ 4층
2006년 11월 29일(수) 매장확장이전(부천상동송내역 → 부천○동) 전화번호동일
대 표 전 화 : 032-306-3670
운영시간 : 인터넷 매장 - 연중무휴 인터넷쇼핑결제가능
　　　　　　　　각종 문의전화는 오프라인매장 영업시간내 가능합니다.
　　　　　　오프라인매장 - 오픈시간 오전10시 ~ 오후8시
　　　　　　매주 일요일은 정기휴일입니다.

고객들에게 상가이전에 관한 공지를 해둔 것을 찾았는데 이 정보에 따르면 2006년 11월 29일에 임차인이 현재 이곳으로 확장이전 했다는 것이다. 그렇다면 적어도 임차인의 대항력 발생일(=사업자등록신청일 익일)은 이 즈음이라도 봐도 무방할 것이다(상가보증금에 관해 잔금을 치러야 입주가 가능하고 잔금을 치렀다면 사업자등록도 이전하여 신고했을 것이 아닌가). 그리고 '매장확장이전'이란 문구는 다시 한 번 임차인의 영업현황을 가늠할 수 있는 증거였다.

말소기준권리를 체크하기 위해 등기부등본을 다시 한 번 살펴보았다.

| 3 | 근저당권설정 | 2008년8월28일
제132462호 | 2008년8월28일
설정계약 | 채권최고액　금444,000,000원
채무자　김이
　서울특별시 관악구 ○○동 537-○
근저당권자　주식회사우리은행　110111-0023393
　서울특별시 중구 회현동1가 203
　(○○공항지점)
공동담보　건물 경기도 부천시 ○○구 ○동 0150-4 |

말소기준권리는 2008년 8월 28일 설정된 우리은행의 근저당이다. 말소기준권리보다 임차인의 사업자등록일로 예상되는 날짜(2006년 11월 29일)가 훨씬 빨랐다. 하지만 이 상가에 선순위 임차인이 있음에도 불구하고 공매감정가격과 맞먹는 금액수준의 융자가 실행된 것을 미루어 짐작할 때 적어도 전세가 아닌 월세일 것이고 보증금도 크지 않을 것이라 확신이 들었다(감정가격이 1억 7천만 원이고 등기부등본을 자세히 보니 이 상가 바로 옆 호수 1개가 공동담보로 되어 있었다. 그러므로 상가 2개의 가격은 약 3억 4천만 원이 될 것이다. 우리은행의 채권최고액은 4억 4천만 원대인데 이 금액을 역산해보면 3억 4천만 원 수준으로 대출되었다는 것을 역산할 수 있다. 이해가 잘 되지 않는 사람은 아래 팁을 활용하여 다시 역산해보라).

즉, 이 공매사건은 대항력을 갖춘 상가임차인이 배분요구를 하지 않은 케이스로 그 보증금액은 크지 않을 것이다. 만약 이런 경우 상가를 낙찰 받은 후 임차인을 잘 설득하여 배분요구 신청을 하게하면 문제될 것이 없지만, 반대로 임차인이 배분요구를 하지 않는다면 낙찰자가 임차인의 보증금을 추가로 변제해야 한다.

채권최고액과 근저당

보험, 은행 등에서 대출을 실행할 때 실제 대출된 금액보다 더 높여서 등기부등본에 근저당을 설정하는데 이를 '채권최고액'이라고 한다. 금융기관에서 실제금액보다 높게 근저당을 설정하는 이유는 채무자가 이자를 연체하거나 원금상환이 지체되는 것을 감안하여 무리 없이 채권회수를 하기 위함이다. 통상 제1금융권은 실제 대출해준 금액의 120~130%, 보험사의 경우 130%, 새마을금고, 단위농협, 신협, 저축은행 등 제2금융권의 경우 130~150%, 사채의 경우 150~200% 수준으로 근저당을 설정한다.

위 상가의 경우 제1금융권이므로 130%로 수준으로 채권최고액을 설정된 것을 감안하여 역산해보면 실제금액을 추정할 수 있을 것이다.
(예) 4억 4천만 원×(100/130)= 3억 3,846만 원

대체 보증금이 얼마일까???

임차인이 대항력을 갖추고 있다고 판단되었기 때문에 보증금이 얼마인지 확인하는 것이 더욱 시급해졌다. 만약 적은 보증금(1,000만 원 이하)이라면 입찰금액을 정할 때 현재 입찰최저가에서 보증금을 인수할 수 있는 경우를 염두에 두고 결정하면 될 것이다. 혹여 운 좋게 임차인을 설득하게 되면 보증금을 인수하지 않아도 되므로 보너스 개념으로 생각하면 될 듯했다. 하지만 이런 경우는 임차인의 보증금이 소액일 경우이고 아직까진 심증과 정황만 그러하므로 확실한 부분을 찾아내야만 했다.

공매서류를 지참하고서 혹시나 하는 마음으로 관할세무서에 방문했다. 예상했던 것처럼 담당자는 임차인정보에 관해 언급하는 것을 단호하게 거절했다. 이해관계인이 아니면 절대 불가하다는 것이다. 솔직히 이미 수없이 겪어온 일이기 때문에 찾아갔을 때부터 큰 기대조차 하지 않았다(그렇다고 포기하면 안 된다. 세무담당자의 성향과 업무수준에 따라 가끔은 귀중한 정보를 얻을 수 있는 경우도 있기 때문이다). 여기 담당직원은 임차인에 대한 정보대신 세무서 직원으로서 거절할 수밖에 없는 이유에 관한 업무지침서 한 장만 내밀 뿐이었다.

나는 한 번 물면 웬만하면 놓지 않는다

이 사건의 실마리가 보일 듯 말 듯 하면서도 풀리지 않았다. 하지만 필자는 경매를 시작하고서 지금까지 한 번 관심을 둔 녀석은 자력으로 해결이 불가능한 부분을 확인한 것이 아닌 이상 중도에 포기한 적이 없다. 오히려 그 물건에 더 심취했고 사냥개 마냥 이곳저곳을 킁킁대며 조사했었다. 생각하건대 이런 집착과 집념이 부동산 경매가 안좋은 시기에도 꾸준한 수익을 올려줄 수 있는 원동력이 아닌가 싶다.

곧장 발길을 현장으로 돌렸다. 현장에 도착 후 1층부터 천천히 상가주변을 둘러보면서 분위기를 살핀 후 엘리베이터를 타고 4층을 눌렀다. 엘리베이터가 4층에 도착하여 문이 열렸는데 이 상가가 엘리베이터 바로 정면에 위치해 있었기 때문에 그 안에 있는 임차인과 눈이 딱 마주쳤다. 예상치 못했던 순간이다(그래도 임차인을 만나기 전 숨 돌릴 여유는 필요하지 않은가). 약간 당황하였으나 곧바로 상가

문을 열고 들어갔다(임차인은 손님인줄 알았고 괜히 나만 속으로 움찔한 것이다).

"안녕하세요. 송사무장이라고 합니다. 공매사건 때문에 잠시 들렸습니다."

"아… 네(공매라는 말에 약간 당황하며…)."

"가게가 깨끗하고 예쁘네요. 혹시 얼마에 임차하고 계신지 알 수 있을까요?"

"말씀드릴 수 없는데요."

"아… 사장님께서도 입찰하시려고 그러시나보죠?"

"그것도 말씀드릴 수 없습니다."

준비했던 두 번의 질문이 모두 단칼에 잘리니 갑자기 무안해졌다. 아마도 임차인이 이 상가에 입찰을 준비하고 있는 듯했다. 임차인이 입찰을 생각하고 있다면 괜히 신경을 건드릴 필요는 없다.

"사람들 많이 왔었나요?"

"네…"

"요즘 상가 낙찰가격이 워낙 낮아서… 주절주절~ 다른 상가 보러왔다가 들른 겁니다. 사장님은 대항력도 있고 하니깐… 이 물건은 경쟁도 없겠네요. 역시 상가는 어려워… 주절주절~ 인연이 있으면 또 뵙죠."

상가를 빠져나오기 전 임차인이 듣든지 말든지 부정적인 말들을 혼자서 쭉 늘어놓았다. 아마도 임차인은 내 얘기를 듣고서 안심을 했을지도 모른다. 그리고 본인은 대항력이 있으므로 그 점이 그에게 엄청나게 큰 자신감을 주었고 그로 인해 입찰한다고 해도 낮은 입찰가를 산정할 것이라 생각했다.

등잔 밑이 어둡다

매각정보, 홈페이지, 세무서, 현장조사를 모두 거쳤음에도 아직 임차인의 보증금이 얼마인지 알아낼 수 없었다. 다만 부동산에 들러 시세조사를 해보니 이 상가의 임대수준이 약 1,000/90만 원 정도 수준이라는 것과 등기부등본상으로 임차인의 보증금이 소액일 것이라 추정될 뿐이었다. 하지만 시세가 그러하다고 임차인의 보증금이 1,000만 원이라고 단정 지을 수는 없었다.

3,000/50만 원일 수도 있고, 5,000/30만 원일 수도 있으므로 임차인이 배분요구를 하지 않는다면 큰 금액을 추가 부담해야하는 경우도 고려해야 했다. 또한 임차인이 대항력을 갖추고 확정일자를 갖추지 않았을 수도 있을 것이다(항상 최악의 상황을 감안하고 입찰해야 실수를 하지 않는다!!).

다만 한 가지 추가로 마음이 놓이는 것은 현재 채무자가 잠적했다는 것이다. 채무자가 오랜 기간 잠적을 했다는 것은 공매가 진행 중인 상가의 임차인이 월세를 지급했을 리 만무하다는 뜻이고, 이는 만약 임차인의 보증금을 인수하게 되

대항력 있는 상가임차인의 보증금 인수금액은?

대항력 있는 임차인이 경·공매가 진행되는 동안 월세를 내지 않았다면 낙찰자가 변제해야 할 보증금액에서 그동안 내지 않은 월세만큼 공제할 수 있다. 경매나 공매도 매매의 형태이고 기존 임대인의 지위를 그대로 승계하므로 그러하다. 기존 임대인은 임차인이 납부하지 않은 월세를 공제하고 반환할 의무가 있는 것이고 새로운 임대인은 그 조건으로 승계가 된 것이다.

월세를 납부하지 않은 임차인은 배분받을 때 소유자나 다른 채권자가 이의를 제기할 경우 납부하지 않은 기간을 계산하여 그 부분을 공제 후 배분 및 배당이 된다(실무에선 이해관계인이 이의제기를 하지 않는 경우엔 그대로 배분을 하곤 한다).

더라도 그 기간만큼의 월세를 공제할 수 있다는 것이다. 입찰시간은 점점 가까워졌고 마음속에서는 이런저런 생각들이 겹쳐졌다. 어느새 입찰 마감시간 30분 전이었다.

나는 아직도 임차인의 보증금액을 모른다. 포커게임을 할 때엔 깔린 패라도 보고 상상을 하지만 이 사건은 깔린 패가 부족하여 포커보다도 더 어렵다. 그런데 등기부등본을 뒤적거리다가 문득 이 상가에 거액을 대출해준 은행이 떠올랐다. 본래 은행에서 공매물건에 관한 정보를 제공하는 것에 매우 비협조적이지만 지금은 낙찰가가 떨어질수록 은행의 피해가 막심하기에 입찰자에게 호의적일 수도 있다는 생각이 들었다. 인터넷으로 해당지점의 전화번호를 확인 후 곧장 은행지점의 번호를 꾹꾹 눌렀다.

"안녕하세요. 중동 상가를 입찰하려는 사람입니다."

"네?? 입찰이요? 그 물건이 지금 경매가 진행되나요?"

"아뇨. 현재 공매진행중입니다. 이번에 입찰하려고 합니다."

"공매가 진행 된다고요? 죄송한데 감정가격이 얼마나 나왔나요?"

"감정가격은 1억 7,500만 원인데 현재 8,750만 원까지 유찰되었습니다."

"아이고~ 엄청 낮게 감정되었네요. 또 그렇게 낮은 가격까지 유찰되었나요?(그걸 왜 나한테 묻나요??)"

"아마도 상가임차인이 대항력이 있는데 자산관리공사에 배분요구신청을 하지 않아서 이번에도 유찰될 것 같은데요. 다음 회차엔 은행 피해가 더 커지겠네요. 제가 이번에 입찰하려고 하는데 혹시 임차인 보증금액을 알 수 있을까요?"

"그것은 말씀드리기 곤란합니다."

"알겠습니다. 그럼 저는 이번에도 입찰을 못하겠네요. 그런데 이상하네요.

다른 은행의 경우엔 채권회수를 위해 호의적으로 말씀해 주시던데요. 그리고 제가 임차인의 인적사항을 여쭤보는 것도 아니고 단지 임차보증금만 구두로 확인하는 것입니다."

"……그런가요?(잠시 머뭇거리며)그 상가에 임차인은 1,000만 원/80만 원에 임차하고 있습니다."

며칠 동안 헤매고 돌아다녀도 얻지 못했던 정보가 5분 만에 전화통화로 해결되었다. 은행직원은 공매가 진행되고 있다는 사실조차 모르고 있었다. 처음엔 임차인의 정보를 말해주는 것을 꺼려했다가 피해가 더 커진다는 말에 임대차정보를 말해 주었다. 그와 통화를 해보니 임차인 외에 다른 경쟁자들은 없을 것이라 확신이 들었다(왜냐하면 이 물건은 은행에 전화해보지 않고선 대항력을 알 수 없고, 은행직원이 공매진행을 모르고 있다는 것은 내가 처음이자 마지막으로 전화했다는 뜻이기 때문이다). 어찌되었든 드디어 임차인의 보증금 금액을 알아냈다는 사실에 짜릿한 쾌감이 스쳐 지나갔다(진작 은행에 전화해볼 것을…). 등잔 밑이 어두웠다.

얼마를 적을 것인가?

며칠 동안 애타게 갈구했던 임차인의 보증금액을 알아냈으니 속이 다 후련했다. 그리고 공들였던 만큼 이 물건도 꼭 낙찰 받고 싶어졌다. 은행에 전화했을 때 담당자가 공매가 진행되고 있는 것조차 몰랐던 것을 보니 아마 임차인 외에 다른 응찰자들은 없을 것이다. 더군다나 내가 은행에 전화를 건 시각은 입찰마감 30분 전이니 경쟁자는 임차인뿐이다. 게다가 임장을 했을 때 임차인을 향해 낙찰과 관련해서 부정적인 말들을 늘어놓았고 대개 채무자와 임차인은 최저가격에서 높은 금액을 적어내지 않는 경향이 있으므로 무리하지 않고 조금만 더 올려 적으면 승산이 있을 것이라고 판단했다.

내 예상대로 결과는 아래 그림과 같았다.

▎상세입찰결과

물건관리번호	2000-1000 -00		
재산구분	압류재산(캠코)	담당부점	인천지사
물건명	경기 부천시 ○○구 ○동 1○ -4○○○타워·○ 제4층 제40 호		
공고번호	200 -00 -00	회차 / 차수	051 / 001
처분방식	매각	입찰방식/경쟁방식	최고가방식 / 일반경쟁
입찰기간	2009-12-28 10:00 ~ 2009-12-30 17:00	총액/단가	총액
개찰시작일시	2009-12-31 11:00	집행완료일시	2009-12-31 11:10
입찰자수	유효 2명 / 무효 0명(인터넷)		
입찰금액	95,300,000원/ 89,111,000원		
개찰결과	낙찰	낙찰금액	95,300,000원
감정가 (최초 최저입찰가)	175,000,000원	최저입찰가	87,500,000원
낙찰가율 (감정가 대비)	54.46%	낙찰가율 (최저입찰 대비)	108.91%

오직 2명만 입찰에 참여했고 9,530만 원에 응찰한 필자가 낙찰을 받았다. 금액을 보니 나머지 응찰자는 임차인이라 확신했고 역시 현장에서 임차인을 안심(?)시킨 효과가 있었다.

입찰에서 떨어진 임차인과 두 번째 만남

낙찰 후 곧바로 방문하지 않고 일부러 일주일 정도 후에 찾아갔다(임차인도 입찰에서 떨어진 아픔을 잊어야 할 시간이 필요하기 때문이다. 경험상 입찰에 참여했던 임차인들은 낙찰 후 며칠간은 좋지 않은 감정에 젖어있는 편이므로 그런 부분을 간과하여 급하게 임차인을 방문하면 자칫 감정이 격해질 수도 있다. 예전엔 낙찰 당일 저녁에 명도하러 갔다가 입찰에 떨어진 세입자와 얼굴을 붉히고 돌아온 기억이 있다).

"안녕하세요. 그 때 뵀던 송사무장이라고 합니다."

"(찜찜한 표정으로…)전에 오셨던 분이군요."

"사장님도 입찰하신 것 같던데요? 맞죠?"

"뭐… 그냥 한 번 해봤어요."

"어찌하다보니 인연이 되었네요."

"그건 그렇고… 저 대항력이 있는 임차인이라는 것은 아시죠?"

"서류상에는 그렇게 보이더라고요. 그런데 사장님 지금까지 월세 안 내셨잖아요. 아주 오랫동안… 오히려 이득 보신 것 같던데요."

"증거 있어요?(증거가 없으니깐 지금 녹음중이다!!)"

"제가 볼 땐 지금 상황에서 배분요구를 하시는 것이 제일 현명한 방법입니다."

"그러면 낙찰자에게만 유리한 것 아녀요?"

"아닙니다. 사장님도 이득이에요. 그리고 여기서 계속 장사 안 하실 거예요?"

"뭐… 이사하는 것도 고려하고 있습니다(강하게 반응?)."

"그러면 오늘 부동산에 이 상가 내놓겠습니다."

"아니… 잠깐만요! 다음 주까지 연락 드리겠습니다."

"다음 주까지 연락 주십시오. 대신 저와 재계약하면 기존 금액과 동일하게 해드리고, 월세 한 달 치는 빼드리겠습니다."

"……."

주거용이 아닌 상가임차인은 쉽게 가게를 이전할 수 없기에 재계약을 미끼로 선순위 임차인의 배분요구를 독려했다. 임장조사를 할 때부터 비협조적이었던 임차인이기에 약간 기분이 상해있었는데 낙찰 후 첫 만남에도 그러한 태도가 바뀌지 않았다. 그래서 조금 더 강하게 내 의사를 피력했다. 만약 다음 주에 배분요구를 하지 않겠다고 통보를 하면 필자도 FM대로 법적대응을 할 요량이었다.

3일이 지나고 임차인에게서 연락이 왔다. 내가 제시한 대로 배분요구를 하고 재계약을 하겠다는 것이다(낙찰자만 이익을 얻는 것이 아니고 임차인에게도 득이 되는 결정이다). 합의서를 작성하여 상가를 찾아가 마무리를 했다.

이 상가는 잔금납부도 하기 전에 명도협상과 임대까지 마무리되었으니 끈질기게 노력한 보람이 있는 물건이다.

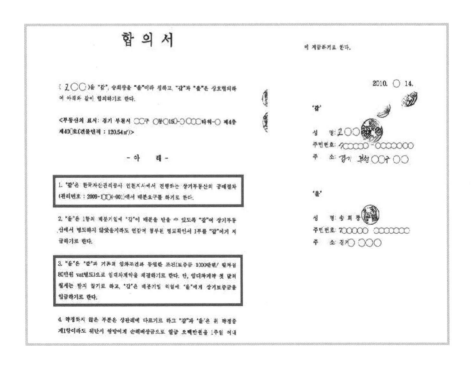

공매물건을 검색하다가 선순위임차인이 있다고 겁내지 않았다. 왜냐하면 공매는 낙찰 후에도 배분요구가 가능했기 때문이다. 국세징수법이 개정되어 현재는 이 방법을 적용할 수 없다고, 바로 써먹을 수 없다고 낙심하지 마라. 투자를 잘하려면 게임의 룰을 이해하는 것보다 새로운 게임에도 어떠한 생각으로 접근하느냐가 더 중요하다.

Tip 상가임차인이 배분요구 할 때 필요한 서류

1. 배분요구서
2. 등록사항 등에 관한 현황서 1부(주거용일 경우 주민등록등본 제출)
3. 임대차계약서 사본(확정일자가 계약서 뒷면에 있을 경우 뒷면까지 복사해야 함)
4. 배분받을 임차인 통장사본 1부
5. 낙찰자 인감이 첨부된 명도확인서 1부(배분받을 때 필요)

Column 03

대출을
잘 받는 방법

언제부턴가 내 집 마련을 할 때 대출을 활용하는 것이 당연시 되었다. 경·공매 투자자들 역시 부동산을 매입할 때 대부분 적극적으로 대출을 활용하고 있다. 그런데 막상 이 부분에 관해 큰 관심을 기울이지 않고 대출상담사나 법무사 직원이 안내하는 대로 대출을 받는 사람들이 많다. 하지만 실제 동일한 부동산이라도 더 높은 비율의 금액을 해주거나 더 낮은 금리, 중도상환수수료율 등 상품에 따라 차이가 나는 경우가 많으므로 관심을 기울일 필요가 있다. 투자자가 조금만 관심을 기울이면 더 나은 상품을 고를 수 있는 것이다. 대출을 잘 받는 것도 기술이고, 단순히 높은 비율만 택하는 것이 아니라 본인의 투자목적에 맞는 상품을 골라야 한다. 또한 특수한 권리가 있는 물건의 경우 낙찰자의 대처능력에 따라 대출가능여부가 결정되기도 한다.

(1) 대출을 어느 정도 활용하는 것이 좋을까

단기차익을 생각하고 매입하는 부동산은 낙찰가에서 대출을 높은 비율을 활용할 경우 현금투자만 했을 때보다 수익률을 높일 수 있다. 단, 매매가 수월한 물건(아파트, 빌라, 오피스텔)이 아닌 근린상가, 근린시설의 경우 매도시점까지 매월 발생되는 대출이자가 부담될 수 있으므로 무조건 높은 비율의 상품을 택하는 것은 지양해야 한다. 반대로 임대목적으로 부동산을 매입했을 경우 조금 더 유연한 선택이 가능하다. 이 경우 중도상환수수료가 있더라도 고정금리의 장기상품을 선택하는 것이 좋다. 단기상품의 경우 1년 마다 연장해야 하는 번거로움이 있고, 2금융권 상품의 경우 초기 금리는 낮아 좋은 상품으로 보이지만 대출을 실행하고, 몇 개월 후부터 높은 비율로 금리를 계속해서 올리는 경우가 있으므로 주의해야 한다(어떤 곳은 1년 동안 저금리로 대출을 해주지만 1년 후 대출연장시 높은 금리로 유도하기도 한다).

(2) 특수권리가 있는 물건을 낙찰 받았을 경우 대출을 받는 방법

특수한 권리가 있는 물건을 낙찰 받을 경우에는 대출이 가장 큰 부담일 것이다. 입찰 전부터 대출여부가 불분명하여 투자금이 적은 사람은 입찰을 포기하는 사람도 더러 있다. 하지만 필자는 허위유치권, 허위선순위임차인, 허위예고등기 등의 물건을 낙찰 받고도 대출을 받을 수 있었다. 그 한 가지 노하우를 말하자면 '은행직원이 그 상품을 대출해줄 수 있는 명분을 만들어줘야 한다.'는 것이다. 투자자의 입장에서 생각하지 말고, 은행직원의 입장에서 생각해보면 쉽게 답을 얻을 수 있다. 은행도 기왕이면 쉬운 물건에 대출을 해주며 수익을 올리는 것을 원한다. 굳이 어렵게 공부해가며 특수물건에 관해 대출할 이유가 없다는 것이다.

따라서 은행직원이 그 물건의 서류를 봤을 때 전혀 문제가 없다는 자료를 첨부하는 것이 중요하다. 예를 들어

① 유치권이 신고된 물건을 대출받을 경우

해당 부동산에 신고된 유치권이 허위유치권이라는 증거자료 및 관련 판례를 준비하여 첨부한다. 유치권자의 점유의 불분명, 경매신청채권자의 유치권배제의견서, 대법원판례, 법률전문가의 해당유치권에 관한 의견서 등 유치권이 명백하게 허위라고 판단할 수 있는 서류를 함께 첨부시키는 것이다.

② 허위선순위임차인이 있는 물건을 대출받으려고 하는 경우

채무자와 가족관계이라거나 '해당 부동산에 거주하지 않는다'는 내용의 주변인의 진술서, 전기, 가스 사용내역 등 임차인의 지위를 부정할 수 있는 객관적인 자료와 관련 판례를 첨부한다.

③ 재개발 지역이나 KB시세에 등재되지 않은 부동산의 경우

그 외에도 필자가 낙찰 받은 건물이 다른 지번의 토지를 침범하고 있어서 은행에서 대출이 불가하다는 통보를 받았으나 해당 지역이 재개발 구역에 속해 있어서 어차피 건물은 차후 철거될 것이라는 재개발조합의 의견서, 차후 개발될 조감도를 첨부하여 대출을 받은 적도 있다. 또한 방 3개가 있는 주거형 오피스텔을 대출 받았을 때 준공당시 방이 없는 도면을 첨부하여 방빼기를 하지 않고 높은 비율의 대출상품을 지인에게 받을 수 있게 하였다. KB시세가 없어 선례가 없는

지방물건을 낙찰 받았을 때에는 음료수를 사들고 미리 인근 중개업소에 방문하여 정상적인 시세로 답변해줄 것을 부탁하여 좋은 조건으로 대출받을 수 있었다 (새마을금고, 신협의 경우 대출실행을 위해 감정평가뿐 아니라 직원들이 현장으로 조사를 가는데 그때 인근중개업소에 들러 시세확인을 한다).

은행은 좋은 부동산을 가진 사람과 이자납입능력이 충분한 사람을 원한다. 결국 해당 부동산의 가치를 잘 설명하고 본인의 급여소득 외에도 추가로 벌어들이는 소득부분이 있으면 적극 소명해야만 은행도 우량고객이라 여기고 더 좋은 조건을 제시하면서 대출을 실행하려 할 것이다. 따라서 대출에 필요하다고 하는 서류 외에도 부동산의 가치를 입증할 수 있는 자료나 본인의 추가 소득을 증빙할 수 있는 자료를 함께 가지고 간다면 더 수월하게 대출을 받을 수 있다.

〈돈은 보이지 않는 곳에서 새고 있다.
돈을 벌기에 앞서 기존의 상품을 재정비하라!!〉

또한 경락잔금대출을 받았더라도 경락 후 1년이 경과하면 낙찰가를 기준으로 대출금액을 산정하는 것이 아니라 재감정을 하여 시세대비로 대출금액을 산정하기 때문에 본인의 낙찰금액이 시세에 비해 저렴하거나 행여 그렇지 않더라도 본래 받았던 상품의 중도상환수수료가 없어지는 시점에 다시 좋은 조건을 찾는 노력을 해야 한다. 필자도 오피스텔 경락 당시 수협에서 받았던 상품에서 동일한 금액, 그리고 더 저렴한 금리로 HSBC은행 상품으로 갈아탔고(대환대출이라 함), 상가 경락 당시 수협에서 받은 대출을 더 저렴한 조건의 신한은행 상품으로 갈

아탔다. 최근에는 근저당 설정비용을 은행에서 부담하므로 중도상환수수료만 잘 체크하면 갈아타기에 대한 부담도 없어졌다. 따라서 본인이 배당형 부동산을 보유하거나 앞으로 매입할 사람이라면 임대수익만 따질 것이 아니라 저렴하고 조건이 좋은 대출상품에 관심을 두면 수익이 나은 경우도 있다(똑같은 국민은행이라도 각 지점마다 대출조건과 상품이 다르다).

(3) 대출받을 때 추가로 체크해야 할 사항

① 대출비율

② 대출금리

③ 중도상환수수료

④ 1년 단위 상품인지 3년 이상 상품인지 여부(매입부동산이 임대형일 경우 장기 상품이 적합하다).

⑤ 고정금리, 변동금리인지 여부와 변동금리의 기준(cd연동, 코픽스, 자체금리)

⑥ 채무승계 여부(단기매매 목적일 때 채무승계 여부와 중도상환수수료를 신경써야 한다).

⑦ 추가로 보험가입 및 카드를 발급받아야 하는지 여부(추가 상품을 가입하는 것이 나쁜 것이 아니라 가입해서 더 많은 혜택을 볼 수 있다면 괜찮다).

PART **5**

공매부동산의
매각결정

개찰 및 낙찰자 결정

(1) 개찰

공매(압류재산)는 월요일(오전 10시)부터 수요일(오후 5시)까지 3일에 거쳐 입찰이 가능하고, 그 입찰결과(개찰일)는 목요일(오전 11시~오후 12시)에 확인할 수 있다. 개찰 일에는 최고가 입찰자가 낙찰자로 결정되는데 ①입찰가격이 매각예정 가격 이상이고, ②입찰보증금을 납입하고, ③입찰부동산이 공유물(지분부동산)인 경우 매각결정 전까지 우선매수를 신고해야 하고, ④공동입찰인 경우 인터넷공매 마감영업일 전까지 공동입찰신청서를 자산관리공사에 제출하고 대표입찰자가 입찰에 참가한 자에 한한다. 만약 동일한 가격으로 입찰한 자가 2명 이상일 경우 즉시 추첨으로 낙찰자를 정한다(국세징수법 제73조4항).

(2) 유찰

입찰자가 없거나 매각예정가격 이상을 쓴 입찰자가 없는 경우 유찰로 처리된다.

(3) 입찰보증금 반환

낙찰자가 결정된 경우 그 외 입찰자가 납부한 보증금은 반환된다. 또한 매각예정가격 미만으로 입찰했거나 또한 낙찰되었어도 매각불허결정이 된 경우에 보증금은 반환된다. 낙찰 받았어도 해당물건이 공유지분이고 우선매수권이 행사된 경우에 낙찰자에게 보증금은 반환된다.

매각결정

(1) 매각결정의 의미

　매각결정이란 공매에 있어서 매수인이 될 자에게 매각하기로 결정하는 처분을 말한다. 매각결정기일은 개찰일로부터 3일 이내에 지정되는데 통상 개찰일 다음 주 월요일 오전 10시에 매각결정이 된다. 2012.1.1. 이전에는 낙찰자카 매각결정통지서를 수령해야만 매각결정의 효력이 발생되었는데 개정된 국세징수법에 따라 낙찰자가 매각결정통지서를 수령하지 않아도 개찰일 다음 주 월요일 오전 10시에 매각결정이 확정된다(다만 송달 등의 관계로 절차상 하자가 있거나 체납액을 납부하여 공매가 취소될 경우에는 매각결정이 되지 않는다). 매각결정이 결정된 때에는 한국자산관리공사에서 매수대금의 납부기한을 정하여 '매각결정통지서'를 발행한다.

> **국세징수법 제75조(매각결정 및 매수대금의 납부기한 등)**
>
> ① 세무서장은 제73조에 따라 낙찰자를 결정한 때에는 낙찰자를 매수인으로 정하여 다음 각 호의 사유가 없으면 매각결정 기일에 매각결정을 하여야 한다.
>
> 　1. 매각결정 전에 제71조에 따른 공매 중지 사유가 있는 경우
>
> 　2. 낙찰자가 제72조에 따른 공매참가의 제한을 받는 자로 확인된 경우
>
> 　3. 제73조의2에 따라 공유자가 우선매수의 신고를 한 경우
>
> 　4. 그 밖에 매각결정을 할 수 없는 중대한 사실이 있다고 세무서장이 인정하는 경우
>
> ② 매각결정의 효력은 매각결정 기일에 매각결정을 한 때에 발생한다.
>
> ③ 세무서장은 매각결정을 하였을 때에는 매수인에게 매수대금의 납부기한을 정하여 매각결정 통지서를 발급하여야 한다. 다만, 권리 이전에 등기 또는 등록을 필요로 하지 아니하는 재산의 매수대금을 즉시 납부시킬 때에는 구술로 통지할 수 있다.
>
> ④ 제3항의 납부기한은 매각결정을 한 날부터 7일 내로 한다. 다만, 세무서장이 필요하다고 인정할 때에는 그 납부기한을 30일을 한도로 연장할 수 있다.

(2) 매각결정기일의 중요성

매각결정은 자산관리공사에서 업무처리시 절차상 중요한 기준점이 되는데 ① 체납자가 매각결정 취소를 구하려고 할 때 매수인의 동의가 필요 여부의 기준시점이 되고, ②해당 부동산이 공유지분인 경우 우선매수권을 행사할 수 있는 종기에 해당되고, ③체납자가 체납세액을 납부하는 경우 공매절차를 중지하는 시점에 해당된다. 즉, 매각결정 이후에는 매수인의 동의 없이 매각결정취소를 구할 수 없고, 해당물건의 지분권자가 우선매수권을 행사할 수 없으므로 낙찰자에게도 중요한 기준이 되는 것이다.

(3) 입찰부터 잔금납부까지 과정

(4) 매각결정통지서 인터넷 수령 방법

매각결정통지서를 인터넷으로 수령하는 것은 매각물건 중 압류재산에만 해당되며 기타 국유·수탁재산은 매각결정통지서를 별도로 수령할 필요가 없다(수탁재산의 경우 낙찰일로부터 5일 이내에 매매계약을 체결해야 한다). 압류재산에 입찰을 진행할 때는 아래처럼 매각결정통지서를 신청할 수 있는 메뉴가 추가되어 있다.

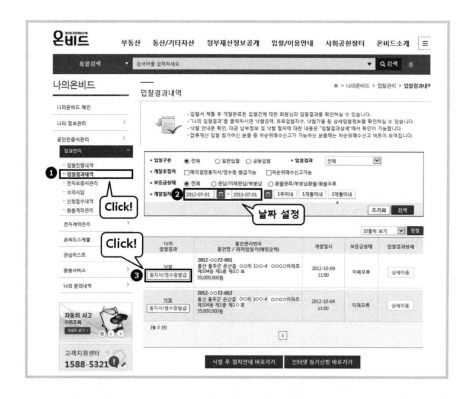

① 신청방법

- '입찰결과내역'부분을 클릭한다.
- 개찰일자에서 날짜를 설정한다. 설정 후에 검색을 하면 하단에 해당 물건의 내역이 나온다.

- '통지서/영수증발급'을 클릭한다.

② 매각결정통지서 발급

입찰할 때 '매각결정통지서'부분을 체크하면 낙찰 후 '나의온비드'의 입찰결과목록에서 그림과 같은 버튼을 확인할 수 있다.

매각결정통지서 및 잔대금영수증

▌매각결정통지서 및 잔대금영수증 발급

- 최초공고일자가 2012.1.1 이후 물건은 개정된 국세징수법이 적용되며, 매각결정통지서/매각결정여부통지서는 매각결정기일 이후 발급받으실 수 있습니다. 물건의 매각결정기일은 공고정보 및 물건정보를 참고하시기 바랍니다.
- 최초공고일자가 2012.1.1 이전 물건은 2011.4.4자 법률 제10527호로 개정되기 전의 국세징수법이 적용되는 건입니다. 개정법 적용 전 물건은 매각결정통지서/매각결정여부통지서의 수령시점이 국세징수법 제71조 제1항에 의거 체납자가 체납액을 납부하고 매각결정 취소를 구하는 경우에 있어 매수인 동의여부의 기준시점에 해당하며, 동법 제73조 제2항 및 제3항에 의거 압류재산의 공유자가 최고액 입찰가격과 동일 가격으로 우선매수신고할 수 있는 종기에 해당합니다.
- 매각결정통지서/매각결정여부통지서/잔대금 영수증은 발급 버튼을 클릭한 시점이 교부 시점이 되오니 이점 유의하시기 바랍니다.
- 매각결정통지서/매각결정여부통지서/잔대금 영수증을 출력하기 위해서는 뷰어가 꼭 필요합니다. 뷰어를 설치하지 않은 경우 아래에 뷰어 다운로드를 클릭하여 뷰어를 설치하시기 바랍니다.
- 잔대금 영수증 출력의 경우 입금확인 및 내부처리 절차를 진행 후 발급되므로 입금 후 즉시 출력하실 수는 없습니다 (잔대금 입금 익일 출력요망). 입금 후 1 ~ 2일이 경과하였음에도 '발급'버튼이 미생성된 경우 압류재산물건담당자에게 문의하여 주시기 바랍니다. 압류재산담당자 내부처리 후에도 발급까지는 최대30분 정도 소요될 수 있습니다.

⬇ PDF 뷰어 다운로드   ⬇ HWX뷰어 다운로드

매각결정통지서	잔대금영수증
🖨 매각결정통지서 발급	🖨 잔대금영수증 발급

위 화면 버튼을 클릭하면 '매각결정통지서 발급/잔대금영수증 발급'창을 볼 수 있고 클릭 후 발급받으면 된다.

Tip 매각결정통지서에 관해 추가로 알아두어야 할 사항

① 매각결정통지서는 압류재산만 신청이 가능하다.

② 낙찰 후 매각결정통지서는 1회 발급 받을 수 있고, 재발급은 되지 않으므로, 재발급 받길 원할 경우 자산관리공사에 직접 방문해야 한다.

③ '온비드'사이트에서 발급되는 매각결정통지서는 원본과 사본의 구분이 없다.

④ '온비드'사이트에서 발급 시 오류가 발생한 낙찰자에 한해 '온비드'관리자에서 재발급신청을 받아 줄 수 있다.

⑤ 매각결정통지서를 신청한 입찰자의 신청정보가 개찰일자에 개찰집행 될 때 조세(위임기관)에 연계된다.

⑥ '온비드'사이트에서 최초 출력할 때 그 출력일시가 조세(=위임기관)와 연계된다.

⑦ 조세에 방문하여 직접 현장발급을 받았을 때 조세 현장발급일시가 '온비드'사이트와 연계되어 사이트에서는 더 이상 출력이 되지 않는다.

⑧ 압류재산은 월요일~수요일까지 입찰기일이고, 목요일에 개찰을 실시하며, 그 다음 주 월요일 (매각결정기일) 이전에는 매각결정통지서 출력이 불가하다.(단, 월요일이 공휴일이면 다음 영업일에 출력 가능함)

공유자 우선매수권

(1) 공유자 우선매수권

2006년 10월부터 공매에도 공유자 우선매수권 행사가 가능하게 되었다. 공유자 우선매수권이란 공매재산이 지분인 경우 공유자는 매각결정기일 전까지 입찰보증금을 제공하고 우선매수를 신고하면 공유자에게 매각결정을 하는 제도를 말한다. 단, 입찰자가 없이 유찰된 경우에는 우선매수신청이 불가하다.

> 국세징수법 제73조의2(공유자의 우선매수권)
>
> ① 공매재산이 공유물의 지분인 경우 공유자는 매각결정기일 전까지 공매보증금을 제공하고 매각예정가격 이상인 최고입찰가격과 같은 가격으로 공매재산을 우선매수하겠다는 신고를 할 수 있다.

② 제1항의 경우에 세무서장은 제73조 제3항에도 불구하고 그 공유자에게 매각결정을 하여야 한다.
③ 여러 사람의 공유자가 우선매수하겠다는 신고를 하고 제2항의 절차를 마쳤을 때에는 특별한 협의가 없으면 공유지분의 비율에 따라 공매재산을 매수하게 한다.
④ 세무서장은 제2항에 따라 매각 결정된 경우에 매수인이 매각대금을 납부하지 아니하였을 때에는 매각예정가격 이상인 최고액의 입찰자에게 다시 매각결정을 할 수 있다.

(2) 공유자 우선매수권에서 추가로 알아두어야 할 사항

공유자 우선매수권에서 추가로 알아두어야 할 사항은 ①여러 사람의 공유자가 우선매수신고를 한 경우 협의가 되지 않으면 지분비율에 따라 매각결정을 해야 하고, ②공유자가 우선매수 신고를 한 후 잔금납부 전까지 기존의 낙찰자가 입찰보증금을 반환받지 아니한 때에는 최고가매수인의 지위를 유지하게 되고, ③공유자 우선매수신고에 의하여 매각결정한 공유자가 잔금납부를 하지 않은 경우 기존의 낙찰자에게 다시 매각결정을 해야 하고, ④공유자 우선매수신고를 신청한 지분권자가 잔금납부를 한 경우 기존의 낙찰자의 보증금은 반환되며, ⑤ 여러 개의 부동산이 일괄매각될 때 그 일부에 관한 공유자는 우선매수권을 행사할 수 없다(2006.3.23.대법원 2005마1078 선고).

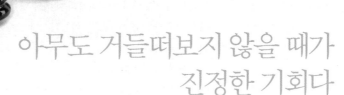

아무도 거들떠보지 않을 때가 진정한 기회다

부자들은 변하지 않는 공통점을 가지고 있다

자수성가형 부자들에겐 공통된 성공비결이 있다. 또한 그들만이 갖고 있는 일관된 투자습관을 자세히 들여다보면 돈을 벌 수 밖에 없는 이유도 찾을 수 있다.

사실 큰돈을 벌기 위해서는 특별한 투자기술을 습득하는 것도 중요하지만 자신만의 투자원칙을 세우는 것이 더 중요하고 그 기본원칙을 얼마큼 철저하게 지켰느냐에 따라 성패가 갈린다. 이는 한국의 부자들뿐 아니라 동서고금을 막론한 세계적인 부자들에게서도 마찬가지이며 그 원칙은 대동소이하다. 그래서 보통사람이 정녕 부자가 되고 싶다면 이미 성공을 이룬 사람의 책을 읽는 것이 첫 수순일 것이다.

일본갑부의 투자원칙

'남들과 반대로 투자하고 참고 기다리며 평생 배우면 돈이 굴러온다.'

중국CCTV는 15일 일본 갑부 중 한 명인 이토야마 에이타로의 재테크 철학을 소개했다.
그는 서른 살에 수십억 엔대 자산을 보유하고 18개 기업을 일으켰으며 32세에 정치에
입문해 일본 역사상 가장 젊은 참의원이 됐다.
1996년에는 정계를 은퇴해 다시 사업에 전념하고 있다.
그는 포브스가 발표한 '일본 40대 부호'중 자산 45억 달러를 보유해 7위에 올랐다.
그는 돈 버는 기회를 잡으려면 돈을 벌 수 있는 곳에 투자해야 한다며 5대 재테크
원칙을 밝혔다.

첫째 원칙은 남들이 살 때 팔고 남들이 팔 때 사야한다는 것이다.
이토야마는 30년간 주식투자를 하면서 시장의 방향과 거꾸로 가는 투자 원칙을 지켰다.
투자자의 99%가 주가 하락으로 공황에 빠졌을 때 주식을 샀으며 반대일 때 팔았다.

둘째는 가난한 사람과는 사귀지 않는다는 것이다.
이들은 돈이 없는 사람이어서 만나면 돈을 쓰게 되기 때문이라는 것이다.
돈이 없는 사람은 돈을 보고 아첨하고 만나기 때문에 돈이 떨어지면 떠나갈 사람이어서
만나봐야 손해만 발생한다는 것이 이토야마의 관점이다.

셋째는 근검절약이다.
이토야마는 많은 돈을 흥청망청 쓰고 싶다는 생각을 해 본 적이 없다고 밝혔다.
그는 업무적으로 접대할 일이 있으면 고급 식당을 갔지만 평소에는 일반서민과 같은
것을 먹었으며 고급 의류를 구매하는 데 더욱 취미가 없었다고 말했다.

넷째는 평생 공부하고 모르는 일은 끝까지 연구한다는 원칙이다.
그는 나이가 들어서도 시대에 뒤떨어지는 것을 싫어해 3년 전에는 3개월간 배운 컴퓨터
기초지식을 바탕으로 홈페이지를 개설했다.

이 당시 경제신문에서 이 기사를 본 후 필자는 언젠가 한번은 이에 관한 필자의 생각과 경험담을 자세히 언급해야겠다고 마음먹었다. 재작년 금융위기를 두고 대폭락시대라느니 또는 기회라느니 이러저러한 말들이 많았고, 그 속에서 많은 사람들이 갈피를 잡지 못하고 우왕좌왕했다. 필자 역시 미래를 정확하게 예견해내는 능력이 있는 사람이 아니므로 처음 맞이하는 금융위기 문턱에서 많은 생각과 고민을 거듭했었다(내 주변의 지인들 역시 필자가 소유한 부동산 가격이 계속해서 떨어질 것을 염려하였다). 그러나 08년, 09년 초 필자가 출간했던 송사무장의 실전 경매의 기술 1, 송사무장의 실전 경매의 기술 2에도 기술되어 있듯이 지금껏 가지고 있던 투자신념을 확신했기에 금융위기에 역으로 공격적인 투자를 했었고 오히려 부동산 상승장일 때보다 더 좋은 결과를 이끌어냈다.

무의미한 바닥 맞추기 게임

불안한 시기가 도래하면 대부분 투자자들이 궁금해 하는 것은 '과연 언제 경기가 회복되느냐'이다. 실제로 이는 경제연구소에 근무하는 전문가도 대답하기 쉽지 않은 질문이다. 경기회복시점을 가늠하려면 일단 어디가 바닥인지 알아야 하는데 안타깝게도 주식이든 부동산이든 진짜 바닥을 알 수 있는 사람은 아무도 없다. 왜냐하면 바닥이란 시장이 진정되고 상승장에 접어들어 어느 정도 시간이 흐른 뒤에 확인이 가능한 것이기 때문이다. 그래서 설령 어떤 이가 주식시장의 바닥을 한 번 적중한 경험이 있다고 할지라도 또 다시 바닥을 맞출 수 있는 확률은 거의 없다. 경기에 대한 전망은 불규칙한 여러 가지 현상을 억지로 끼워 맞추는 것에 불과하기 때문이다.

부동산과 주식은 반드시 상승요인과 하락요인이 공존하는데 그중 어떤 부분이 더 강하게 심리적으로 어필되느냐에 따라 상승 또는 하락으로 움직인다(주식이 상승하면 상승요인이 기사에 등장하고 하락이 진행되면 하락요인이 기사에 등장한다. 현상을 보고 그때그때 원인을 끼워 맞추는 식인 것이다. 그래서 기자들은 자신들의 주장을 하루하루 번복하기 일쑤다). 즉, 어떤 현상에 대한 해설은 쉽다. 단지 그것을 정확히 예견하는 것이 힘든 것이다.

필자는 부동산 투자가 본업이기에 그 어떤 누구보다 경기흐름에 민감하다. 그런데 지금까지 투자를 하며 얻은 가장 큰 깨달음은 꼭 경제에 대한 정확한 전망을 예견해야만 안정적이고 꾸준한 수익을 올리는 것은 아니라는 것이다. 투자는 상승장에서만 가능한 것이 아니다. 투자에서 제일 중요한 것은 상승장이든 하락장이든 얼마나 안정적으로 리스크 관리를 할 수 있느냐이다.

필자는 평상시 경·공매 물건을 고를 때 해당부동산의 가치가 저평가된 것이나 법적인 하자가 있는 물건들을 선택하여 입찰한다. 왜냐하면 경·공매 시장의 경쟁이 갈수록 치열해지고 있기에 좀 더 높은 수익을 위해서 저평가된 부동산이나 남들이 해결하기에 버겁거나 위험해 보이는 물건을 위주로 베팅을 해야 원하는 수익을 올릴 수 있기 때문이다.

하지만 2008년 9월부터 시작된 금융위기 덕분에(?) 미디어에서 '장기불황'이라는 단어가 뉴스와 신문을 가득 메우고 있을 때에는 아무 하자가 없는 깨끗한 물건도 이유 없이 폭락을 거듭했다. 또한 앞으로 세계경제가 오랜 기간 동안 침체될 것이고 부동산도 추가하락을 할 것이란 공포감 때문에 시장엔 빠른 속도로 매물들이 쌓여갔다. 더불어 경매, 공매시장의 인파들도 순식간에 사라졌다. 필자는 이때 전 재산을 올인하여 우량물건들을 매입했다. 그리고 수년을 거쳐 올릴 수 있는 수익을 불과 3개월 만에 거둬들였다. 그것도 하자가 없는 물건을 시세대비 50% 수준에 단독낙찰로 받은 것이 대부분이다.

아마도 이 시점에는 대부분이 추가 하락에 대한 두려움과 불확실성 때문에 심각한 고민에 빠져 차마 부동산을 매입할 생각조차 못했을 것이다.

필자가 이 당시 매입한 부동산의 종류는 아파트, 오피스텔, 상가, 단독주택 등 그 시점에 시장에 쏟아진 급매물보다 많이 저렴하거나 굳이 매매를 하지 않아도 임대수익이 20% 이상 되는 A급 물건이었다. 불확실한 시점임에도 필자가 자신 있게 부동산을 매입할 수 있었던 가장 큰 이유는 일반매매가 아닌 경·공매를 이용한 투자였기 때문이다. 경·공매의 장점을 최대한 살려서 더 떨어질 것을 감안하여 급매물보다 대폭 할인된 가격으로 매입했기에 남들이 갖지 못한 충분한 안전 마진을 확보할 수 있었다.

부동산 하락기에 안전 마진을 확보한 사람과 그렇지 못한 사람의 심리적 차이는 엄청나게 크다. 또 임대수익이 충분한 부동산을 사면 굳이 하락기에 매도할 필요 없이 시장이 정상화될 때까지 느긋하게 월세를 받으며 기다릴 수 있다. 즉, 충분한 안전마진과 탄탄한 임대수익이 있으면 지루한 부동산 하락기와 횡보기를 견딜 수 있는 것이다.

필자가 목표했던 모든 물건의 매입을 끝내자마자 '10년 만에 기회가 찾아왔다.'며 소위 재테크 또는 경제전문가들이 떠들어대기 시작했다(하지만 진짜 10년 만의 기회는 이런 말들이 떠돌기 전 필자가 우량물건을 경쟁 없이 싼 가격에 단독으로 매입 했던 3개월의 시간이었다).

모두가 위기 속 기회라며 재테크에 열을 올리고 있을 때는 이미 늦은 것이었다. 경쟁이 치열하여 수익률이 현저하게 떨어지는 물건이나 B, C급 물건들이었다.

투자를 잘 하려면 남과 다른 길을 걸어야 한다. 부자가 되려면 자신만의 원칙을 세우고, 그 원칙에 입각한 투자를 해야 한다. 위의 기사에서 소개된 부자의 마인드와 같이 평상시엔 참고 기다리며 배움에 열중하다가 기회가 왔다는 판단이 들 때 과감히 투자하는 것이 부자가 될 수 있는 방법이라는 것을 명심해야 할 것이다. 훌륭한 어부는 사계절 내내 그물을 치지 않는다.

물건의 난이도가 아닌 타이밍으로 승부하다

이 당시에 필자가 매입했던 물건 중 하나를 소개해본다. 일산에 소재하는 오피스텔이 공매로 진행되고 있었다. 이 시기엔 일단 시세대비 저렴한 물건을 고르기만 했어도 되었기에 감정가대비 많이 유찰된 물건을 우선 검색했다. 일산의 이 오피스텔은 감정가격이 2억 7천만 원이었는데 최저입찰가가 1억 6,200만 원으로 떨어져 얼핏 보아도 굉장히 싼 가격에 매입이 가능했으므로 이 물건에 심취하기 시작했다.

▌기본정보

물건종류	부동산	처분방식	매각
입찰집행기관	한국자산관리공사 [공고정보]	담당부서	조세정리부
담당자	공매2팀	연락처	02-3420-5142
물건상태	낙찰	조회수	101

▌물건정보

소재지	경기 고양시 일산동구 백석동 13○외 3필지 ○○○○○○오피스텔 제3층 제30○호
물건관리번호	200○-10○6-001
재산종류	압류 재산
위임기관	고양시청
물건용도	근린생활시설
물건세부용도	
면적	대지 28,084㎡ 지분(총면적 5,174.9㎡), 건물 94.81㎡ ,

▌감정정보

감정평가금액	270,000,000 원	감정평가일자	2008/09/19
감정평가기관	한국감정원		
위치 및 부근현황	본건은 고양시 일산동구 백석동 소재 지하철 3호선 일산선 남동측 인근에 위치하는 ○○○ ○○○오피스텔 제3층 제30○호로서, 부근은 각종 오피스텔 및 업무용빌		
이용현황	주거용 오피스텔(방3, 주방겸 거실, 옥실겸 화장실2 등)임.		
기타사항	일반상업지역, 제1종지구단위계획구역, 중로1류(접합), 중로2류(접합).		

▌임대차정보

임대차내용	이 름	보증금	확정(설정)일	전입일
전입세대주	이○호	0		2005/09/12

※임대차정보는 감정서상 표시내용 또는 신고된 임대차 내용등으로서 누락, 추가, 변동 될 수 있사오니
　참고 자료로만 활용하여야 하며 이에 따른 모든 책임은 입찰자에게 있습니다.

명도책임	매수자
부대조건	

관련정보	[사진정보] [위치도] [감정평가서] [지도정보] [부동산가격정보] [민원서류발급] [상권정보] [등기부(토지)실시간조회] [등기부(건물)실시간조회] [토지이용계획 및 개별공시지가] [토지이용규제정보]

　　물건용도에는 근린생활시설이라고 되어 있었지만 실제는 주거용 오피스텔로
사용하고 있었다. 인근부동산에 전화로 매물을 확인을 해보니 2억 5천만 원에
급매물이 나와 있었다.

등기부등본을 분석 해봐도 낙찰 후 추가로 인수해야 하는 권리 상 하자도 전혀 없었다. 수요가 적은 것일까? 유치권이 있나? 선순위 임차인이 있을까? 그러나 아무것도 없었다.

금융위기가 필자에겐 큰 기회를 준 것이다. 정말 이 시기에는 입찰하려는 사람이 아무도 없었다. 특히 공매는 더욱 그러했다. 이 물건이 관심 받지 못하더라도 A급에 속한다는 것은 부정할 수 없을 것이다.

차를 몰고 현장으로 갔다. 그리고 부동산에 들러 사장님과 대화를 나누었다. 알려주시기를 매물을 내놓는 사람은 있어도 매수자는 전혀 없다는 것이다. 그런데 신기한 것은 매매는 전혀 이뤄지지 않는 반면 임대수요는 매우 풍부하여 매물을 임대로 내놓으면 바로 소화가 된다는 것이다(부동산 하락기에 전세수요가 증가하는 것과 같은 이치이다. 하락을 염려하기에 실수요자마저 임대를 선택한다. 그래서 전세매물이 부족하게 되고 반면에 임대수요는 증가하기에 전세가격은 오른다. 그리고 그렇게 시간이 흘러 임대가의 상승은 매매가의 상승으로 이어진다).

매달 월세를 받을 수 있는 부동산을 배당형 부동산이라 하는데 이 오피스텔도 그러한 개념으로 접근하면 될 것 같았다. 월세를 받을 수 있는 부동산은 외부상황에 흔들리지 않고 느긋하게 보유를 할 수 있다. 이는 부동산 하락기라고 해도 월세가 떨어지는 폭은 미미하거나 거의 없기 때문이다. 실제로 이 시기에 필자가 소유한 부동산의 매매가격은 하락했으나 월세를 깎아달라고 전화한 세입자는 아무도 없었다(오히려 임대수요가 풍부해져서 재임대시 임대가격을 약간 올려 내놓아도 임대가 수월했다).

또한 시세대비 충분히 저렴한 가격에 매입하였기에 잔금대출에 대한 이자를 공제하고도 임대수익이 풍부해서 하락기에도 애써 매도할 필요 없이 시장이 정상화될 때까지 월세를 받으며 기다릴 수 있다. 이렇듯 부동산 하락기나 정체기에는 월세를 받고 있다가 부동산 상승기에 접어들었을 때 내가 원하는 가격에 매도하면 시세차익으로 인한 수익 또한 얻게 되므로 부동산 하락기에 안전 마진을 확보한 사람과 그렇지 못한 사람의 심리적 차이는 엄청나게 크다. 강남아파트를 5억 원에 매입한 사람과 8억 원에 매입한 사람의 심리적인 차이처럼 원가가 저렴하면 그만큼 여유가 생기는 것이다.

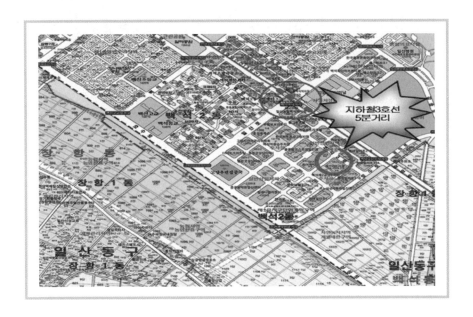

이 오피스텔은 지하철 3호선에서 도보로 겨우 5분 거리에 위치해있을 뿐 아니라 외곽순환도로와 바로 인접해있기 때문에 중개업소 사장님 조언처럼 공실에 대한 염려는 하지 않아도 될 것 같았다. 현장에 가보니 주차공간도 1.5대로 항상 여유가 있는데다, 37평형이 제일 작은 평수여서 오피스텔 거주자들의 수준도 괜찮아 보였다(소형 오피스텔은 이른바 깍두기 아저씨들이나 밤업소 아가씨들이 거주하는 경우가 빈번하여 쓰레기를 무단 투척하는 사소한 문제부터 이런저런 잦은 문제가 벌어지는

등 골치 아픈 일이 한 두 가지가 아닌데, 이처럼 30평대 이상의 아파트나 오피스텔에 거주하는 사람들은 그렇지 않기에 이러한 문제가 생길 염려는 하지 않아도 된다).

혹시나 하여 금융위기가 시작되기 전 이 지역의 오피스텔 낙찰가격을 살펴보았다.

☐	08-9045 오피스텔	2	경기도 고양시 일산동구 백석동 1329, 밀레니엄리젠시 11층 1100호 [백석동 밀레니엄리젠시 1100호 45.24평]	400,000,000 320,000,000 🔨352,300,000	낙찰 (80%) (88%)	2008-09-10 (10:00)
☐	08-7270 오피스텔	3	경기도 고양시 일산동구 백석동 1309, 백석우림보보카운티 4층 410호 [백석동 백석우림보보카운티 410호 10.36평]	92,000,000 73,600,000 🔨81,460,000	낙찰 (80%) (89%)	2008-08-19 (10:00)
☐	08-8709 오피스텔	8	경기도 고양시 일산동구 백석동 1321 외 1필지, 백석역동문굿모닝힐2 203동 8층 806호 [백석동 백석역동문굿모닝힐2 203동 806호 8.87평]	80,000,000 80,000,000 🔨83,567,000	낙찰 (100%) (104%)	2008-07-24 (10:00)
☐	07-0990 오피스텔	7	경기도 고양시 일산동구 백석동 1316 외 1필지, 현대밀라트 비동 14층 140호 [백석동 현대밀라트 비동 140호 31.26평]	300,000,000 240,000,000 🔨240,239,900	낙찰 (80%) (80%)	2008-07-23 (10:00)
☐	08-016 오피스텔	2	경기도 고양시 일산동구 백석동 1331, 영림브레아오피스텔 9층 910호 [백석동 영림브레아오피스텔 910호 10.12평]	75,000,000 75,000,000 🔨77,000,000	낙찰 (100%) (103%)	2008-06-12 (10:00)
☐	08-2209 오피스텔	8	경기도 고양시 일산동구 백석동 1302, 백석역동문굿모닝힐1 100동 7층 728호 [백석동 백석역동문굿모닝힐1 100호 728호 11.11평]	72,000,000 72,000,000 🔨80,590,000	낙찰 (100%) (112%)	2008-05-29 (10:00)
☐	07-20940 오피스텔	3	경기도 고양시 일산동구 백석동 1241-2, 백석위브센티움 5층 50호 [백석동 백석위브센티움 50호 14.32평]	120,000,000 96,000,000 🔨98,080,000	낙찰 (80%) (82%)	2008-05-13 (10:00)
☐	07-20905 오피스텔	3	경기도 고양시 일산동구 백석동 1330, 브라운스톤일산 103-2층 20호 [백석동 브라운스톤일산 20호 14.55평]	110,000,000 88,000,000 🔨112,500,000	낙찰 (80%) (102%)	2008-05-13 (10:00)
☐	07-20920 오피스텔		경기도 고양시 일산동구 백석동 1321 외 1필지, 백석역동문굿모닝힐2 20동 8층 821호 [백석동 백석역동문굿모닝힐2 20동 821호 8.16평]	75,000,000 75,000,000 🔨75,770,000	낙찰 (100%) (101%)	2008-05-06 (10:00)
☐	07-20031 오피스텔	8	경기도 고양시 일산동구 백석동 1317 외 2필지, 현대밀라트 씨동 5층 50호 [백석동 현대밀라트 씨동 50호 45.28평]	550,000,000 440,000,000 🔨511,600,000	낙찰 (80%) (93%)	2008-04-29 (10:00)

한 눈에 보더라도 본래 인기가 매우 높은 지역임을 감 잡을 수 있었다. 결론적으로 이런 깨끗한 물건이 유찰을 거듭함에도 다른 경쟁자들이 이 물건에 관심을 갖지 않는 이유는 단지 하락에 대한 공포감 때문이었다.

그래도 입찰가격결정은 늘 고민이 되는 부분

얼마를 적어낼 것인지 고민에 빠졌다. 경쟁자가 없을 것이라 판단했기 때문에 무리하게 써넣지 않기로 했다. 고민 끝에 최저가에서 800만 원 정도를 올려 입찰했다. 떨어지더라도 다른 물건을 매입하면 될 것이라 생각했다. 꼭 낙찰 받겠다고 조급해하며 집착할 필요 없다. 내가 꼭 탐을 내는 물건은 아쉽게 떨어지고 마음을 비우고 입찰한 물건은 손쉽게 낙찰되는 경향이 있다. 그래서 투자를 잘 하는 사람은 마음이 여유로운 사람이라 하는가보다.

▮ 상세입찰결과

물건관리번호	2000-10○○-001		
재산구분	압류재산(캠코)	담당부점	조세정리부
물건명	경기 고양시 일산동구 ○○동 1○○외 3필지 ○○○○○○오피스텔 제3층 제3○호		
공고번호	20○○-00400-00	회차 / 차수	049 / 001
처분방식	매각	입찰방식/경쟁방식	최고가방식 / 일반경쟁
입찰기간	2008-12-08 10:00 ~ 2008-12-10 17:00	총액/단가	총액
개찰시작일시	2008-12-11 11:07	집행완료일시	2008-12-11 11:32
입찰자수	유효 1명 / 무효 0명(인터넷)		
입찰금액	170,110,000원		
개찰결과	낙찰	낙찰금액	170,110,000원
감정가 (최초 최저입찰가)	270,000,000원	최저입찰가	162,000,000원
낙찰가율 (감정가 대비)	63%	낙찰가율 (최저입찰가 대비)	105.01%

▮ 대금납부 및 배분기일 정보

대금납부기한	2009-02-09	납부여부	납부
납부최고기한	2009-02-20	배분기일	2009-03-13

다음 날 약간의 기대를 품고 낙찰결과를 열람했더니 역시 예상했던 대로 가볍게 단독입찰로 낙찰을 받았다(현재 전세가격이 1억 7천만 원이다).

채무자에 대한 명도

이 오피스텔엔 소유자가 거주하고 있었다. 건설업을 했었는데 시장이 불안하여 위기에 몰렸다고 했다. 하긴 경기가 안 좋아지면 건설업과 제조업부터 타격을 받는다는 것을 뉴스를 보면 알 수 있다. 사실 공매부동산에서 채무자가 점유하고 있는 물건을 명도 할 때 필자도 긴장의 끈을 놓지 않는다. 왜냐하면 채무자는 신용과 재산이 불안한 상태여서 막무가내로 나오는 경우도 있기 때문이다. 그러므로 공매부동산에 점유하고 있는 소유자에겐 적절한 압박과 당근을 동시에 쥐어줘야 한다. 명도를 잘 하는 사람은 법적수순을 능숙하게 진행하는 사람이 아니다. 점유자와 원만하게 합의를 잘 이끌어내는 사람이 명도의 고수라 할 수 있다. 그래서 공매부동산에서 어떤 점유자를 만나느냐에 따라 쉽게 풀리기도 하고 그렇지 않기도 하지만 필자가 볼 때 가장 중요한 것은 어떻게 상대방과 매듭을 풀 것인지에 대한 낙찰자의 전략이라고 생각한다.

차를 몰고 현장으로 가서 다시 한 번 주변을 돌아본 후 오피스텔로 향했다.

초인종을 눌렀는데 안에서 중년의 남자목소리가 들렸다.

"누구세요?"

"안녕하세요. 송사무장이라고 합니다. 공매사건 때문에 찾아 왔습니다."

"그래도 집으로 곧바로 찾아오시면 안 되죠."

"죄송합니다. 전화로 연락을 드리고 싶었지만 사장님 연락처를 알 길이 없어 어쩔 수 없이 방문했네요. 오늘은 연락처만 남기고 돌아가겠습니다."

채무자가 점유하고 있는 집을 방문할 때마다 느끼는 것이지만 집이 낙찰된 후에 그들의 신경이 무척 날카로워져 있다. 그러므로 가급적이면 집 내부에서 만나는 것을 피하는 것이 좋다(자녀를 두고 있는 가장이 가족들에게 안 좋은 모습을 보이고 싶지 않은 것은 당연지사!). 필자 역시 명도 경험이 일천할 때는 점유자가 행여 내부를 부수거나 훼손하지 않을까 염려되어 몰래 사진을 찍었던 기억이 있다. 하지만 지금 돌이켜 생각해보면 그런 행동은 명도의 과정을 제대로 이해하지 못한 부족한 행동이었다. 사실 그런 것보다도 더 중요한 것은 빠른 시간 내에 채무자와 합의점을 찾아내는 것이다.

며칠 후 그를 만나기로 했다. 이번에는 그를 배려하여 밖에서 만나자고 제안하였으나 자녀들이 학교에 갔으므로 집으로 오라고 했다.

"잔금 납부하셨나요?"

"(머뭇거리며…)아직 못했습니다. 지금 대출을 알아보는 중입니다."

공매는 잔금기일이 60일 정도로 여유가 있기 때문에 서둘러 납부하지 않고 명도와 함께 천천히 진행하려고 했는데 잔금납부 여부를 언급하니 당황스러웠다.

"잔금을 내시고 저와 대화하셔야 되는 것 아닌가요?"

"사장님. 제가 잔금납부를 빨리 한다고 해도 곧바로 이사하실 상황이 안 되잖아요? 저는 일부러 사장님을 만나 뵙고 여유를 드리기 위해서 천천히 잔금납부를 준비하는 것입니다."(간혹 잔금납부를 하고 오라는 점유자가 있는데 이런 식으로 대처하면 좋다.)

"음… 그렇군요. 그런데 지금도 계속해서 채권자들이 집으로 찾아오니깐 빨리 납부해주셨으면 좋겠네요."

"은행에서 적절한 융자를 알아보는 대로 납부할 것입니다. 그런데 사장님 이사할 곳은 알아보고 계신가요?"

"가긴 가야죠. 하지만 여유가 없어서…."

"제가 지금껏 공매사건을 해결하며 법적으로 처리한 적은 단 한 번도 없었습니다. 대화로 충분히 가능한데 굳이 법으로 진행하지 않아도 되더군요."

"네."

"차라리 법적수순을 밟는 비용을 점유자 분께 드리는 것이 훨씬 낫더라고요. 그래서 저와 합의서를 작성하시면 명도소송에 들어가는 비용과 기타 법무비용을 차라리 사장님께 드리겠습니다. 괜찮으신가요?"

"네…."

"그러면 함께 투자하신 분과 상의하여 이사비를 정할 터이니 사장님도 지금부터 천천히 이사할 곳을 알아보시죠."

잔금납부를 하지 않고 명도를 진행하려 했는데 빚쟁이들이 독촉을 한다니 어쩔 수 없는 노릇이다. 상대방과 대화를 하면서 그가 약속을 지킬 수 있는 사람인지 가늠해봤다. 사실 사람이 약속을 지키지 않는 경우보다는 돈이 약속을 지키지 않는 경우가 대부분이다. 이미 궁지에 몰린 채무자의 말을 다 신뢰하지는 않지만 그를 믿어보기로 했다(여기서 주의할 점은 낙찰자는 너무 친절을 베풀지 않고 여의치 않을 경우 강하게 진행된다는 것을 간접적으로 표현해 주어야 한다는 것이다. 또한 점유자에게 제시하는 이사비를 너무 작은 금액으로 말한다면 그가 '모르쇠'로 변심할 수도 있다. 그렇기에 그에게도 당근을 놓고 고민할만한 금액을 제시하는 것이 좋다).

필자의 경험상 대부분 채무자들이 이사 갈 곳을 찾지 못해 당분간 월세를 지불하면서 해당 부동산에 더 머물기를 원하는데 그런 요구에 섣부르게 'yes'라고 대답하면 안 된다. 앞에서도 말했듯 채무자가 약속을 지키고 싶어도 돈 때문에 얼굴을 붉힐 수 있는 상황이 빈번히 발생하기 때문이다. 다시 한 번 말하지만, 사람이 약속을 지키지 않는 것이 아니라 돈이 약속을 지키지 않는 것이다.

점유자에게 진심을 보여라

이 사건엔 '점유이전금지가처분'도 접수하지 않았고 명도소장도 접수하지 않았다. 단지 내용증명만 발송했을 뿐이다. 그런데 나와 합의서를 작성하고 2월에 이사하기로 한 채무자는 차일피일 이사날짜를 미루기만 했다. 불안한 마음이 엄습하기도 했으나 점유자가 약속을 지키지 않는 상황은 항상 염두에 두기 때문에 다그치지는 않았다. 이런 상황도 결국 그가 돈이 부족하여 발생된 것이라고 생각했다. 어차피 그는 더 이상 물러날 곳도 없다. 이럴 때 법적인 용어를 섞어가며 자존심을 건드리면 오히려 대화가 단절되는 상황이 발생될 수도 있다(초보들이 실수하는 부분이다. 낙찰을 받고 상대방을 너무 다그치면 그들과 대립관계로 돌변할 수 있다). 말 한 마디의 효과는 실로 엄청난 것이다. 실전을 겪어야만 알 수 있는 '완급조절'이란 단어를 어떻게 말로 설명하기는 힘들지만 명도 할 때는 항상 이를 염두에 두어야 한다.

"사장님 잔금납부도 완료되고 저와 합의한 날짜는 2주가 지났습니다."
"죄송합니다. 송사무장님. 제가 지방에 있어서요."
"시간이 더 지체되면 제가 약속드린 이사비도 못 드립니다. 그런데 왜 힘든 길을 선택하려 하십니까. 제가 법적수순을 밟지 못해서 사장님께 전화 드리는 것이 아니란 것은 아시죠. 빨리 올라오셔서 작은 방이라도 계약을 하시고 계약서를 팩스로 보내주시면 제가 약속했던 이사비는 깎지 않고 그대로 드리겠습니다."

"알겠습니다. 그래도 저를 믿어주셔서 감사합니다."

이사 날이 되어 약속했던 금액보다 더 얹어 그의 손에 쥐어 주었다. 그는 열쇠를 건네주고 내부시설에 관해 하나하나 챙겨주고 고맙다는 말을 남기고 떠나갔다. 필자가 사람을 대할 때는 감이라는 것이 있다. 그런데 이 사람은 약속을 지킬 것이라 생각했고 그래서 강한 모습도 보여줬지만 무엇보다 내 진심을 최대한 보여주려고 노력했다. 그런 모습에 그도 경제적인 부분은 버겁지만 약속을 지키려고 노력했고 그 결과 원만하게 마무리되었다.

그가 떠나간 뒤에도 한동안 빚 독촉 서류가 우편함으로 배달되었다. 꽂혀진 우편물들을 보니 맘이 그리 좋지만은 않았다.

여하튼 필자가 이 사례를 통해 전달하고 싶은 핵심메시지는 이것이다. 물건의 법적 난이도에만 집착하지 말고 타이밍도 염두에 두자는 것이다. 아무도 거들떠보지 않았을 때 진정한 기회가 있는 것이다.

최적의 **매도 시점**은 대체 **언제**인가?

필자가 처음 투자를 했을 때 단기투자도 많았지만 어느 정도의 자산을 형성하고부터는 중장기 투자를 지향하고 있다. 물론 처음 투자를 했던 시절에는 보다 더 큰 투자금을 만들기 위해 단기투자를 선호하였다. 허나 그동안 투자결과를 정리하여 보면 단기투자를 여러 번 반복했던 것보다 중장기 투자 한 번으로 더 큰 수익을 얻은 경우가 많았다.

그런데 이렇게 중장기 투자 시 매입단가보다 더 중요한 것이 바로 적절한 매도타이밍을 결정하는 것이다. 투자를 할 때 처음에는 얼마나 싼 가격에 매입하느냐 에만 초점을 두지만 투자를 거듭할수록 얼마나 적절한 타이밍에 팔 수 있는가도 중요하다는 것을 깨닫게 된다.

그렇다면 적절한 매도시점을 어떤 기준으로 결정해야 하는 것일까? 그동안 지인들과 회원들로부터 '보유부동산을 언제 파는 것이 좋을까요?'라는 질문을 계속해서 받는 것을 보면 대부분 사람들도 궁금해 하는 부분이고, 이 글을 읽는 독자들도 역시 마찬가지일 것이라 생각한다. 사실 부동산전문가일지라도 하나의 물건을 놓고 그 부동산의 미래를 정확하게 예측하여 결론내리는 것이 무척 힘들다. 왜냐하면 시세에 관한 변수, 정부정책, 금융 등 외부환경에 워낙 민감하게 반응하므로 정확한 판단을 하기가 무척 힘들기 때문이다. 그래서 모든 사람이 마지막 결정하기 전까지 맘속으로 갈팡질팡 할 것이다.

이런 상황에서 필자는 '다른 시각'으로 접근하여 매도에 관하여 '쿨~'한 결정을 한다. 이 다른 시각이란 바로 현재 보유하고 있는 부동산 가격의 최고점을 기준으로 매도시점을 정하는 것이 아니라 새로 매입할 부동산에서 얻을 수 있는 수익을 감안하여 매도타이밍을 결정하는 것이다. 즉, 내가 아파트 한 채를 놓고 최고점에 맞추는 것은 어렵지만 만약 이 한 채를 팔고 다른 물건을 더 싸게 매입할 수 있다면 '쿨~'한 결정을 할 수 있다는 것이다.

예를 들어 필자는 보유물건이 매입 전 예상했던 수익의 80~90%수준이면 장고 없이 매도를 결정한다. 하지만 대부분 사람들은 추가로 얻을 수 있을지도 모르는 10~20%의 수익이 아까워 고민을 많이 하게 된다. 그렇다고 필자가 보유부동산의 매도가격을 무조건 10~20% 낮게 판다는 것이 아니라 오를지, 보합세일지, 내릴지 알 수 없는 물건에 미련을 갖지 않는다는 것이다. 이렇게 과감한 결정을 할 수 있는 것은 기존부동산을 현금화하여 다시 시세보다 60~70% 낮은 수준으로 다른 부동산을 매입한다면 더 확실한 수익을 보장 받을 수 있기 때문이다.

즉, 더 나은 수익을 위해 현재 불확실한 추가 수익을 포기한다는 것이다. 더군다나 현재 가진 것이 득이 될지, 실이 될지 모르는 아리송한 물건이거나 갈아타기를 준비 중이라면 더욱 그러하다.

그런데 신기하게도 이런 투자습관을 들이면 매우 안정적인 수익을 거둘 수 있다는 것이 확인되었다. 과거를 돌이켜보면 분양권, 재개발, 재건축 등 그 당시 높은 수익을 안겨줘서 많은 이들의 관심을 끄는 테마부동산이 늘 존재했다. 그런데 이런 테마부동산으로 수익을 올렸던 이도 있었지만 반대로 고점에 물려서 평생 안고 사는 이도 있었다. 그들 대부분이 추가수익 10%를 놓치는 것이 염려되어 '조금만 더~ 조금만 더~'하다가 브레이크 없는 내리막길로 치닫게 되었기 때문이다. 투자 격언 중에 '무릎에서 사서 어깨에서 팔라'는 말도 있다. 그 진정한 의미를 깨닫기 힘들겠지만, 매도를 할 때 이 한 가지 격언만 생각하면 현재 보유한 부동산뿐 아니라 새로 매입할 부동산까지 두 채를 놓고 생각하면 이 훌륭한 격언을 지키며 투자할 수 있을 것이다.

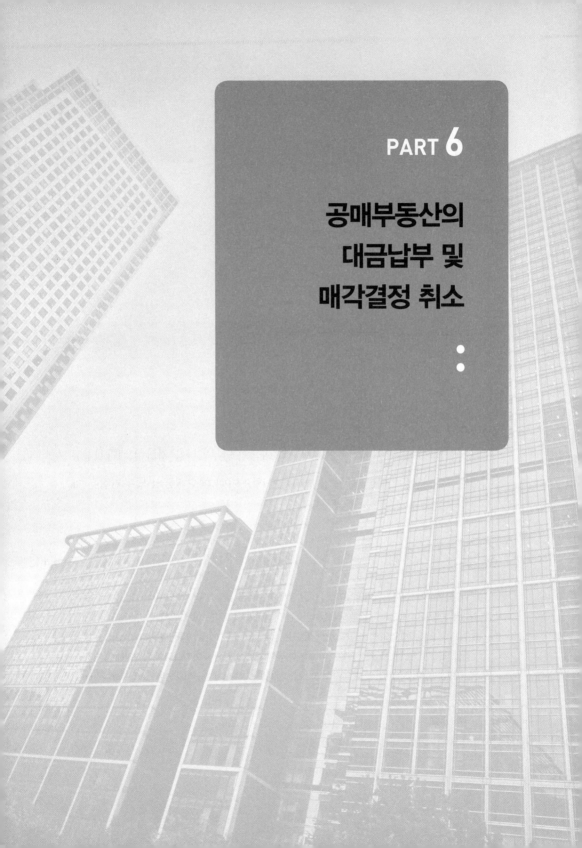

PART **6**

공매부동산의
대금납부 및
매각결정 취소

:

매수대금의 납부

(1) 대금납부기한

매각결정을 한 때에는 매수인에게 매수대금의 납부기한을 정하여 매각결정통지서를 교부해야 한다(국세징수법 제75조 제4항). 이때 매수대금의 납부기한은 매

Tip 납부기한 내에 잔금을 치르지 못한 경우

매수인이 납부기한까지 잔금을 치르지 못한 경우 매수대금 납부최고서에 의해 최고일로부터 10일내로 지정하여 최고해야 한다(국세징수법 제76조). 또한 최고일은 최초납부기한의 익일을 기준으로 하며 납부최고일이 법정공휴일인 경우에는 공휴일이 아닌 익일까지 한다(민법 제161조, 민사소송법 제157조 제2항) 즉, 최초납부기한 30일에서 추가로 10일이 주어지므로 추가기간에 납부를 하면 되고 납부기한을 넘기더라도 연체료는 없다.(가끔 법무사에서 '지연이자'명목으로 청구하기도 하므로 주의!!)

각결정일로부터 30일을 한도로 정해진다. 단, 낙찰금액이 3천만 원 미만인 경우엔 7일 이내로 납부해야 하므로 주의해야 한다.

(2) 매수대금납부의 효과

낙찰자가 잔금납부를 한 경우엔 매각재산을 취득하고, 공매위임기관은 체납자에게 체납액을 징수한 것으로 본다.

 낙찰자의 대금납부의 효과(국세징수법 제77조)

① 매수인은 매수대금을 납부한 때에 매각재산을 취득한다.
② 세무서장이 매수대금을 수령한 때에는 그 한도 안에서 체납자로부터 체납액을 징수한 것으로 본다.

매각결정의 취소

국세징수법상 매각결정취소는 여러 가지로 나눌 수 있는데 ①매각물건에 관해 매각결정이 확정되기 전에 체납자가 공매의 원인이 된 조세와 체납처분비를 납부한 경우, ②매각결정 후 잔금을 납부하기 전까지 체납자가 낙찰자의 동의를 얻어 체납액과 체납처분비를 납부하고 매각결정의 취소를 구하는 경우, ③낙찰자가 잔금납부를 이행하지 못한 경우에 모두 매각결정이 취소된다. ①②의 경우 입찰보증금은 다시 낙찰자에게 반환되고, ③의 경우 입찰보증금은 몰수가 되고 몰수된 보증금은 배분금액에 포함된다.

또한 ④낙찰 후 압류재산이 훼손(화재, 파손, 누수 등)되었거나 권리관계의 변동이 발생된 경우(예를 들면 '유치권신고'가 낙찰 후 접수된 경우)에 낙찰자는 매각결정의 취소를 구할 수 있다. ⑤낙찰 후 체납자가 이에 불복하거나 다른 채권자에 의해 처분제한 행위가 발생되는 경우, 기타 법률규정에 의해 체납처분이 정지된 경우 낙찰자는 매각대금을 완납하기 전에 취소를 구할 수 있고, ④⑤의 경우에도 낙찰자는 보증금을 반환받을 수 있다. ⑥체납자의 재산 여러 개가 매각되고, 그 일부의 매각으로 체납액이 충당된 경우에도 공매절차는 중지된다(국세징수법 제71조).

매각결정의 취소(국세징수법 제78조)

① 세무서장은 다음 각 호의 1에 해당하는 경우에는 압류재산의 매각결정을 취소하고 그 뜻을 매수인에게 통지하여야 한다.
1. 제75조의 규정에 의한 매각결정을 한 후 매수인이 매수대금을 납부하기 전에 체납자가 매수인의 동의를 얻어 압류와 관련된 체납액 및 체납처분비를 납부하고 매각결정의 취소를 신청하는 경우
2. 제76조의 규정에 의하여 최고하여도 매수인이 매수대금을 지정된 기한까지 납부하지 아니하는 경우
② 제1항 제1호의 규정에 의하여 압류재산의 매각결정을 취소하는 경우에 계약보증금은 매수인에게 반환하고, 제1항 제2호의 규정에 의하여 압류재산의 매각결정을 취소하는 경우에 계약보증금은 체납처분비, 압류와 관계되는 국세·가산금 순으로 충당하고 잔액은 체납자에게 지급한다.〈개정 2010.1.1.〉

공매의 중지(국세징수법 제71조)

① 공매를 집행하는 공무원은 매각결정통지 전에 체납자 또는 제3자가 그 국세·가산금과 체납처분비를 완납한 때에는 공매를 중지하여야 한다. 이 경우에는 매수하고자 하는 자들에게 구술 또는 기타의 방법으로 알림으로써 제69조의 규정에 의한 공고에 갈음한다(공매매각 전에 체납액 및 체납처분비용을 완납한 경우).
② 여러 재산을 일괄하여 공매에 붙이는 경우에 그 일부의 공매대금으로 체납액의 전액에 충당될 때에는 잔여재산의 공매는 중지하여야 한다(과잉매각 금지).

매각결정 후 매각결정취소를 하려면 낙찰자의 동의가 반드시 필요할까?

자산관리공사의 압류재산에 관한 업무편람과 2012.1.1. 개정된 국세징수법을 확인해보면 매각결정이 확정된 후 즉, 낙찰자가 매각결정통지서를 수령한 후에는 반드시 매수인의 동의를 거쳐 매각결정 취소를 신청해야 된다고 규정되어 있다. 하지만 대법원판례에서는 매수인의 동의 없이 체납자가 체납세금을 완납한 경우 매각결정취소가 가능하다고 판시하였다. 즉, 공매의 원인이 되는 압류금액을 변제하면 공매를 취소해야 된다는 것이다. 서울행정법원 2004구합18078 매각결정취소의 입장과는 반대취지의 판결이므로, 본인에게 유리한 입장을 택하여 활용하면 될 것이다.

1. 매수인의 동의가 없어도 매각결정에 관한 취소가 가능하다는 판례

> 대법원 2001. 11. 27. 선고 2001두6746 판결【매각결정취소】
>
> 【판시사항】
>
> [1] 공매절차가 개시되어 매각결정이 있은 후 매수인이 매수대금을 납부하기 전에 체납자가 체납국세 등을 완납한 경우, 매각결정을 취소하여야 하는지 여부(적극)
>
> 【판결요지】
>
> [1] 국세징수법 제71조 제1항 본문은 공매를 집행하는 공무원은 공매개시 전에 체납자 또는 제3자가 그 국세·가산금과 체납처분비를 완납한 때에는 공매를 중지하여야 한다고 규정하고 있고, 같은 법 제78조 제1항은 세무서장은 최고를 하여도 매수인이 매수대금을 지정된 기한까지 납부하지 아니한 때에는 매각결정을 취소한다고 규정하고 있을 뿐, 공매절차가 개시되어 매각결정이 있은 후 매수인이 매수대금을 납부하기 전에 체납자가 그 국세·가산금과 체납처분비를 완납한 경우를 매각결정 취소의 사유로 명시적으로 규정하고 있지 않지만, 같은 법 제53조 제1항은 세무서장은 다음 각 호의 1에 해당하는 경우에는 그 압류를 해제하여야 한다고 규정하면서 제1호에서 납부, 충당, 공매의 중지, 부과의 취소 기타의 사유로 압류의 필요가 없게 된 때를 규정하여 공매기일 전후를 불구하고 납부를 압류해제 사유의 하나로 들고 있는 점, 같은 법 제77조 제1항은 매수인은 매수대금을 납부한 때에 매각재산을 취득한다고 규정하여 매수대금의 납부까지는 매수인이 매각재산의 소유권을 취득하지 못하는 점, 매수인이 매각재산의 소유권을 취득하기까지는 매각결정을 신뢰한 매수인의 이익보다 체납세액을 완납한 체납자의 소유권을 보호할 필요

성이 더 큰 점 등을 종합하면, 위와 같이 매수인이 매수대금을 납부하기 전에 체납자가 그 국세·가산금과 체납처분비를 완납한 경우에도 매각결정을 취소하여야 한다고 봄이 상당하다.

2. 매수인의 동의가 있어야만 매각결정에 관한 취소가 가능하다는 판례

서울행법 2004.12.23. 2004구합18078 【매각결정취소】

현행 국세징수법에 의하면 공매절차에서 매각결정이 있은 후 체납자가 체납된 국세 등을 완납하여 매각재산의 소유권을 보전하기 위해서는 매수인에게 매각결정을 통지하기 전 단계에서는 매수인의 동의를 얻지 아니하고도 공매절차의 중지를 요구할 수 있지만 매수인에게 매각결정이 통지된 이후(현행 매각결정이 있은 후)의 단계에서는 그 매각결정의 취소를 구하기 위하여는 매수인의 동의를 얻어야 할 것이다.

그 외 체납자에게 적법하게 공매통지를 하지 않은 경우에도 매각결정취소 사유가 된다.

대법원 2008.11.20. 선고 2007두18154 전원합의체 판결 【매각결정취소】

【판시사항】

[1] 체납자 등에 대한 공매통지가 공매의 절차적 요건인지 여부(적극) 및 체납자 등에게 공매통지를 하지 않았거나 적법하지 않은 공매통지를 한 경우 그 공매처분이 위법한지 여부(적극)

【판결요지】

[1] 체납자는 국세징수법 제66조에 의하여 직접이든 간접이든 압류재산을 매수하지 못함에도, 국세징수법이 압류재산을 공매할 때 공고와 별도로 체납자 등에게 공매통지를 하도록 한 이유는, 체납자 등에게 공매절차가 유효한 조세부과처분 및 압류처분에 근거하여 적법하게 이루어지는지 여부를 확인하고 이를 다툴 수 있는 기회를 주

는 한편, 국세징수법이 정한 바에 따라 체납세액을 납부하고 공매절차를 중지 또는 취소시켜 소유권 또는 기타의 권리를 보존할 수 있는 기회를 갖도록 함으로써, 체납자 등이 감수하여야 하는 강제적인 재산권 상실에 대응한 절차적인 적법성을 확보하기 위한 것이다. 따라서 체납자 등에 대한 공매통지는 국가의 강제력에 의하여 진행되는 공매에서 체납자 등의 권리 내지 재산상의 이익을 보호하기 위하여 법률로 규정한 절차적 요건이라고 보아야 하며, 공매처분을 하면서 체납자 등에게 공매통지를 하지 않았거나 공매통지를 하였더라도 그것이 적법하지 아니한 경우에는 절차상의 흠이 있어 그 공매처분은 위법하다. 다만, 공매통지의 목적이나 취지 등에 비추어 보면, 체납자 등은 자신에 대한 공매통지의 하자만을 공매처분의 위법사유로 주장할 수 있을 뿐 다른 권리자에 대한 공매통지의 하자를 들어 공매처분의 위법사유로 주장하는 것은 허용되지 않는다.

재공매

공매재산을 공매에 붙여도 입찰자가 없거나 그 가격이 매각예정가격 미만인 경우, 공매재산이 낙찰되었을지라도 낙찰자가 잔금납부를 하지 못하여 그 매각결정이 취소된 경우 낙찰당시의 매각예정가격으로 다시 공매가 진행된다.

재공매(국세징수법 제74조)

① 재산을 공매에 붙여도 매수희망자가 없거나 그 가격이 매각예정가격 미만인 때에는 재공매에 붙인다.
② 공매재산에 대하여 그 매수인이 매수대금의 납부기한까지 대금을 납부하지 아니한 때에는 그 매매를 해약하고 재공매에 붙인다.(이 경우 보증금은 몰수된다.)
③ 제63조부터 제73조까지의 규정은 재공매의 경우에 이를 준용한다.〈개정 2007.12.31〉
④ 압류재산에 대하여 공매를 하여도 유찰되거나 응찰자가 없는 때에는 매각예정가격의 100분의 50에 해당하는 금액을 한도로 하여 다음 회부터 공매를 할 때마다 매각예정

가격의 100분의 10에 해당하는 금액을 체감하여 공매하며, 매각예정가액의 100분의 50에 해당하는 금액까지 체감하여 공매하여도 매각되지 아니하는 때에는 제63조의 규정에 의하여 새로이 매각예정가액을 정하여 재공매할 수 있다. 다만, 제73조제6항에 규정하는 경우에는 그러하지 아니하다.〈개정 1999.12.28〉

⑤ 제1항 또는 제2항의 규정에 의하여 재공매를 하는 때에는 제70조에 규정하는 공매공고기간을 5일까지 단축할 수 있다.

공매 감정가를
무조건 신뢰하지 마라

물건선정부터 수익을 올리기까지 과정

공매에서는 물건검색부터 수익을 내기까지 크게 6단계로 나누어 볼 수 있다. 물론 어느 단계 하나도 소홀해서는 안 되겠지만 필자는 6단계 중에서도 현장조사가 제일 중요하다고 생각한다. 왜냐하면 이 단계를 너무 가벼이 여겨 고생을 하는 투자자도 보았고 반대로 꼼꼼하고 치밀한 현장조사로 수익을 올렸던 사례도 많이 경험했기 때문이다.

공매는 큰돈이 오가는 게임이다. 현장조사에 소홀하여 금전적인 손해를 보는 실수를 범하지 않도록 항상 긴장을 놓지 말아야 할 것이다.

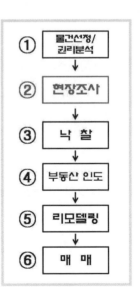

① 물건선정/권리분석
② 현장조사
③ 낙찰
④ 부동산 인도
⑤ 리모델링
⑥ 매매

감정평가사가 경·공매 진행을 위한 감정평가를 할 때에는 채권자의 수월한 채권회수를 위해 해당 부동산을 시세보다 높게 평가하는 것이 관례다. 예를 들면 현재 상가가격이 하락되었어도 분양가를 기준으로 대출을 실행했던 채권자가 있기에 분양가격 아니면 지금까지 가장 높이 거래되었던 최고가격으로 평가하는 경우가 많다. 반대로 은행에서 부동산담보대출을 실행하기 위해 감정평가를 할 때는 시세보다 보수적으로 감정하여 담보가치를 낮게 평가하는 것이 보통이다. 어쨌든 감정평가기관에서는 채권을 회수하는 절차(경·공매) 시 감정평가를 할 때가 돈을 대여(은행대출)할 때 하는 감정가격보다 높게 평가된다. 따라서 경·공매 물건검색을 할 때 단순히 감정가에서 할인된 가격에 낙찰 받았다고 해서 수익을 얻을 수 있는 것이 아니다(초보의 경우 감정가의 몇%에서 낙찰 받았느냐를 중요하게 여기겠지만 10억 원 감정된 부동산을 5억 원대(감정가의 50%)에 낙찰 받고 손해 보는 경우도 있다).

따라서 낙찰자는 공매절차의 감정가격을 너무 신뢰해서는 절대 안 된다. 공매진행물건이 대단지 아파트의 경우 인터넷으로도 쉽게 시세확인이 가능하므로 감정가격의 오차가 크지 않지만 그 외에 시세를 파악하기 힘든 빌라, 오피스텔, 빌딩, 상가, 모텔, 나홀로 아파트, 근린시설의 경우에는 감정평가금액과 실제 시세와의 오차범위가 큰 경우도 종종 있다.

따라서 이러한 물건에 입찰하려는 입찰자는 현장조사를 통해 시세를 더욱 철저하게 파악하는 것만이 실수를 줄일 수 있는 것이다.

그런데 반대로 경·공매 감정이 되었더라도 어떤 경우엔 시세보다 저렴하게 평가되는 경우도 있다. 대표적인 예가 본격적으로 부동산이 상승장에 접어들기 전에 감정이 되어 시세상승분을 미처 평가하지 못하였거나 재개발이 지정되거나 호재가 반영되기 전에 감정평가가 된 경우다. 또한 나홀로 아파트, 상가, 근린시설 등의 경우 감정평가사가 어떤 시각으로 감정을 했느냐에 따라 감정평가액의 차이가 상당한 경우도 있다(이런 경우 투자자에게 좋은 기회가 되곤 한다. 실제 다음의 사례는 감정평가가 잘못되어 필자에게 수익을 안겨준 사례에 속한다).

다른 이의 실수(?)가 기회가 되기도 한다

가끔은 혼자 달콤한 상상에 빠져들곤 한다. 아무도 모르는 것을 혼자만 알고 있다면 얼마나 기분이 좋을까 하고…. 그런데 투자를 하다보면 가끔은 이런 달콤한 상상이 눈앞에 현실로 펼쳐지기도 한다.

아래 자료는 경매자료와 공매자료를 함께 캡처한 것이다.

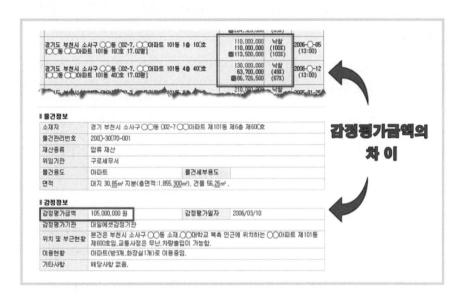

위에 기재된 경매 2건과 공매 1건 총 3개의 아파트는 동일한 아파트의 같은 평수에 속한다. 그럼에도 감정가격은 차이가 나는 것을 확인할 수 있다.

위의 자료를 보기 좋게 표로 만들어보았다.

아파트의 감정평가금액을 보면 최고가와 최저가의 차가 무려 2,500만 원이나 된다. 3건의 아파트는 모두 2006년도에 감정평가가 이뤄졌고 같은 해에 낙찰도 이뤄졌다. 더구나 공매로 진행된 아파트의 층과 향이 더 좋았음에도 불구하고 제일 저렴하게 평가가 된 것이다.

603호 (공매감정가 1억5백만원)	606호	A
503호	506호	P
403호	406호 (경매감정가 1억3천만원)	T
303호	306호	
203호	206호	
103호 (경매감정가 1억1천만원)	106호	

대형아파트에서는 2,500만 원의 감정가격 차가 별 것 아닐 수 있지만 소형아파트에서 이 정도의 가격차는 매우 큰 편이다. 더군다나 경매로 진행되었던 1층은 저층임에도 불구하고 감정가 1억 1천만 원보다 더 높은 113,500,000원에 낙찰되었다. 아마도 투자자가 조사해본 결과 이 아파트의 감정가가 실제 시세보다 낮게 평가되었다고 판단했기 때문이 아닐까?

그렇다면 동일한 아파트를 감정평가 하는 것인데 왜 이렇게 감정가에 차이가 나는 것일까?

자산관리공사에 공매의뢰가 접수되면 접수일로부터 2개월 이내에 감정평가를 해야 하고 캠코에서 지정한 감정평가사가 현장에 나가서 공매물건의 감정평가를 한다(현실성 있게 표현하면 감정평가 사무실 직원이 현장에 나가는 경우도 많다). 그런데 이들이 시세확인을 위해 제일 먼저 들르는 곳이 바로 인근 부동산이다. 대단지 아파트의 경우 인터넷만으로도 쉽게 시세를 확인할 수 있으므로 이 과정을 생략할 때도 있지만 상가나 근린시설, 나홀로아파트, 혹은 아직 재개발 소식이 시세에 반영되지 않은 곳이나 거래가 뜸한 지역의 경우 반드시 시세파악이 용이

한 인근부동산을 방문하여 거래가격과 임대가격을 조사하고, 그 가격에 기초하여 감정평가서를 작성하는 것이다.

그런데 만약 시세조사를 위해 들렀던 공인중개사가 경매로 나온 부동산에 대해 폄하하는 답변을 한다면(그나마 요즘은 조금 나아졌지만…) 감정평가사 직원이 보통 거래되는 가격보다 시세를 낮게 평가하는 경우도 발생한다. 사실 경·공매로 처분되는 부동산들은 채무가 많다거나 아니면 대부분 시세대로 매매되지 않아서 강제처분되는 경우가 상당수이므로 공인중개사들이 이를 부정적으로 여기는 것은 당연한 일인지도 모른다. 이와 같은 이유로 근린시설이나 상가건물의 경우 본래 거래되는 시세보다 훨씬 낮게 감정가가 책정되는 경우가 왕왕 있는데 이런 케이스는 오히려 투자자에게 기회가 되기도 한다.

아마 책에 소개되는 이 아파트도 감정평가사가 들른 공인중개업소에서 물건의 가치를 폄하하였기에 감정가가 시세보다 낮게 책정되었을 거라는 생각이 들었다.

현장에 답이 있다!

감정가가 들쭉날쭉한 부동산은 반드시 현장을 꼼꼼하게 체크한 후 최종 결론을 내려야 한다. 이런 작은 습관은 필자가 지금까지 실수하지 않고 투자를 할 수 있었던 원동력이다. 이 아파트 역시 현장조사를 한 후에 비로소 답을 얻을 수 있었다. 현장에 도착하여 아파트를 둘러보고 인접한 부동산을 찾아보았다. 그런데 주변에 중개업소들이 밀집되어 있는 것이 아니라 딸랑 한 곳만 영업 중이었다.

"안녕하세요. 사장님! 공매에 나온 아파트 때문에 들렀습니다."

"아~ 그 아파트요. 그거 매매도 안 되고 시세도 형편없습니다. 저번에 감정평가 나왔을 때도 저희 사무실에 들렀어요(역시!)."

"그러면 임대는 어떤가요?"

"임대가도 무척 낮고 별로에요."

가끔 부동산 사장님도 입찰을 고려하고 있는 경우가 있으므로 혹시 그가 입찰하기 위해 경쟁자에게 아파트를 평가절하 하는 발언을 하는 것이 아닌가하고 의심도 해봤지만 대화를 나눠보니 그것은 아닌듯했다.

"사장님! 어차피 제가 낙찰 받으면 여기에 내놔야 될 텐데 매매로 얼마정도 받아주실 수 있으세요?"

"저는 자신 없습니다. 사람도 별로 없어요. 아마 매매시세는 8,000만 원 정도 보시면 될 거에요. 그리고 바쁘니깐 이제 그만 가보세요."

질문이 계속되자 귀찮다는 말투로 성의 없이 대답을 했다. 초보시절 부동산을 들를 때 푸대접에 기분이 상하는 경우가 있다. 하지만 절대 주눅 들지 마라. 이 상황도 역으로 생각하면 당신에게 기회가 될 수 있는 것이다(이런 이유로 감정가가 낮게 책정이 되고, 동일한 물건을 조사했던 경쟁자들이 떨어져 나갈 것이 아닌가!).

이 아파트단지 주변에는 부동산이 이곳 한 곳뿐이라 도보로 15분 정도 더 떨어진 다른 부동산에 들렀다.

"안녕하세요. 사장님! 공매에 나온 아파트 때문에 들렀습니다."

"네… 안녕하세요(첫 인사부터 무척 밝고 친절하다)."

"혹시 ○○아파트 아세요?"

"알죠. 제가 매매했던 경험도 있습니다."

"아~ 그래요? 그러면 사장님 시세가 얼마나 되나요?"

"1억 3천만 원 정도면 적정할 것 같은데요."

그 사장님의 얘기를 들어보면 역세권을 찾는 손님이 많은데 역세권은 매물도 금방 동이 나고, 시세가 워낙 비싸기 때문에 10분 거리에 있는 이 아파트를 추천하여 매매를 했다고 하는 것이다. 사실 이해할 수 없었다. 1개의 아파트를 두고 부정적인 시선과 긍정적인 시각의 차이가 이렇게 갭이 크다는 것이 말이다. 몇 곳을 더들러 시세를 조사했더니 최초 방문한 중개업소와 약 3,000만 원 이상 차이가 났다(임대시세차도 매우 컸다). 감정평가가 잘못 되었다는 확신이 드는 순간 작은 설렘이 시작됐다.

결국 동일한 아파트의 감정가가 이렇게 큰 차이를 보였던 원인은 감정평가사가 어느 중개업소에 들러 시세조사를 했느냐 때문이었다.

일단 이 물건은 감정자체가 낮게 되었으므로 현 최저가격에서 입찰한다고 해도 수익이 충분할 것이라 판단하고 입찰에 참가했다. 그래도 혹시나 해서 최저가격 8,400만 원에서 250만 원을 더 올렸다.

결과는 단독낙찰이었다(아파트 바로 밑에 위치한 중개업소 사장님께 마음속으로만 감사를 표했다).

물건관리번호	2005-○○70-001		
재산구분	압류재산(캠코)	담당부점	인천지사
물건명	경기 부천시 소사구○○동 ○2-7 ○○아파트 제101동 제6층 제6○호		
공고번호	200600-0〔000-00	회차 / 차수	028 / 001
처분방식	매각	입찰방식/경쟁방식	최고가방식 / 일반경쟁
입찰기간	2006-07-11 10:00 ~ 2006-07-12 17:00	총액/단가	총액
개찰시작일시	-	집행완료일시	2006-07-13 11:15
입찰자수	유효 1명 / 무효 0명(인터넷)		
입찰금액	86,500,000원		
개찰결과	낙찰	낙찰금액	86,500,000원
감정가 (최초 최저입찰가)	105,000,000원	최저입찰가	84,000,000원
낙찰가율 (감정가 대비)	82.38%	낙찰가율 (최저입찰가 대비)	102.98%

■ 대금납부 및 배분기일 정보

대금납부기한	2006-09-11	납부여부	납부
납부최고기한	2006-09-21	배분기일	2006-10-20

이 아파트의 경우 감정평가금액대비 82.38%에 낙찰 받았지만 시세대비로는 66%에 낙찰 받은 것과 같은 것이다. 이렇듯 부동산은 꼭 특수물건이 아니더라도 꾸준한 물건검색 그리고 손품, 발품으로 남들과 차별화된 수익을 올릴 수 있다.

 Tip 힘든 상황에서는 역발상하는 습관을 들이면 좋다!

필자는 이 물건 외에도 그 지역에 위치한 부동산이 1~2개 정도 밖에 없는데 중개업소 사장이 쌀쌀맞게 대답하거나 또는 너무 보수적으로 시세를 언급할 때가 있었다. 하지만 그때마다 오히려 손쉽게 낙찰을 받을 수 있어서 기회가 되곤 했었다. 똑같은 상황에서도 어떻게 생각하고 접근하느냐에 따라 승패가 갈린다. 또한 경험에 의하면 해당물건에서 부동산사무실이 한 블럭, 두 블럭이 떨어져 있다고 하더라도 능력 있는 공인중개사와 인연이 되면 인접한 부동산과 거래할 때보다 훨씬 좋은 결과가 나왔다. 소비자들도 발품만 파는 것이 아니라 요즘은 인터넷으로 손품도 많이 팔기 때문에 온라인 관리도 잘 하는 사무실에서 좀 더 수월하게 임대 및 매매를 해주곤 했다. 이런 것을 보면 사회생활 어느 곳이든 성적표가 있나보다.

소유자에 대한 명도

공매는 '인도명령'제도가 없기에 소송절차에 익숙하지 않은 투자자들에게는 아마도 명도가 가장 부담이 되는 부분일 것이다.

위 부동산을 낙찰 받고 잔금을 납부하기 전 소유자를 찾아갔다(이 당시 공매는 잔금기일이 60일 이상 주어지기에 웬만하면 잔금납부 전에 명도에 관한 합의를 마치려고 했다). 그런데 초인종을 아무리 눌러도 대답도 없고 어떤 인기척도 느낄 수 없었다. 미리 준비해간 메모지를 문에 붙여두고 돌아왔다(점유자를 한 번에 만날 수 없는 상황은 종종 발생한다. 그러나 어찌 생각해보면 처음부터 얼굴을 보며 어색한 대면을 하는 것보다 먼저 전화통화를 했을 때 더 수월할 수도 있다).

다음날 점유자에게서 전화가 왔고, 그와 인근 전철역 앞에서 만나기로 했다(대부분 점유자들은 가족들에게 약한(?) 모습을 보이고 싶지 않아서 본인의 집에서 만나는 것을 꺼리는 경향이 많다. 그러므로 굳이 현장에서 만나겠다고 고집하지 않아도 된다). 그런데 소유자가 자신의 매형이라고 소개하며 한 사람을 더 데리고 나왔다(그 사람과 몇 마디 나눠보니 그가 매형이 아니라 채무자의 조언자라는 것을 알 수 있었다). 그동안 명도에 관한 대화를 나눌 때 통상 카페에 들어가서 조용하게 얘기하곤 하는데 이번에는 채무자가 호프집에 가자고 제안을 했다. 개인적으로 명도가 완료되기 전에 점유자와 술을 마시는 것을 최대한 자제하지만 소유자가 호프집에서 대화하기를 계속 원해서 어쩔 수 없이 그쪽으로 발길을 돌렸다(한국 사람의 특징 중 하나가 술을 마시면 지연이던 학연이던 어떻게든 상대방과 연관 지을 수 있는 것을 찾아내어 '낙찰자와 점유자'가 아닌 '형과 동생' 사이로 부지불식간에 바뀌는 경우가 종종 있다는 것이다. 술자리를 하며 사람과 사람이 친해진다는 것이 나쁜 것은 아니다. 하지만 경매라는 특수한 환경이기에 술자리를 통해 어중간하게 형 동생이 되어 버리면 그 다음 만남에서 불편한 요구를 하기가 매우 애매해진다. 그러므로 명도를 완료하기 전에 점유자와 친해지려는 생각은 웬만하면 하지 않는 것이 좋다).

호프 세 잔과 통닭 한 마리가 탁자위에 놓여졌다. 역시 내가 우려했던 대로 소유자는 본론에 앞서 계속해서 추가로 500cc 호프를 주문했고, 호프잔이 늘어날수록 그의 신세타령도 더해갔다. 살던 집이 공매로 넘어가 힘들어하던 소유자에게 술자리까지 마련되었으니 오죽했겠는가! 계속 끌려 다녀서는 안 되겠다는 생각이 들어 그가 더 취하기 전에 입을 열었다.

"사장님! 처음에 말씀드렸듯이 10월 ○○일까지 이사를 가셔야 됩니다. 그 이전에 이사하시면 약속한 이사비를 드리겠지만 그 이후에는 제가 편의를 봐 드릴 수 없습니다."

"알았소. 남자가 한 입으로 두 말 하는 것 봤소!"

본래 쌍방이 날인한 합의서를 꼭 챙기지만 이 날은 점유자가 얼큰하게 술에 취하는 바람에 구두로만 명도에 관해 합의를 마치고 더 찐한 술자리가 되기 전에 얼른 술값을 계산하고 자리를 빠져나왔다. 채무자는 동석한 남자와 계속해서 술을 더 마시겠다고 했다.

합의서는 반드시 챙겨야 한다

　필자 역시 사람을 좋아하고 신뢰를 중요하게 생각하며 세상을 산다. 그러나 경·공매에 처음 입문했을 때 순진했던 필자는 점유자와의 약속을 모두 믿었었고 차츰 그 약속을 어기는 사람들을 경험하게 되었다. 그때부터 점유자와의 약속은 어떤 것이든 꼭 문서화 시키는 것을 습관화 했다(문서의 생활화! 필수!!). 특히 공매는 본안소송(명도소송)을 제기하게 되면 상당한 기일이 소요되므로 첫 대면에 점유자와 합의를 마쳤다면 그 약속을 반드시 문서화하는 것이 좋다(그렇지 않으면 협상할 때 질질 끌려 다닐 수도 있다).

　혹시나 했는데 역시나 술을 마신 후로 점유자에게서 연락이 없었다(뭐야??). 할 수 없이 다시 아파트에 방문해보니 소유자는 없고 그의 아내가 나를 기다리고 있었다.

　"그 인간하고 술 드셨다면서요?"

　"네… 사장님께서 그날 10월 ○○일까지 이사하기로 했습니다."

　"사무장님! 술에 절어서 사는 사람 말을 믿는 겁니까?"

　"네???(황당해지는 순간)"

　"저는 이사할 수 없습니다. 그렇게 아세요!"

　"사모님! 현재 그럴 상황이 아니란 것 모르시나요? 감정적으로 대하시면 오히려 더 피해를 볼 수 있습니다."

　소유자의 성향 중 내가 제일 싫어하는 것이 버티기 용어의 남발이다. 명도 시 대부분 남편이 모든 일처리를 하는 경우가 많은데 이 아파트의 경우 부인과 대화를 나눠보니 사업으로 망한 남편은 전혀 주도권이 없었고 그녀가 주도권을 쥐고 있었다(호프, 통닭 값은 이미 공중으로 날아갔다). 그런데 그녀와의 대화에서 남편과는 달리 회생하겠다는 의지가 엿보였고 공매로 집이 넘어갔다는 사실조차 무척 부끄러워 한다는 것을 알 수 있었다(상대방의 성향을 빨리 알아채야 합의점을 만들어갈 수 있다). 그렇다고 점유자의 모든 요구를 수용할 수는 없는 노릇이었다. 이런 경우에 어쩔 수없이 점유자가 제일 싫어하는 부분을 꺼내야한다.

"아니! 제가 왜 피해를 보는데요?"

"낙찰자가 잔금납부를 한 날로부터 사모님은 월세를 내셔야 됩니다. 그런데 지금 무상으로 거주하고 계시잖습니까?"

"그런 법이 어디 있어요?"

"다시 한 번 말씀드립니다. 사장님이 아니라 사모님께 두 가지 소송을 제기할 예정입니다. 하나는 아파트를 비워달라는 소송(명도)이고 다른 하나는 아파트를 인도할 때까지 사모님께서 낙찰자에게 매월 월세를 지급하라는 소송입니다. 이런 소송은 특별한 쟁점이 없어서 빠른 시간에 판결이 나오고 다시 사모님께 소송비용까지 청구될 것입니다. 그런데 사장님은 어쩔 수 없이 신용불량이 되었어도 사모님은 신용불량은 아니잖습니까!"

보통 소유자와 임차인이 제일 두려워하는 부분은 본인이 부담해야 될 금액(월세)이 있다고 말할 때이다. 남편이 아닌 아내에게 직접 소송비용과 월세청구를 한다고 했을 때 움찔하는 것을 느낄 수 있었다. 사람들은 남에게 돈을 달라는 말은 쉽게 하나 자신의 돈을 꺼내기는 싫은 법이다.

결국 그녀와 새로운 조건으로 합의서를 작성했고 남편과 약속한 금액보다 이사비도 조금 더 챙겨주기로 했다(실제 합의가 되기 전까진 상대방을 적절하게 압박하지만 마지막에 항상 이사비는 두둑하게 주고 따뜻하게 마무리를 하는 편이다).

명 도 합 의 서

〈부동산의 표시〉
경기 부천시 소사구 ○○동 ○○2-7 ○○아파트 101동 60○호

낙찰자를 "갑", 점유자를 "을"이라 칭하여 "갑"과 "을"은 상호협의 하에 아래의 사항을 준수하기로 한다.

– 아 래 –

1. (이사날짜 및 점유이전) "을"은 2006.○.○○.에 상기부동산에서 이사하기로 한다. 또한 "을"은 점유를 제3자에게 이전하지 않기로 한다.

2. (명도합의비용 및 지급시기) "갑"은 "을"에게 이사비로 일금 ○○만원을 지급하기로 하고, 이사비 지급시기는 1항의 이사 약정일에 모든 이삿짐이 반출된 것을 확인하고, 시건장치를 인수받는 즉시 지급하기로 한다.

3. (부동산 옵션 및 공과금, 남은 짐에 관한 처리) "을"은 아파트 분양 당시의 모든 옵션을 파손하지 않고 보존해야 하며, 이사할 때도 가져갈 수 없으며 상기부동산에 관련된 모든 공과금은 정산하기로 한다(만약 체납공과금이 있는 경우 "갑"은 그 금액을 공제하고 2항의 금액을 지급하기로 한다). 또한 "을"은 상기부동산에 남은 물건들은 버린 것으로 인정하고, "갑"이 남은 이삿짐을 임의로 폐기물로 취급하여 처리하여도 민·형사상 책임이 없음을 확인한다.

4. (약정일 이후 낙찰자의 법적 지위) "을"은 제1항의 이사 약정일 이후에 어떠한 경우라도 상기부동산이 "갑"에게 인도가 된 것으로 인정하기로 하고, "갑"이 문을 강제로 개문하여 제3항의 행위를 하여도 "을"은 민·형사상 책임을 묻지 않기로 한다.

5. (손해배상금) "을"은 위 약정 중에서 제1항이라도 위반시 "갑"에게 일금 일천만원을 1주일 이내에 지급하기로 한다.

2006년   월   일

점 유 자 :
주민등록번호 :
점 유 지 주 소 :

낙 찰 자 귀하

이렇게 명도까지 무난하게 마무리를 하고 이 아파트를 부동산에 내놓았다. 당연히 내 부동산의 가치를 폄하하는 부동산에는 내놓지 않았다(경쟁자를 떨쳐주었으니 고맙기는 하였지만 부동산의 문제가 해결되었음에도 여전히 이 부동산을 폄하하는 공인중개사에게 시세보다 싸게 넘길 수는 없지 않은가!). 3개월도 안되어 이 아파트는 새로운 임자를 만났다.

공매는 경매처럼 많은 정보를 얻을 수 없으므로 발품을 열심히 팔아야 제대로 된 수익을 올릴 수 있다. 현장에서 남들이 보지 못했던 가치를 발견할 수도 있고 숨어있는 함정도 찾아낼 수 있기 때문이다. 또한 시세 파악이 애매한 물건의 경우 반드시 여러 곳의 공인중개사무실을 둘러봐야 한다. 선순위임차인이나 유치권 등 소위 특수물건이라고 하는 부동산을 조사할 때도 그 답을 현장에서 찾을 수 있는 경우가 많으므로 현장조사를 철저하게 하는 습관을 들여야 한다. 그래야 공매를 통해 실수하지 않고 안정적인 수익을 올릴 수 있을 것이다.

PART **7**

공매부동산의
매각대금 배분

매각대금의 배분

(1) 배분의 의의

배분이란 매수인이 납부한 압류재산의 매각대금에 관하여 관계법령이 정하고 있는 법정순위에 따라 조세채권자 및 다른 채권자들에게 교부하는 것을 말한다. 경매와 달리 공매 배분절차에는 눈에 보이지 않는 함정이 있는 경우가 종종 있으므로 투자자가 배분절차 및 배분순위를 이해해야만 공매의 함정을 피할 수 있다. 가끔 간단한 권리분석만으로 입찰하여, 배분절차를 간과한 경우에 추가로 인수해야 하는 상황이 발생되어 대금미납을 하는 경우도 발생한다.

Tip 공매 업무 시 자산관리공사의 법적지위

압류재산의 공매를 한국자산관리공사가 대행하는 경우에는 "세무서장"은 "한국자산관리공사"
로, "세무공무원"은 "한국자산관리공사의 직원(임원을 포함한다. 이하 같다)"으로, "공매를 집행하는
공무원"은 "공매를 대행하는 한국자산관리공사의 직원"으로, "세무서"는 "한국자산관리공사의
본사·지사 또는 출장소"로 본다.(제61조 5항) 즉, 공공기관에서 체납이 원인으로 자산관리공사에
공매의뢰를 한 경우 자산관리공사가 매각뿐 아니라 배분절차까지 국가기관을 대신하여 집행하는
것이다.

(2) 배분기일의 지정

해당부동산이 낙찰이 되고 자산관리공사에서 매각결정 후 매수인에게 대금납
부기한을 정하여 매각결정통지서를 교부한다. 그리고 낙찰자의 매각대금완납일
로부터 30일 이내(낙찰금액이 3,000만 원 이상인 물건)로 배분기일이 지정된다.

국세징수법 제80조의2(배분기일의 지정)

① 세무서장은 제80조제1항제2호 및 제3호의 금전을 배분하려면 체납자, 제3채무자 또
는 매수인으로부터 해당 금전을 받은 날부터 30일 이내에서 배분기일을 정하여 배분
하여야한다. 다만, 30일 이내에 배분계산서를 작성하기 곤란한 경우에는 배분기일을
30일 이내에서 연기할 수 있다.
② 세무서장은 제1항에 따른 배분기일을 정하였을 때에는 체납자, 채권신고대상채권자
및 배분요구를 한 채권자(이하 "체납자등"이라 한다)에게 통지하여야 한다.
③ 제2항에도 불구하고 체납자등이 외국에 있거나 있는 곳이 분명하지 아니할 때에는 통
지하지 아니할 수 있다.

배분절차가 개정되어 배분기일 7일 전까지 배분계산서가 작성되어 비치가 되므로 임차인의 배분여부가 불투명한 경우 미리 확인할 수 있다.

배분계산서의 작성(국세징수법 제83조)

① 세무서장은 제80조에 따라 금전을 배분할 때에는 배분계산서 원안(原案)을 작성하고, 이를 배분기일 7일 전까지 갖추어 두어야 한다. 〈개정 2011.4.4, 2011.12.31〉
② 체납자등은 세무서장에게 교부청구서, 감정평가서, 채권신고서, 배분요구서, 배분계산서 원안 등 배분금액 산정의 근거가 되는 서류의 열람 또는 복사를 신청할 수 있다. 〈개정 2011.4.4〉
③ 세무서장은 제3항에 따른 열람 또는 복사의 신청을 받았을 때에는 이에 응하여야 한다.

(3) 배분요구철회 및 대위변제

국세징수법상 진행되는 공매절차에서 배분요구제출은 배분요구종기일까지 가능하다. 또한 배분요구에 따라 매수인이 인수하여야 할 부담이 달라지는 경우 배분요구를 한 자는 배분요구의 종기일이 지난 뒤에 이를 철회하지 못한다.

대위변제는 낙찰자가 선순위 근저당권의 존재로 후순위 임차권의 대항력이 소멸하는 것으로 알고 부동산을 매수하였으나 그 이후 선순위 근저당권의 소멸로 인하여 임차권의 대항력이 존속하는 것으로 변경되는 것이다. 만약 그로인해 매각부동산의 부담이 현저히 증가한다면 낙찰자는 매각결정 취소를 구할 수 있다. 또한 선순위 근저당권의 소멸(=대위변제)로 인하여 임차권이 대항력을 취득할 수 있는지 판단기준이 되는 시점은 잔금납부일이다.

(4) 매각대금 배분순위

자산관리공사는 매각대금이 모든 채권자의 채권을 충족할 경우에는 배분순위에 큰 의미가 없지만, 매각대금이 각 채권자의 채권액을 충족하지 못하는 경우라면 국세기본법 제35조와 법 제81조, 민법, 기타 법령, 국세청 예규 등에서 정하고 있는 우선순위에 따라 배분을 실시한다. 배분 후 잉여금이 있는 경우 체납자에게 배분이 된다.

배분방법(국세징수법 제81조)

① 제80조제1항제2호 및 제3호의 금전은 다음 각 호의 체납액과 채권에 배분한다. 다만, 제68조의2제1항 및 제2항에 따라 배분요구의 종기까지 배분요구를 하여야 하는 채권의 경우에는 배분요구를 한 채권에 대하여만 배분한다.
  1. 압류재산에 관계되는 체납액
  2. 교부청구를 받은 체납액·지방세 또는 공과금
  3. 압류재산에 관계되는 전세권·질권 또는 저당권에 의하여 담보된 채권
  4. 「주택임대차보호법」 또는 「상가건물 임대차보호법」에 따라 우선변제권이 있는 임차보증금 반환채권
  5. 「근로기준법」 또는 「근로자퇴직급여 보장법」에 따라 우선변제권이 있는 임금, 퇴직금, 재해보상금 및 그 밖에 근로관계로 인한 채권
  6. 압류재산에 관계되는 가압류채권
  7. 집행력 있는 정본에 의한 채권
② 제80조제1항제1호 및 제4호의 금전은 각각 그 압류 또는 교부청구에 관계되는 체납액에 충당한다.
③ 제1항과 제2항에 따라 금전을 배분하거나 충당하고 남은 금액이 있을 때에는 체납자에게 지급하여야 한다.

④ 세무서장은 매각대금이 제1항 각 호의 체납액과 채권의 총액보다 적을 때에는「민법」이나 그 밖의 법령에 따라 배분할 순위와 금액을 정하여 배분하여야 한다.

⑤ 세무서장은 제1항에 따른 배분이나 제2항에 따른 충당에 있어서 국세에 우선하는 채권이 있음에도 불구하고 배분 순위의 착오나 부당한 교부청구 또는 그 밖에 이에 준하는 사유로 체납액에 먼저 배분하거나 충당한 경우에는 그 배분하거나 충당한 금액을 국세에 우선하는 채권자에게 국세환급금 환급의 예에 따라 지급한다.

다만, 지금까지 공매로 낙찰이 된 후 매수인이 대금미납을 하게 되어 몰수되었던 공매보증금은 국고로 귀속시켰지만 2010년 1월부터 공매보증금도 배분재원에 충족이 된다(낙찰자가 대금미납이 원인이 되어 압류재산의 매각결정을 취소하는 경우에 계약보증금은 체납처분비, 압류와 관계되는 국세·가산금 순으로 충당하고 잔액은 체납자에게 지급한다.〈국세징수법 78조 개정 2010.1.1.〉).

〈배분에 참조할 수 있는 판례〉

① 지방세 중가산금 확장가능 시기

(서울북부지원 2001.5.24.선고2001가단11748 판결)

지방세에 대한 중가산금 교부청구도 민사소송법상의 배당요구와 마찬가지로 경락기일까지만 할 수 있고 그 이후 배당기일 전에 배당기일까지의 중가산금을 확장하여 다시 교부청구하는 것은 허용되지 아니한다.

② 과세관청도 배분을 받기 위해선 압류 외에 교부청구를 해야 함

(부산지법 1989.7.20. 선고89가합1103 제5민사부판결)

과세관청이 법원의 경매절차에서 국세를 우선 징수받기 위해서는 경매법원에 국세징수법 소정의 교부청구를 하거나 체납자의 소유재산에 대하여 참가압류를 하여야 하므로 과세 관청이 경매개시결정 이후에 체납자의 소유재산에 대한 압류의 등기만 하

였을 뿐 그러한 조치를 취하지 아니하였다면 이를 알지 못한 경매법원이 채권자들에게 경락대금을 배당하였음은 정당하다. 또한 채권자들이 수령한 금원이 부당이득으로 되지 아니한다.

③ 담보가등기권자가 집행법원이 정한 기간 내에 채권신고를 하지 아니하면 매각대금의 배당을 받을 권리를 상실한다(대법원 2008.9.11. 선고 2007다25278)

④ 임대차계약서에 동·호수를 누락했다고 할지라도 주민등록을 유지하며 확정일자를 취득한경우 우선변제권을 행사할 수 있다(대법원 1999.6.11.선고99다7992판결)

〈공매 배분순위표〉

배당순위	내 용
1순위	공매체납처분비
2순위	최우선변제(소액임차인), ★임금채권(근로복지공단 압류)★
3순위	당해세(국세 중 상속세, 증여세, 재평가세, 지방세 중 재산세, 자동차세, 도시계획세, 종합토지세 등) 당해세는 법정기일에 관계없이 무조건 3순위이다.
4순위	우선변제(전세권, 저당권, 담보가등기 등 담보물권과 대항력과 확정일자 있는 임차인, 당해세 이외의 조세들 간의 그 시간의 선후비교- 조세채권의 법정기일)
5순위	일반임금채권
6순위	담보물권보다 늦은 조세채권
7순위	의료보험료, 산업재해보상보험료, 국민연금보험료
8순위	일반채권

근로기준법 37조에 규정되어 있는 최종3개월분의 임금에 대한 우선특권은 퇴직의 시기에 관계없이 사용자로부터 지급받지 못한 최종3개월분의 임금이다. 즉, 퇴직 전 3개월이 아닌 근로기간 3개월분이라 여기면 될 것이다. 최종3년 간 퇴직금우선변제권은 근로자퇴직급여보장법 11조 2항에 규제되어 있다(단, 우선변제에 포함되는 퇴직금은 250일분의 평균임금을 초과할 수 없다).

(5) 배분금의 지급

배분받는 임차인의 경우 낙찰자의 인감이 첨부된 명도확인서가 필요하다.

Tip 배분금 지급이 유보되는 경우

배분기일에 채권자가 출석하지 아니하거나 출석을 하였으나 배분요구에 필요한 서류를 완벽하게 구비하지 못한 경우(예를 들면 원인증서 등의 제출 없이 배분금지급을 청구한 경우), 배분에 대하여 다른 채권자의 이의신청이 있는 경우, 가압류채권자의 경우 미확정의 배분금액, 명도를 이행하지 않은 임차인의 배분금액, 배분금에 대하여 집행법상 채권가압류 등의 법적 조치가 된 경우, 배분금에 대하여 지급정지가처분이 된 경우 등에는 배분금지급을 유보한다.

배분잉여금이 있을 경우 체납자에게 지급해야 하는데 만약 압류 후에 소유권을 취득한 제3취득자가 있을 경우에도 잉여금은 제3취득자에게 지급이 된다. 단, 매각한 재산이 양도담보재산 또는 물상보증인에 관한 경우엔 배분한 금전의 잔액은 이를 양도담보권자 또는 압류시의 담보물의 소유자에게 지급한다(자산관리공사의 공매실무).

배분을 받기 위해선 이해관계인은 기본적인 서류를 지참해야 하고 채권의 성격에 따라 준비서류도 각각 다르다.

〈각 이해관계자별 배분요구서제출 제반서류〉

1. 근저당권자(담보목적의가등기포함)

 - 설정계약서 사본
 - 채권원인서류 사본
 - 배분금수령계좌 사본

2. 주택임차인

 - 임대차계약서 사본(또는 전세권설정계약서 사본 1부)
 - 주민등록등본(전입일자확인용)

  ※주민등록등본상 전입일이 실제 전입일과 상이한 경우는 주민등록초본 추가 제출

 - 배분금수령계좌사본

  ※유의사항 : 확정일자가 있는 경우 확정일자가 있는 임대차계약서 사본 제출

3. 상가임차인

 - 임대차계약서 사본(또는 전세권설정계약서 사본 1부)
 - 관할세무서의 임대차관계사실확인서
 - 사업자등록증 사본
 - 사업자등록증명원
 - 배분금수령계좌 사본

4. 임금채권자

 - 지방노동사무소에서 발급한 체불임금확인서

  (또는 우선변제임금채권임을 판단할 수 있는 법원의 확정판결문)

 - 다음서류 중 하나를 소명자료로 첨부

  사용자가 교부한 국민연금보험료원천공제계산서

  원천징수의무자인 사업자로부터 교부받은 근로소득에대한원천징수영수증

  국민연금관리공단이 발급한 국민연금보험료납부사실확인서

위 4가지 서류 중 하나를 제출할 수 없는 경우에는 사용자가 작성한 근로자명부 또는 임금대장의 사본

- 배분금수령계좌사본

5. 가압류권자

- 가압류신청서 및 결정문 사본
- 소장 사본 및 집행력 있는 집행권원정본 사본(집행권원이 있는 경우만 해당)
- 배분금수령계좌 사본

배분금의 수령

배분기일 참석시 유의사항

배분요구서 제출한 서류 원본 및 신분증을 지참하여 배분기일에 참석해야됨.

- 대리인이 참석할 경우

위임자의 인감증명서가 첨부된 위임장 1통을 추가로 제출. 법인의 경우 사용인감확인서, 법인인감증명서, 법인등기부등본 또는 초본을 제출.

- 임차인의 경우

명도확인서와 매수인의 인감증명서(인감용도:명도확인용), 임대차(전세)계약서, 임차인의 주민등록등본 각 1통을 첨부하여 제출.

기타 유의사항

- 배분금은 배분요구서상 신고된 은행계좌로 입금되며, 반드시 본인명의의 은행계좌번호를 기재해야 됨.
- 배분기일로부터 30일 경과하여 배분금을 위임기관에 인계한 경우라도 배분금을 수령하고자 하는 경우는 당사에 채권원인서류 일체를 제출하고 배분금지급청구를 해야 됨.
- 배분기일 지정통보를 받은 이해관계인일지라도 법정배분순위에 따라 배분금이 없는 경우도 있다.

(6) 배분계산서에 대한 이의신청

한국자산관리공사는 미리 작성한 배분표 원안에 대해 배분기일 7일전까지 배분계산서를 확정·비치하여 채권자들에게 미리 열람이 가능토록 한다. 그리고 이 배분계산서에 관하여 각 채권자들 사이에 이의가 있는 경우 이의 제기된 금액에 관하여 배분을 유보하고 나머지 금액에 관하여 배분을 실시한다(만약 이의를 한 채권자와 상대방이 합의가 된 경우엔 배분계산서를 정정하여 배분을 실시한다). 배분에 대해 이의가 있는 경우 그 상대방이 임차인인지 아니면 그 외의 채권자인지에 따라 배분이의 절차의 차이가 있다.

① 임차인의 배분금에 대한 이의신청(주택임대차보호법 및 상가임대차보호법에 근거 함)

임차인의 배분금에 관해 이의가 있는 경우 배분기일에 참가하여 구두로 임차인의 보증금 중 이의 있는 부분에 관하여 이의신청을 하고, 배분기일로부터 7일 이내에 소제기접수증명원을 자산관리공사에 제출해야 한다(단, 체납자는 배분표 비치가 되고 배분기일이 끝나기 전까지 서면으로 이의신청이 가능하다). 배분이의 후 소제기를 하지 않을 경우 당초 배분계산서가 확정이 된다.

② 임차인 외 권리자의 배분금에 대한 이의신청

배분에 관한 이의는 후순위채권자가 자신보다 선순위채권자의 배분금액에 이의신청을 하는 것이고, 배분처분 취소나 이의금액을 구체적으로 명시하여 제출해야 한다. 배분이의가 인용된 경우 경정된 금액으로 배분을 실시하도록 관서의 장에게 요청하고, 배분이의가 기각된 경우 당초 배분계산서에 의해 지급되도록 요청한다.

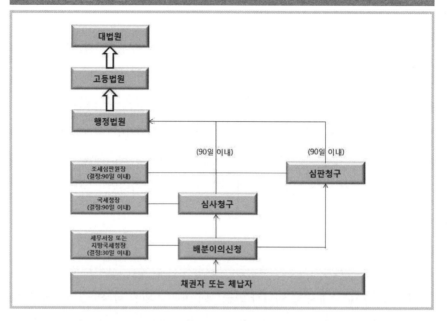

배분계산서에 대한 이의(국세징수법 제83조의2)

① 배분기일에 출석한 체납자등은 배분기일이 끝나기 전까지 자기의 채권에 관계되는 범위에서 제83조제1항에 따른 배분계산서 원안에 기재된 다른 채권자의 채권 또는 채권의 순위에 대하여 이의를 제기할 수 있다.

② 제1항에도 불구하고 체납자는 배분기일에 출석하지 아니하였을지라도 배분계산서 원안이 비치된 이후부터 배분기일이 끝나기 전까지 서면으로 이의를 제기할 수 있다.

③ 세무서장은 제1항 및 제2항에 따른 이의제기가 없거나 이의의 내용이 정당하다고 인정하지 아니하는 때에는 배분계산서를 원안대로 즉시 확정한다.

④ 세무서장은 제1항 및 제2항에 따른 이의의 내용이 정당하다고 인정하거나 배분계산서 원안과 다른 체납자등의 합의가 있는 때에는 배분계산서 원안을 수정하여 배분계산서를 확정한다.

낙찰 받고도
매각결정이 취소되는 경우

CASE 1. 지분권자의 공유자우선매수 행사

통상 경매보다는 공매를 이용하는 것이 비교적 저렴하게 매입할 수 있는 방법이다. 게다가 공매로 일반 물건을 넘어 특수물건에까지 도전한다면 더 높은 수익을 기대할 수 있다. 필자도 지금껏 지분, 유치권, 법정지상권, 선순위임차인이 있는 공매물건에 투자하여 많은 수익을 올렸었다(하지만 이처럼 하자가 있는 부동산은 대출이 원활하지 않으므로 미리 감안하고 입찰해야 한다).

물건검색을 하다가 서울 강동구 아파트 1/2지분이 감정가 6억 원에서 3억 원까지 유찰된 것을 발견했다. 1/2 지분의 감정가격이 6억 원인 것으로 보아 꽤나 고급아파트라 생각되었다. 비록 지분이라 꺼려지긴 했지만 감정가격에서 50% 수준으로 떨어졌다는 것은 필자의 시선을 자연스레 고정시키기에 충분했다.

물건검색

▣ 물건정보

▌상담전화: 1588-5321

[물건명/소재지] : 서울 강동구 ○○동 468 현대○파○ 제5층 제500호

▌기본정보

물건종류	부동산	처분방식	매각
입찰집행기관	한국자산관리공사 [공고정보]	담당부서	조세정리1부
담당자	정창조 과장	연락처	02-3420-5131
물건상태	낙찰	조회수	1298

▌물건정보

소재지	서울 강동구 ○○동 468 현대○파○ 제5층 제500호
물건관리번호	2006-11○7-001
재산종류	압류 자산
위임기관	역삼세무서
물건용도	아파트	물건세부용도	
면적	대지 3².765㎡ 지분(총면적:1,080.500㎡), 건물 113.47㎡ 지분(총면적:226.940㎡),

▌감정정보

감정평가금액	600,000,000 원	감정평가일자	2006/12/27
감정평가기관	한국감정원		
위치 및 부근현황	강동구 ○○동 강동구청 남동측 인근에 위치하는 현대○○○○린타운(○○○A○) 5층 50○호로서, 주위는 관공서, 각종점포, 사무실, 공원, 후면은 단독 등 소재함		
이용현황	아파트임.		
기타사항	도시지역, 제3종일반주거지역, 일반미관지구(세부내용 별도문의:건축과), 도시계획시설도로(접함), 제1종지구단위계획구역(세부내용 별도문의 : 도시디자인과)		

▌임대차정보

임대차내용	이 름	보증금	확정(설정)일	전입일
감정서상 표시내용 또는 신고된 내용이 없습니다.				

※임대차정보는 감정서상 표시내용 또는 신고된 임대차 내용등으로서 누락, 추가, 변동 될 수 있사오니 참고 자료로만 활용하여야 하며 이에 따른 모든 책임은 입찰자에게 있습니다.

명도책임	매수자
부대조건	본건은 2인 공동소유지분중 ○○석지분만을 매각함.

관련정보	[사진정보] [위치도] [감정평가서] [지도정보] [인근시세정보] [부동산가격정보] [민원서류발급] [상권정보] [등기부실시간조회] [토지이용계획 및 개별공시지가] [토지이용규제정보]

등기부등본을 보니 아마도 위 물건은 부부가 공동명의로 구입 후 남편 사업이 어려워져서 공매로까지 진행된 것이라 생각되었다.

시세파악

지분물건이라는 사실 외에는 특별한 어려움은 없어보였다. 완전한 초보자가 아니라면 이런 경우에는 굳이 현장까지 갈 필요는 없다. 전화통화와 인터넷정보만으로 시세를 잘 파악하여 입찰해도 괜찮다. 1/2지분의 감정가격이 6억 원이라면 전체가격은 12억 원이다. 인터넷(KB시세)과 전화로 시세를 확인해보니, 낙찰받는다면 10억 원 이상에 매도할 수 있을 것이라 판단되었다.

현재 최저가격이 3억 원이고, 1/2지분의 정상 시세는 5억 원 수준이었으므로 충분히 메리트 있는 가격대였다. 그렇게 시세를 확인했고, 굳이 점유자를 만나기 위해 현장에는 가지 않았다. 왜냐하면 이미 충분한 가격경쟁력이 있기에 낙찰만 제대로 받는다면 점유자는 이후에 만나도 될 것이라 생각했기 때문이다.

낙찰

▌상세입찰결과

물건관리번호	2006-OO97-001		
재산구분	압류재산(캠코)	담당부점	조세정리1부
물건명	서울 강동구 OO동 O 8 OOO파 O 제5층 제5O호		
공고번호	20OO-00OO-00	회차 / 차수	022 / 001
처분방식	매각	입찰방식/경쟁방식	최고가방식 / 일반경쟁
입찰기간	2007-03-26 10:00 ~ 2007-03-28 17:00	총액/단가	총액
개찰시작일시	-	집행완료일시	2007-03-29 11:23
입찰자수	유효 4명 / 무효 4명(인터넷)		
입찰금액	350,000,000원/ 325,000,000원/ 313,000,000원/ 305,000,000원		
개찰결과	낙찰	낙찰금액	350,000,000원
감정가 (최초 최저입찰가)	600,000,000원	최저입찰가	300,000,000원
낙찰가율 (감정가 대비)	58.33%	낙찰가율 (최저입찰가 대비)	116.67%

▌대금납부 및 배분기일 정보

대금납부기한	2007-05-29	납부여부	납부
납부최고기한	2007-06-08	배분기일	2007-07-03

단기차익 목적으로 큰 욕심을 내지 않았더니 경쟁자들을 가볍게 누르고 낙찰 받았다. 등기부동본을 보니 다른 지분권자의 빚이 전혀 없어서 적정한 가격에 매도할 수 있을 것이라 생각했다. 그래서 개찰일 바로 다음날 매각결정통지서를 수령하자마자 잔금납부를 할 예정이었다.

그런데 매각결정통지서를 수령하기 위해 서울로 출발하려던 찰나 자산관리공사에서 전화가 왔다.

"여보세요?"

"안녕하세요. 한국자산관리공사입니다."

"아… 매각결정통지서 곧 수령하러 갈 예정입니다. 그리고 낙찰 후 절차는 알고 있습니다."

"아니… 그게 아니고…"

"그럼… 무슨 일로?"

"다름이 아니라 이 아파트의 나머지 지분권자가 공유자우선매수권을 행사했습니다. 계좌로 보증금 다시 보내드리겠습니다."

"……."

낙찰 후 수익 계산만 하고 있었는데 황당해지는 순간이다. 2006년 11월부터 공매도 공유자우선매수가 가능해졌다. 공유자우선매수는 낙찰자가 매각결정통지서를 수령하기 전까지 가능하다(2012.1.1. 이후에 매각 공고된 물건들은 매각결정기일까지 가능) 결국 이 물건은 고스란히 소유자 부인의 명의로 옮겨졌다. 좋은 경험했다고 생각할 수도 있었지만 한동안 놓친 수익이 계속 아른거렸다.

CASE 2. 선순위가등기권자의 본등기

물건을 검색하다 부대조건에 선순위가등기에 관한 내용이 기재된 아파트가 눈에 띄었다. 남들은 꺼려지겠지만 오히려 필자에겐 더욱 관심이 동하는 물건이었다. 자극적인 문구를 보면 그냥 지나치지 못하는 것도 체질인 듯싶다.

물건검색

현 최저가격이 3억 1,800만 원인데 인터넷과 전화통화로 시세조사를 하니 급매물이 4억 6천만 원까지 나와 있었다. 이 물건은 단기차익으로 약 5천만 원 정도의 매매차익을 생각하고 입찰하였다(급매물보다 큰 폭으로 저렴하다면 아무리 부동산 하락기에 접어들었다고 해도 안 팔릴 이유가 전혀 없다).

권리분석 및 가등기에 대한 추정

부대조건을 보니 가등기에 의한 본등기를 할 경우 매각결정취소 조건이라 기재되어 있다. 하지만 이런 경우에도 등기부등본을 꼼꼼하게 분석해보면 위 조건이 전혀 장애가 되지 않는다는 것을 알 수 있다. 아래에 등기부등본을 정리해보았다.

① 2006.9.25. 근저당 중소기업은행 2억 1천만 원 ← 말소기준권리
② 2006.9.27. 가등기 박O안
③ 2007.8.22. 가압류 신O기 6억 5,223만 원
④ 2007.8.30. 압류 국민건강보험
⑤ 2007.9.3. 압류 서인천세무서 ← (위임기관)

권리분석을 해보면 ①중소기업의 근저당이 말소기준권리이고, ②가등기는 근저당보다 후순위여서 낙찰 후 소멸이 된다. 즉, 공매 위임기관인 서인천세무서의 압류보다 가등기가 앞선 순위로 되어 있지만 말소기준권리보다는 후순위이므로 낙찰 후 소멸이 되는 것이다. 그러므로 낙찰자에게는 아무런 인수사항이 없다. '소유권이전등기 전 가등기에 의한 본등기 이전 시 매각결정취소'라는 내용은 만약 이 공매물건이 낙찰되었을지라도 낙찰자가 잔금납부를 하기 전에 ②가등기권자가 본등기를 한다면 ③④⑤는 모두 직권말소가 된다는 것이다. 즉, 공매

의 원인이 된 압류마저 직권말소가 되는 것이므로 공매자체가 무효가 되어 매각 결정은 취소된다는 것이다.

하지만 등기부등본을 보면 가등기권자가 가등기를 설정하고 2년이 지나도록 본등기를 하지 않았고, 그 뒤로 6억 원이 넘는 가압류, 압류 2개가 기입되어 공매까지 진행된 것을 보면 본등기 가능성은 매우 희박할 것이라 생각했다. 단순히 사채업자가 돈을 대여하고 근저당 대신 설정한 것일 뿐이라 생각했다(통상 공매가 취소될 가능성이 있는 등기부등본은 딸랑 압류만 1개인 경우가 많다).

▋ 상세입찰결과

물건관리번호	2007-○○11-001		
재산구분	압류재산(캠코)	담당부점	인천지사
물건명	인천 서구○○동 6○○○○○○아파트 제109동 제11층 제1○○호		
공고번호	20○○○-02○○-○○	회차 / 차수	035 / 001
처분방식	매각	입찰방식/경쟁방식	최고가방식 / 일반경쟁
입찰기간	2008-09-01 10:00 ~ 2008-09-03 17:00	총액/단가	총액
개찰시작일시	2008-09-04 11:02	집행완료일시	2008-09-04 11:13
입찰자수	유효 2명 / 무효 1명(인터넷)		
입찰금액	380,000,000원/ 328,900,000원		
개찰결과	낙찰	낙찰금액	380,000,000원
감정가 (최초 최저입찰가)	530,000,000원	최저입찰가	318,000,000원

급매물 가격을 확인했기에 너무 자신감이 넘쳐서인지 차순위와 무려 5,000만 원 이상 차이로 낙찰 받았다. 낙찰의 기쁨도 있었지만 5,000만 원이 넘는 차순위와의 가격 차이로 인해 속이 조금 쓰리기도 했다(세전으로 계산했을 때 1억 원의 수익을 낼 수 있다는 생각에…). 하지만 중개업소에 전화하여 다시 한 번 급매물 시세를 확인하고는 마음을 가라앉힐 수 있었다. 그 후 현장으로 향했다.

어색한 첫 만남

이 아파트엔 소유자가 점유하고 있었기에 명도에 대해 작은 부담이 있었다.

하지만 어찌되었든 공매는 낙찰 후 잔금납부를 완료하기 전에 무조건 점유자를 먼저 만나본다. 그의 생각과 수준을 알아야 적절한 법적절차와 대응방안을 준비할 수 있기 때문이다. 일단은 점유자를 만나봐야 그에 맞는 전략이 나온다.

저녁 7시쯤 차를 몰고 사무실을 나섰다. 현장에 도착하여 초인종을 눌렀는데 안에서 문을 열어주지 않았다. 바깥에서 해당호수를 보니 불이 켜져 있는데도 말이다(채무자가 점유하고 있는 부동산은 가끔 빚쟁이들에게 시달려 문을 열어주지 않는 경우가 있다). 그냥 돌아가려 했지만 불 켜진 것을 확인하곤 돌아갈 수 없었다. 초인종을 5번쯤 눌렀더니 인터폰에 빨간불이 들어오며 젊은 학생의 목소리가 들렸다. 공매 때문에 방문을 했다고 하니 곧바로 문이 열려졌다. 그런데 어른은 없고 학생만 있을 뿐이었다. 컴퓨터 게임에 빠져 있어서 초인종에 신경 쓰지 못했다고 했다.

"이 명함 아버지께 꼭 드려야 된다. 아주 중요한 일이야. 게임한다고 아무 곳에나 놓지 말고 식탁위에 잘 보이는 곳에 올려두렴. 잘 있어라."

게임에 빠진 학생을 보니 맘이 놓이지 않아 두세 번 얘기를 한 후 사무실로 돌아왔다. 그런데 차를 몰고 집으로 돌아오는 도중에 전화가 왔다.

"저기 혹시 송사무장님인가요?"

"네… 누구시죠?"

"아~ 저 ○○아파트 소유잡니다. 여기 명함을 두고 가셨다기에…"

"네… 그 아파트 낙찰된 거 아시죠?"

"뭐라고요? 낙찰이요?"

"네… 공매로 낙찰되었습니다."

"그럴 리가 없는데 이상하네요… 저기 사무장님, 이제 앞으로 어떻게 되죠?"

"자세한 것은 내일 자산관리공사에 확인해보시구요. 지금부터 천천히 이사준비 하셔야죠?(압박시작)"

상대방은 모든 것을 포기한 듯 무척 차분한 상태에서 통화를 했다. 다른 점유자를 대할 때와 마찬가지로 첫 만남에서부터 나의 압박은 조금씩 시작되었고, 압박할 때 나오는 상대방 반응도 크게 다르지 않았다.

"사무장님! 명도기간은 조금 여유를 주십시오. 저기 그런데요. 혹시 이 물건 저에게 다시 파실 생각은 없으세요?"

"네?? 물건을 다시 매각하라구요? 제가 산 것이 아니라서요. 사장님 혹시 부동산에 급매물이 얼마에 나왔는지 아세요?"

"그건 잘 모르구요."

"그것도 부동산에 한 번 물어보세요. 저도 낙찰자에게 매도가 가능한지 여쭤볼게요."

소유자가 낙찰받자마자 다시 부동산을 매입한다고 하니 실제 그 약속이 이루어질 수 없을 지라도 기분은 좋아졌다. 이 물건은 곧바로 잔금납부를 하기로 마음먹었다. 대신 그동안 천천히 소유자와 줄다리기를 할 작정이었다.

대출법무사에게 전화를 걸어 여러 대출상품을 확인하고, 그 중에서 제일 조건이 좋은 은행에 가서 잔금대출신청까지 모두 마쳤다. 그리고 다음날 아침 소유자에게 전화를 걸었다. 그런데 몇 번씩이나 전화를 걸어도 그가 받지 않는 것이었다. 그러는 도중 전화 한 통이 걸려왔다.

"안녕하세요. 자산관리공삽니다. ○○동 아파트 낙찰자시죠?"
"네… 무슨 일로."
"다름이 아니라 오늘 날짜로 가등기에 의한 본등기서류가 저희한테 접수되어 고객님의 낙찰은 매각결정취소가 되었습니다."
"……."

소유자가 나와 협상을 하는 척하며 가등기권자를 이용해서 가등기에 의한 본등기를 한 것이었다(알고 보니 가등기권자가 측근이었던 것이다). 이 상황에서 낙찰자가 할 수 있는 것은 아무것도 없다. 잔금납부 전에 본격적으로 압박했던 것이 후회되는 순간이었다. 떠나보냈던 입찰보증금만 다시 내 품으로 돌아왔다.

PART **8**

매각부동산의
배분방법

순위에 따른
구체적인 배분방법

(1) {①일반채권 ➡ ②확정일자 있는 임차권 ➡ ③저당권}의 경우

가. 배분순위 및 배분액

① 일반채권(A) ➡ ② 확정일자 있는 임차권(B) ➡ ③ 저당권(C) 이 순차로 있
는 경우의 배분순위 및 배분액은 다음과 같다.

〈배분순위 및 배분액〉: 배분액이 1억 3천만 원, 주택인 경우

일자	권리	금액	배분순위	배분금액	권리의 종류
2010.1.1.	임차권 확정일자 無	1억 원		없음	채권
2010.3.3.	임차권 확정일자 有	1억 원	1	1억 원	물권화된 채권
2010.5.5.	근저당	6,000만 원	2	3,000만 원	물권

나. 해설

(1) 성립선후를 불문하고, 권리관계에 있어 물권은 언제나 채권에 우선한다.

(2) 이 사례에서는 1순위로 확정일자부 임차인 B에게 1억 원을 배분하고, 2순위로 근저당권자 C에게 나머지 3천만 원을 배분한다. 확정일자부 임차인의 임차권은 채권이지만 임차인이 대항력을 갖춘 상태에서 확정일자를 받으면 그 임차권은 물권화된 채권이 되어 이후의 물권에 우선하는 우선변제권을 가지게 되기 때문이다.

(3) 확정일자가 없으면 우선변제권이 없기 때문에 확정일자가 없는 임차인 A는 배분에 참여할 수 없다. (물론 소액임차인일 경우에는 확정일자가 없어도 가능하다)

(4) 이 사례의 물건은 주택이므로 주택임대차보호법 제3조(대항력)에 의하여 임차권자 A는 배분에는 참가하지 못하지만, 최선순위 대항력이 있는 임차인이므로 낙찰자(매수인)가 A보증금을 추가로 인수해야 한다.

주택임대차보호법 제3조

제3조(대항력 등) ① 임대차는 그 등기(登記)가 없는 경우에도 임차인(賃借人)이 주택의 인도(引渡)와 주민등록을 마친 때에는 그 다음 날부터 제삼자에 대하여 효력이 생긴다. 이 경우 전입신고를 한 때에 주민등록이 된 것으로 본다.

② 국민주택기금을 재원으로 하여 저소득층 무주택자에게 주거생활 안정을 목적으로 전세임대주택을 지원하는 법인이 주택을 임차한 후 지방자치단체의 장 또는 그 법인이 선정한 입주자가 그 주택을 인도받고 주민등록을 마쳤을 때에는 제1항을 준용한다. 이 경우 대항력이 인정되는 법인은 대통령령으로 정한다.

③ 임차주택의 양수인(讓受人)(그 밖에 임대할 권리를 승계한 자를 포함한다)은 임대인(賃貸

人)의 지위를 승계한 것으로 본다.

④ 이 법에 따라 임대차의 목적이 된 주택이 매매나 경매의 목적물이 된 경우에는 「민법」 제575조제1항·제3항 및 같은 법 제578조를 준용한다.

⑤ 제4항의 경우에는 동시이행의 항변권(抗辯權)에 관한 「민법」 제536조를 준용한다.

[전문개정 2008.3.21.]

(2) {①가압류 ➡ ②가압류 ➡ ③근저당권}의 경우(안분배분)

가. 배분순위 및 배분액

① 가압류(A) ➡ ② 가압류(B) ➡ ③ 근저당권(C) 이 순차로 있는 경우의 배분순위 및 배분액은 다음과 같다.

〈배분순위 및 배분액〉: 배분액은 9천만 원

일자	권리	금액	배분순위	배분금액	권리의 종류
2010.1.1.	가압류	8,000만 원	1	3,273만 원	채권
2010.3.3.	가압류	8,000만 원	1	3,273만 원	채권
2010.5.5.	근저당	6,000만 원	1	2,454만 원	물권

나. 해설

(1) 채권 상호간에는 시간의 선후에 관계없이 동등한 지위를 가지므로 이 사례에서도 우선순위 없이 평등하게 취급되어 안분배분 한다.

(2) 안분배분의 계산방법 (해당채권액 / 각 채권의 합계액×배분액)

(3) 가압류 후의 물권인 근저당권은 먼저 설정된 채권과 동등한 지위에서 안분

배분 한다.

(4) 만약, 근저당권(A) → ② 가압류(B) → ③ 근저당권(C)의 경우라면, 근저당권자 A가 1순위로 우선배분하고, 2순위로 가압류권자 B와 근저당권자 C가 동순위로 안분배분된다.

(3) {①가압류 ▶ ②근저당권 ▶ ③근저당권}의 경우

가. 배분순위 및 배분액

① 가압류(A) ➜ ② 근저당권1(B) ➜ ③ 근저당권2(C) 이 순차로 있는 경우의 배분순위 및 배분액은 다음과 같다.

〈배분순위 및 배분액〉: 배분액은 1억 2천만 원

일자	권리	권리자	금액	1차 안분	최종 배분	권리의 종류
2010.1.1.	가압류	A	6,000만 원	3,600만 원	3,600만 원	채권
2010.3.3.	근저당1	B	6,000만 원	3,600만 원	6,000만 원	물권
2010.5.5.	근저당2	C	8,000만 원	4,800만 원	2,400만 원	물권
2010.7.7.	임의경매					

나. 해설

(1) 먼저, 각 채권액별로 비례하여 1차 안분배분한 다음, 1번 근저당권자 B는 자기의 채권이 모두 회수될 때까지 후순위 권리자의 배분액으로부터 흡수하여 배분을 받는다.

(2) 이 사례에서는 1차로 가압류권자 A에게 3,600만 원, 근저당권자 B에게

3,600만 원, 근저당권자 C에게 4,800만 원을 안분배분하고,

(3) 그 다음 2차로 가압류권자 A에게 3,600만 원을 배분하고, 근저당권자 B에게 근저당권자 C의 배분액에서 B의 채권이 모두 만족할 때까지 2,400만 원을 흡수하여 6,000만 원을 배분하고, 마지막으로 근저당권자 C에게 나머지 2,400만 원을 각 배분한다.(안분후흡수설)

(4) 가압류권자 A의 경우, 법원은 A에게 배분된 배분금 3,600만 원을 공탁하고, 가압류권자 A는 채무자를 상대로 소송을 제기하여 승소판결을 받아 공탁금을 회수하게 된다.

대법원 1992.3.27.선고 91다44407 판결, 1994.11.29.자 94마417 결정

안분후흡수설

배분받을 채권자들 사이에 배분순위가 고정되지 아니하고 채권자들 사이에 우열관계가 상대에 따라 변동이 있는 경우에, 각 채권자의 채권액에 비례하여 1단계로 안분배분한 후, 2단계로 각각 자신의 채권액 중 1단계에서 배분받지 못한 금액(부족액)에 달할 때까지 자신에게 열후하는 채권자의 안분액으로부터 흡수하여 그 결과를 배분하여야 한다.

---

(4) {①가압류 ➡ ②근저당권 ➡ ③압류(가압류)}의 경우

가. 배분순위 및 배분액

① 가압류(A) ➡ ② 근저당권(B) ➡ ③ 압류(가압류)(C) 이 순차로 있는 경우의 배분순위 및 배분액은 다음과 같다.

〈배분순위 및 배분액〉: 배분액은 1억 2천만 원

일자	권리	권리자	금액	1차 안분	최종 배분	권리의 종류
2010.1.1.	가압류	A	4,000만 원	3,000만 원	3,000만 원	채권
2010.3.3.	근저당	B	6,000만 원	4,500만 원	6,000만 원	물권
2010.5.5.	압류	C	6,000만 원	4,500만 원	3,000만 원	채권

나. 해설

(1) 먼저, 각 채권액별로 비례하여 1차 안분배분 A의경우: $4,000/(4,000+6,000+6,000) \times 12,000$(=매각대금)=3,000만 원 한 다음, 근저당권자 B는 자기의 채권이 모두 회수될 때까지 후순위 압류권자 C의 배분액으로부터 흡수하여 배분을 받는다.

(2) 이 사례에서는 1단계로 가압류권자 A에게 3,000만 원, 근저당권자 B에게 4,500만 원, 압류권자 C에게 4,500만 원을 안분배분하고, 2단계로 근저당권자 B에게 압류권자 C의 배분액에서 B의 채권이 모두 만족할 때까지 1,500만 원을 흡수하여 6,000만 원을 배분하고, 마지막으로 압류권자 C에게 나머지 3,000만 원을 각 배분한다.

(5) {①가압류 ➡ ②저당권 ➡ ③가압류 ➡ ④근저당권}의 경우

가. 배분순위 및 배분액

① 가압류(A) ➡ ② 저당권(B) ➡ ③ 가압류(C) ➡ ④ 근저당권(D) 이 순차로 있는 경우의 배분순위 및 배분액은 다음과 같다.

〈배분순위 및 배분액〉: 배분액은 1억 2천만 원

일자	권리	권리자	금액	1차 안분	최종 배분	권리의 종류
2010.1.1.	가압류	A	8,000만 원	3,000만 원	3,000만 원	채권
2010.3.3.	저당권	B	8,000만 원	3,000만 원	8,000만 원	물권
2010.5.5.	가압류	C	8,000만 원	3,000만 원	500만 원	채권
2010.7.7.	근저당권	D	8,000만 원	3,000만 원	500만 원	물권
2010.9.9.	강제경매	A				

나. 해설

(1) 이 사례 역시 안분후흡수설에 따라 각 채권에 비례하여 안분배분한 후 흡수배분한다.

(2) 먼저, 1단계로 안분하여 각 채권액의 비율대로 가압류권자 A에게 3,000만 원, 저당권자 B에게 3,000만 원, 가압류권자 C에게 3,000만 원, 근저당권자 D에게 3,000만 원을 배분한다.

(3) 그 다음 2단계로 가압류권자 A에게 3,000만원을 배분하고, 물권인 저당권자 B에게 B의 채권이 모두 만족할 때까지 C와 D의 배분액 6,000만 원에서 5,000만 원을 흡수하여 8,000만 원을 배분하고, 마지막으로 남은 1,000만 원을 가압류권자 C와 근저당권자 D에게 안분하여 각 500만 원씩 배분한다.

(6) {①가압류 ➡ ②근저당권 ➡ ③당해세가 아닌 조세 ➡ ④가압류}의 경우

가. 배분순위 및 배분액

① 가압류(A) ➡ ② 근저당권(B) ➡ ③ 당해세가 아닌 조세(C) ➡ ④ 가압류(D)
이 순차로 있는 경우의 배분순위 및 배분액은 다음과 같다.

⟨배분순위 및 배분액⟩ : 배분액은 1억 원

일자	권리	권리자	금액	1차 안분	최종 배분	권리의 종류
2010.1.1.	가압류	A	8,000만 원	4,000만 원	1,000만 원	채권
2010.3.3.	근저당권	B	4,000만 원	2,000만 원	4,000만 원	물권
2010.5.5. (법정기일)	당해세가 아닌 조세	C	6,000만 원	3,000만 원	5,000만 원	조세
2010.7.7.	가압류	D	2,000만 원	1,000만 원	없음	채권
2010.9.9.	임의경매	B				

나. 해설

(1) 이 사례도 각 채권에 비례하여 안분배분한 후 흡수배분한다.

(2) 1단계로 안분하여 가압류권자 A에게 4,000만 원, 근저당권자 B에게 2,000만 원, 조세권자 C에게 3,000만 원, 가압류권자 D에게 1,000만 원을 배분한다.

(3) 2단계로 근저당권자인 B는 안분금액 중 자신의 청구채권에 미치지 못하는 2,000만 원을 조세권자인 C와 가압류권자인 D로부터 흡수할 수 있는데 C와 D 사이에서는 C가 D보다 우선하므로 B는 상대적으로 열후한 D로부터 1,000만 원을 흡수한 뒤 그 나머지 1,000만 원을 C로부터 흡수, 총 2,000만

원을 흡수하여 자신의 채권을 모두 만족하게 된다.

⑷ 3단계로 조세권자인 C는 가압류권자인 A와 D로부터 자신의 청구채권액에 미치지 못하는 3,000만 원을 흡수할 수 있는데 D는 이미 근저당권자 B에게 안분액을 모두 흡수당하여 남은 금액이 없으므로 A로부터만 안분액 중 3,000만 원을 흡수한다.

⑸ 이 때, 조세권자 C는 자신이 흡수당한 뒤 안분액에 미치지 못하는 4,000만 원이 아니라 <u>1차 안분액의 한도 내인 3,000만 원만 흡수하며, 흡수당하는 쪽에서도 1차 안분비례한 금액의 한도 내에서만 흡수당하는 것이고 흡수된 후 자신이 다른 채권자로부터 다시 흡수하여 배분받은 금액은 또다시 우선 채권자에게 흡수당하지 않는다.</u>

⑹ 따라서 가압류권자 A는 나머지 1,000만 원을 배분받고 가압류권자 D는 배분액이 없다.

⑺ {①가압류 ➡ ②근저당권1 ➡ ③당해세가 아닌 조세 ➡ ④근저당권2 ⑤가압류}의 경우

가. 배분순위 및 배분액

① 가압류(A) → ② 근저당권1(B) → ③ 당해세가 아닌 조세(C) → ④ 근저당권2(D) → ⑤ 가압류(E) 이 순차로 있는 경우의 배분순위 및 배분액은 다음과 같다.

〈배분순위 및 배분액〉 : 배분액은 1억 원

일자	권리	권리자	금액	1차 안분	최종 배분	권리의 종류
2010.1.1.	가압류	A	6,000만 원	3,000만 원	1,714만 원	채권
2010.3.3.	근저당권	B	5,000만 원	2,500만 원	5,000만 원	물권
2010.5.5.	당해세가 아닌 조세	C	3,000만 원	1,500만 원	3,000만 원	조세
2010.7.7.	근저당권	D	5,000만 원	2,500만 원	286만 원	물권
2010.9.9.	가압류	E	1,000만 원	500만 원	없음	채권
2010.11.11	임의경매	B				

나. 해설

(1) 이 사례 역시 안분후 흡수설에 따라 각 채권에 비례하여 안분배분한 후 흡수배분하는데, 이 때 근저당을 기준으로 흡수를 시작하면 배분순위를 쉽게 정리할 수 있다.

(2) 먼저, 1단계로 각 채권액의 비율대로 안분하면 가압류권자 A에게 3,000만 원, 근저당권자 B에게 2,500만 원, 조세권자 C에게 1,500만 원, 근저당권자 D에게 2,500만 원, 가압류권자 E에게 500만 원을 배분한다.

(3) 그 다음 2단계로 근저당권자 B는 자신보다 후순위에 있는 C, D, E로부터 청구액에 미치지 못하는 2,500만 원을 흡수할 수 있으므로, 이 중 가장 열후한 E로부터 500만 원을 흡수하고 나머지 2,000만 원을 D로부터 흡수함으로써 결국 자신의 청구채권인 5,000만 원을 모두 만족하게 된다. 한편, 이 흡수에 의해 E는 안분액을 모두 잃고, D는 안분액중 500만 원이 남는다.

(4) 3단계로 다음 근저당권자인 D가 1차 안분액 중 청구액에 미치지 못하는 2,500만원을 흡수하여야 하나 D가 흡수할 수 있는 E는 이미 모든 안분액을

상실하였으므로 흡수하지 못한다.

(5) 4단계로 조세권자인 C가 자신의 안분액 중 청구액에 미치지 못하는 1,500만 원을 흡수하여야 하는데 조세권자의 경우 선순위 근저당권자를 제외한 우선 순위의 채권자로부터 그보다 열후한 채권자의 순서대로 흡수할 수 있는 금 액이 남을 때까지 1회 순환하며 흡수하므로 A, D, 그리고 E로부터 흡수하게 된다.

(6) 이 중 가장 열후한 E는 남은 안분액이 없으므로 흡수할 수 없고, A와 D는 둘 중 어느 채권자가 우선한다고 볼 수 없으므로 그 안분액에 비례하여 흡수하 게 되므로, A는 1,286만 원, D는 214만 원을 각 흡수당하게 되고 결국 C는 3,000만 원을 모두 배분받는다.

(7) 마지막으로 가압류권자인 A와 E는 같은 순위이므로 서로 흡수할 수 없어 순 환이 멈추게 되어 결국 A는 1,714만 원을, D는 286만 원을 각 배분받고 E는 배분액이 없다.

(8) {①가압류 ➡ ②근저당권1 ➡ ③소유권이전 ➡ ④근저당권2(신청채권자)}의 경우

가. 배분순위 및 배분액

① 가압류(A) ➡ ② 근저당권1(B) ➡ ③ 소유권이전(C) ➡ ④ 근저당권2-신청 채권자(D) 이 순차로 있는 경우의 배분순위 및 배분액은 다음과 같다.

〈배분순위 및 배분액〉: 배분액은 1억 원

일자	권리	권리자	금액	1차 안분	최종 배분	권리의종류
2010.1.1.	가압류	A	2,000만 원	2,000만 원	2,000만 원	채권
2010.3.3.	근저당권1	B	6,000만 원	6,000만 원	6,000만 원	물권
2010.5.5.	소유권이전	C				
2010.7.7.	근저당권2	D	8,000만 원		2,000만 원	물권
2010.9.9.	임의경매	D			없음	

나. 해설

(1) 이 사례는 가압류와 근저당권1이 설정된 상태에서 소유권이전이 되고 이후에 근저당권2가 설정되어 이에 기한 임의경매가 진행된 사례이다.

(2) 이러한 경우에는 먼저 선순위 가압류권자 A와 1번 근저당권자 B가 각자의 채권액에 비례하여 안분배분을 받고 남는 금액이 있으면 현재 소유자의 채권자인 2번 근저당권자 D가 배분받고 배분절차가 종결하게 된다.

(9) {①부분 전세권 ➡ ②임차권 ➡ ③근저당권(신청채권자)}의 경우

가. 배분순위 및 배분액

① 부분 전세권(A) ➡ ② 임차권(B) ➡ ③ 근저당권-신청채권자(C) 이 순차로 있는 경우의 배분순위 및 배분액은 다음과 같다.

〈배분순위 및 배분액〉: 배분액은 3천만 원, 주택인 경우

일자	권리	권리자	금액	최종 배분	권리의 종류
2010.1.1.	전세권(2층)(배분요구)	A	2,000만 원	2,000만 원	물권
2010.3.3.	주택(1층) 임차권	B		매수인 인수	채권
2010.5.5.	근저당권	C	3,000만 원	1,000만 원	물권
2010.7.7.	임의경매	C			

나. 해설

(1) 선순위 전세권자의 전세권이 건물의 일부분에 미치고 건물의 다른 부분을 또 다른 임차인이 임차한 상태에서 근저당권이 설정되고 이후 이 근저당에 기해 임의경매가 진행된 사례이다.

(2) 전세권자 A의 점유부분과 임차권자 B의 점유부분이 다른 경우에는 전세권이 경락으로 인하여 소멸하더라도 임차권자 B의 권리는 말소기준권리인 C의 근저당권보다 먼저 대항력을 갖추었기 때문에 경락으로 소멸하지 아니하고 매수인이 인수하게 된다.(대법원 1997.8.22.선고 96다53628 판결)

대법원 1997. 8. 22. 선고 96다53628 판결【건물명도등】
[집45(3)민,104;공1997.10.1.(43),2793]

【판시사항】
[1] 건물의 일부를 목적으로 하는 전세권이 경락으로 인하여 소멸되는 경우, 그 전세권의 목적물과 다른 부분을 목적물로 한 임차권이 영향을 받는지 여부(소극)
[2] 대항력과 우선변제권을 겸유하고 있는 임차인이 배당요구를 하였으나 순위에 따른 배당이 실시되더라도 배당받을 수 없는 보증금 잔액이 있는 경우, 그 잔액에 대하여 경락인에게 동시이행의 항변을 할 수 있는지 여부(적극)

【판결요지】

[1] 건물의 일부를 목적으로 하는 전세권은 그 목적물인 건물 부분에 한하여 그 효력을 미치므로, 건물 중 일부(2층 부분)를 목적으로 하는 전세권이 임차인이 대항력을 취득하기 이전에 설정되었다가 경락으로 인하여 소멸하였다고 하더라도, 임차인의 임차권이 전세권의 목적물로 되어 있지 아니한 주택 부분(1층의 일부)을 그 목적물로 하고 있었던 이상 경락으로 인하여 소멸한다고 볼 수는 없다.

[2] 주택임대차보호법상의 대항력과 우선변제권의 두 가지 권리를 인정하고 있는 취지가 보증금을 반환받을 수 있도록 보장하기 위한 데에 있는 점, 경매절차의 안정성, 경매 이해관계인들의 예측가능성 등을 아울러 고려하여 볼 때, 두 가지 권리를 겸유하고 있는 임차인이 먼저 우선변제권을 선택하여 임차주택에 대하여 진행되고 있는 경매절차에서 보증금 전액에 대하여 배당요구를 하였다고 하더라도, 그 순위에 따른 배당이 실시될 경우 보증금 전액을 배당받을 수 없었던 때에는 보증금 중 경매절차에서 배당받을 수 있었던 금액을 공제한 잔액에 관하여 경락인에게 대항하여 이를 반환받을 때까지 임대차관계의 존속을 주장할 수 있다고 봄이 상당하며, 이 경우 임차인의 배당요구에 의하여 임대차는 해지되어 종료되고, 다만 같은 법 제4조 제2항에 의하여 임차인이 보증금의 잔액을 반환받을 때까지 임대차관계가 존속하는 것으로 의제될 뿐이므로, 경락인은 같은 법 제3조 제2항에 의하여 임대차가 종료된 상태에서의 임대인의 지위를 승계한다.

(3) 건물 일부의 전세권자에게 건물 전부에 대한 매각대금에서의 우선변제권은 인정된다.(민법 제303조 제1항)

제303조(전세권의 내용)

① 전세권자는 전세금을 지급하고 타인의 부동산을 점유하여 그 부동산의 용도에 좇아 사용·수익하며, 그 부동산 전부에 대하여 후순위권리자 기타 채권자보다 전세금의 우선변제를 받을 권리가 있다. 〈개정 1984.4.10〉

(출처 : 민법 제9650호 2009.05.08 일부개정)

공매 낙찰 후
다시 소유자에게 취하해주기

국세징수법 제78조 제1항을 보면 '매각결정 이후 매수인이 매수대금을 납부하기 전에 체납자가 매수인의 동의를 얻어 압류와 관련된 체납액 및 체납처분비를 납부하고 매각결정의 취소를 신청하는 경우에 가능'하다고 기재되어 있다. 즉, 매각결정이 확정되었다면 그 이후에 낙찰자가 잔금납부를 하지 않았더라도 체납자가 공매절차를 취소시키려면 반드시 낙찰자의 동의가 있어야만 가능하다는 것이다. 간혹 실무에서도 체납자가 공매가 진행되는지 몰랐거나 방심하고 있었던 경우 낙찰 후 낙찰자에게 합의를 요청하는 경우가 있는데 그런 사례를 소개해본다.

단독주택 낙찰

단독주택이 감정가격에서 50%까지 유찰되어 있었다. 토지가격만 감안하더라도 충분히 메리트 있는 가격대로 유찰된 상태였고, 입찰하여 단독으로 낙찰 받았다(아마도 다가구 주택의 임차인들 전체가 배분요구신청을 하지 않았던 점이 다른 경쟁자들이 입찰에 참여하지 못한 듯하다).

물건정보

소재지	○○ ○○구 ○○동 1○○ 제1호		
물건관리번호	20○-1○○-001	재산종류	압류재산
위임기관	국민건강보험공단 ○○○○지사		
물건용도/세부용도	다가구주택/다가구	입찰방식	
면적	건물 223.8㎡, 대지 138.8㎡		

감정정보

감정평가금액	211,976,310 원	감정평가일자	-	감정평가기관	한국감정원	감정평가서 >
위치 및 부근현황	본건은 ○○시 ○○구 ○○동 소재 ○○고교 북서측 인근에 위치하며 부근은 다가구주택, 일반주택등이 존재하는 주택지대로서 대중교통사정은 보통시됨.					
이용현황	세장형의 토지로서 다가구주택부지로 이용중임.					
기타사항	제2종일반주거지역임.					

임대차정보

임대차내용	이 름	보증금	확정(설정)일	전입일
전입세대주	김○애	0 원		
전입세대주	박○선	0 원		
전입세대주	김○호	0 원		
전입세대주	원○희	0 원		
전입세대주	김○호	0 원		

• 임대차정보는 감정서상 표시내용 또는 신고된 임대차 내용등으로서 누락, 추가, 변동 될 수 있사오니 참고 자료로만 활용하여야 하여 이에 따른 모든 책임은 입찰자에게 있습니다.

입찰이력정보

입찰번호	물건관리번호	개정일시	최저입찰가	낙찰가	낙찰율	입찰결과	입찰상세
20○1○○001	20○-1○○-001	2006/05/25 11:00	105,990,000	108,000,000	101.9%	낙찰	보기
20○1○○001	20○-1○○-001	2006/05/18 11:00	127,188,000			유찰	보기
20○1○○001	20○-1○○-001	2006/05/11 11:00	148,386,000			유찰	보기
20○1○○001	20○-1○○-001	2006/05/04 11:00	169,584,000			유찰	보기
20○1○○001	20○-1○○-001	2006/04/27 11:00	190,782,000			유찰	보기

단독주택이 공매로 진행된 사연

　지금이야 누구든 건강보험의 혜택으로 저렴하게 의료비를 부담하고 있지만 예전에는 건강보험을 아무나 가입하지 못하고 소수의 직장인들만이 '직장의료보험'이라고 해서 혜택을 누리던 때가 있었다. 그 시절에 직장에 다니던 남편이 갑자기 사고로 세상을 뜨고 홀로 된 여인의 사례다. 남편이 사망하자 그녀와 자식들은 기존의 직장의료보험에서 자동적으로 탈퇴가 되었고 설상가상으로 그 시기에 어린 자식들까지 병치레를 심하게 하였다. 갑자기 가장이 된 여인은 생활비뿐 아니라 자식들의 의료비에 대한 부담마저 커지게 되니 사는 것이 너무 힘들어졌다. 결국 건강보험공단에까지 찾아가서 남편이 불의의 사고로 사망한 것이니 직장의료보험 혜택을 당분간이라도 받게 해달라고 애원했지만 냉정하게 거절당할 뿐이었다.

　그녀는 힘들었던 시기에 건강보험공단에서 거부당하자 엄청난 한을 품게 되었고 그래서 후에 '건강보험법'이 제정되어 모든 국민에게 혜택이 되고, 의무가입으로 변경되었음에도 일부러 가입하지 않고 버텼던 것이다. 집으로 배달되는 우편물 중에서 '건강보험'이란 글자만 있어도 읽어보지 않고 그 자리에서 박박 찢어버렸다.

　열심히 일하며 힘들게 돈을 차곡차곡 모았고 시간이 흘러 드디어 단독주택 한 채를 마련하게 되었다. 여성 혼자서 생활비에 애들을 가르치며 집까지 장만한다는 것은 정말 대단한 일이다. 하지만 홧김에 납부하지 않고 계속 연체했던 건강보험이 화근이었다. 건강보험이 의무가입으로 변경되었음에도 그녀의 가족 모두 건강보험료를 납부하지 않았고, 계속 체납했기에 공매로까지 넘어가 버린 것이다. 건강보험공단에선 그녀 소유의 단독주택을 공매로 진행할 것이라는 최고서까지 발송했지만 그녀는 우편물에 건강보험공단이란 글자만 보여도 박박 찢어서 버리던 습관 때문에 공매예정통지서 조차 읽어볼 생각도 하지 않고 찢어버린 것이다. 결국 필자에게 낙찰 될 때까지 그녀는 공매가 진행되었다는 사실조차 모르고 있었다.

낙찰 후 현장방문

필자가 단독으로 낙찰을 받고 현장을 방문했다. 건물 1층에 그녀(소유자)가 살고 있었다. 하지만 낙찰 후 소유자를 만나는 것보다 일단 세입자들에게 배분요구를 독려하는 것이 우선이었다. 만약 세입자들 모두 배분요구만 한다면 인수금액이 거의 없어서 정말 반값에 단독주택을 매입한 셈이 되는 것이었기 때문이다. 하지만 첫 방문에 임차인 대부분 직장을 나갔는지 한 팀도 만나지 못했고, 연락처만 붙여두고 돌아왔다. 바로 다음 날 핸드폰이 울렸다.

"야! 너 누군데 내 집에 이상한 거 붙이는 거야?(말투를 보니 세입자가 아니다)"
"안녕하세요. 낙찰잡니다."
"뭐가 낙찰자야! 여기 내 집인데 너 미쳤어?(계속 반말이다)"
"사모님 주택을 자산관리공사에서 공매로 낙찰 되었으니 한 번 확인해보십시오."
"뭐라구?! 야! 미친 XX야. 너 대체 누구야? 경찰에 신고할꺼야."
"○○○-○○○○ 번호로 전화해보세요. 일단 그것부터 확인하시고 다시 통화하시죠."

임차인 세대에 남겨둔 안내문을 보고 성난 소유자가 전화한 것이다. 반말을 섞어가며 함부로 말하는 것에 처음엔 필자도 화가 많이 났지만 대화를 해보니 본인 주택이 공매로 진행되었다는 사실조차 모르는 눈치였다. 어쩐지 입찰 전에 등기부등본을 확인해보니 다른 권리들이나 융자도 없었고, 딸랑 '국민건강보험공단'의 압류만 있는 것이 이상했었다. 체납금액도 500만 원에 불과했다. 그녀는 500만 원을 납부하지 않아서 2억 원이 넘는 단독주택을 반값에 처분당한 것이다.

내가 직접 이 상황을 설명하는 것보다 소유자가 자산관리공사에 직접 전화를 걸어 사실관계를 확인하는 것이 효율적이라 생각했다(아마 내가 직접 설명했으면 평생 먹을 욕을 다 먹었을지도 모르겠다. 자산관리공사 직원에게 약간 미안한 마음도 들었다).

30분 후 다시 그녀에게서 전화가 왔다.

"야 임마! 이거 완전히 사기야!! 니가 누구 맘대로 내 집을 낙찰 받아?(여전히 반말모드다)"

"사모님! 이제부터 한 번만 더 반말하시면 전화 끊고 법대로만 진행합니다."

"그래도 이거 너무한 거 아녀… 내가 어떻게 산 집인데… 도대체 내 집이 왜 공매가 되냐고??"

"사모님 건강보험료를 왜 그리 많이 체납하셨습니까? 공매는 건강보험공단에서 진행시킨 겁니다. 자산관리공사는 그냥 공매 절차만 대행해준 거구요."

"뭐라고! 건강보험공단! 이 XX자식들이 공매에 넣었다고?"

"네… 한 번 알아보세요."

건강보험공단이란 얘기가 끝나자마자 그녀는 필자와 대화를 마무리하지도 않은 채 전화를 확 끊어버렸다. 성질 급한 그녀가 소매를 걷어붙이고 건강보험공단으로 뛰어가는 모습이 절로 상상되었다. 그녀의 성질을 봐선 아마도 건강보험공단에 난리가 났을 것이라 생각이 들었다(사실 공매로 낙찰되었다는 사실을 알려준 이후부터 필자가 XX라고 표현했던 것보다 더 심한 용어를 섞어가며 얘기했었는데 필자도 당황할 수준이었다).

이틀 후에 그녀에게서 전화가 왔다. 그런데 당당하고 힘이 넘치던 목소리는 온데간데 없었다. 그제서야 모든 상황이 파악된 그녀는 남편 사망한 이후부터 지금까지의 삶을 구슬프게 얘기했다. 자신이 가장 힘들었을 때 가입을 거절했던 건강보험공단에 대한 서운함도 모두 털어 놓았다. 이 물건의 낙찰가격이 워낙 저렴했기에 수익이 눈앞에 보였지만 이 모든 사정을 접하니 차마 잔금을 납부할 수 없었다. 결국 그녀에게 소정의 합의금을 받고 공매취소동의서를 써주기로 합의했다(건강보험료도 오랜 기간 연체하면 당신의 소중한 재산을 헐값에 잃을 수도 있다!).

공매 위임기관인 건강보험공단을 방문하다

그녀와 함께 건강보험공단에 방문했다. 그런데 담당자와 직급이 더 높은 상사 두 사람의 목 부위에 대일밴드가 붙어 있었다(누가 그랬을지 금세 감이 왔다).

공매를 취하하려면 서류를 준비해야 한다. 낙찰자의 인감증명서가 첨부된 매각결정취소신청서가 있어야 되고 그 서류를 위임기관에 제출해야 한다(자산관리공사직원의 업무지침).

매각결정취소동의서

공매관리번호: 201○-1○67-0○○
매 각 재 산 : ○○시 ○○구 ○○동 1○○-9

본인 송사무장은 201○.5.24.에 자산관리공사에서 진행하는 위 공매사건의 최고가매수인으로 108,000,000원에 낙찰을 받았습니다.

본인은 낙찰을 받고 잔금을 낸 후에 소유권이전을 하려 하였으나 체납자 이○○와 원만한 합의를 하게 되어 위 공매사건의 매각결정취소에 동의하게 되었습니다.

따라서 본인은 위 공매사건의 매각결정취소에 동의하며 추후 더 이상의 권리를 주장하지 않을 것을 서면으로 제출합니다.

매 수 자 : 송사무장
주민번호 : 7○○○○○-1○○○○○○
주 소 : 경기 부천시 ○○구 ○○동 5○○

체 납 자 : 이○○
주민번호 : 5○○○○5-2○○○○14
주 소 : ○○시 ○○구 ○○동 1○○-9

매각결정취소동의용 매수자 인감1부 첨부
입찰보증금환수용 통장사본1부 첨부

소유자의 사연이 구구절절하다는 이유만으로 취하시켜준 것에 대해 의아해하는 분들도 분명 있을 것이라 생각한다. 사실 경매 당한 사람들 중에 어디하나 사연 있지 않은 사람이 있겠는가. 모두가 다 힘든 상황을 맞은 이들이다. 그렇다고 낙찰 받을 때마다 소유자가 불쌍해 보이면 모두 취하해 줘야 되는 것인가.

하지만 그녀의 사연은 지면에 실은 것 이상으로 복잡했고 서러웠다. 그렇기에 차마 잔금납부를 할 수가 없었다. 한 여자가 남편도 없이 아이들을 키워가며 힘겹게 살아왔는데 그 소중한 재산을 빼앗기면 정말 힘들어질 수도 있겠다는 생각이 들었다.

필자도 적정수준의 합의금을 받았기에 어찌됐든 수익은 낸 것이었다. 투자자라면 당연히 수익은 내야 하는 것이니 말이다.

이 글에서 전하고 싶은 필자의 메시지는 이런 것이다. 되도록 상대방과 원원할 수 있는 상황을 만들도록 노력을 하자. 특히나 부동산 경·공매는 무조건 원칙대로, 법대로만 끌고 간다고 해서 좋은 것이 아니다. 이번에 수익이 적으면 다음에 조금 더 얻으면 된다는 생각으로 접근하자. 사실 이 물건 이후에도 좋은 물건을 계속 만날 수 있었다.

PART 9

공매부동산의
눈에 보이지 않는
3가지 함정

눈에 보이지 않는
3가지 함정

　근저당이 아닌 조세채권이 원인이 되어 체납처분 되는 공매의 경우 경매보다 보이지 않는 함정이 자주 등장하는데 이를 간과하고 입찰하여 입찰보증금을 포기하는 투자자들이 많다. 이런 함정을 피하는 것은 어려운 법률지식을 갖추지 않더라도, 입찰 전 작은 습관으로도 충분히 할 수 있는 것이므로 사전에 함정의 유형 및 조심해야 될 부분에 대해 확실히 알아두는 것이 좋다. 하나씩 짚어보도록 하자. 명심하라. 투자에선 수익을 얻는 것보다 돈을 잃지 않는 것이 더 우선이다.

〈함정 1. 조세채권의 법정기일〉

(1) 등기부상 권리분석만으로는 완벽하게 함정을 걸러낼 수 없다

공매물건에 관해 보이지 않는 함정이라고 지칭한 것은 투자자들이 해당부동산의 등기부등본을 통해 권리분석을 하여 안전한 물건이라 여기고 입찰하더라도 낭패를 보는 경우가 있기 때문이다. 예를 들어 입찰부동산에 압류가 기입되어 있고, 그 압류일보다 앞서 대항력과 확정일자를 갖춘 임차인이 있는 경우 단순히 권리분석으로만 판단했을 때 안전한 물건이라고 생각할 수 있다.

〈예시〉

감정가격 1억 원/낙찰가격 8,000만 원

2012.1.5. 임차인 전입 및 확정일자 취득(임차보증금 6,000만 원)
2012.3.2. 압류(4,000만 원) – 말소기준권리
2012.4.1. 근저당
.
.
2012.8.4. 공매개시

만약 입찰부동산의 등기부 상 압류 또는 가압류가 말소기준권리이고(특히나 그것이 공매물건일 경우에), 위와 같이 압류(말소기준권리)일자가 임차인의 확정일자보다 후순위일지라도 불과 몇 개월 정도 밖에 차이나지 않는 물건은 함정일 가능성이 매우 높으므로 주의해야 한다.

그 이유는 공매에서 배분 시 임차인의 확정일자가 조세채권의 압류일자보다

빠를지라도 배분순위는 늦을 수 있기 때문이다. 왜냐하면 조세채권은 등기부상 압류등기일이 아닌 조세채권의 법정기일을 기준으로 배분되기 때문인데 위 케이스의 경우 권리분석만으론 압류일자에 앞서 임차인이 전입 및 확정일자를 갖췄기에 보증금 전부를 배분받을 수 있다고 생각되지만 임차인이 미처 배분받지 못한 2,000만 원을 인수해야 하는 불상사가 발생할 가능성이 매우 크다(체납처분 비용은 제하고도).

(2) '조세채권의 우선권'과 '조세채권의 법정기일'

조세란 국가나 지방자치단체가 그 경비에 충당할 재력을 얻기 위하여 국민으로부터 강제적으로 징수하는 재원을 말한다. 이러한 공익성 때문에 우리나라뿐 아니라 외국에서도 조세채권에 관해 우선원칙이 주어진다. 조세채권은 원칙적으로 납세자의 다른 공과금 등 기타의 채권에 우선하여 징수한다(국세기본법 제35조 제1항, 지방세법 제31조제1항).

 조세채권의 종류 및 공매 용어의 이해

조세는 국세와 지방세가 있고, 국세는 국가가 과세하는 세금으로서 소득세, 법인세, 상속세·증여세, 재평가세, 부당이득세, 부가가치세, 특별소비세, 주세, 전화세, 인지세, 증권거래세, 관세, 임시수입부가세, 교육세, 교통세, 농어촌특별세 등이 있다. 지방세는 지방자치단체가 과세하는 세금으로서 보통세인 취득세, 등록세, 면허세, 주민세, 재산세, 종합토지세, 자동차세, 주행세, 농지세, 담배소비세, 도축세, 경주·마권세와 목적세인 도시계획세, 공동시설세, 사업소세, 지역개발세 등이 있다.

국가나 지방자치단체가 체납처분에 의하여 조세를 강제징수하는 방법으로는 교부청구, 참가압류, 공매처분 등 3가지가 있다.

여기서 '교부청구'는 과세관청이 집행법원 등 타집행기관의 강제환가절차에 참가(일종의 배당요구)하여 집행기관으로부터 배당(또는 배분)받아 조세채권에 충당하는 절차를 말하고, '참가압류'는 먼저 타집행기관의 강제환가절차에 참가하여 배당받되, 타집행기관이 강제환가절차를 취소하거나 해제되는 경우에 과세관청이 직접 강제환가절차를 취하여 그 환가대금으로부터 조세채권에 충당하는 절차를 말한다. 또 '공매처분'이라 함은 과세관청이 직접 강제환가절차를 취하여 그 환가대금으로 조세채권에 충당하는 절차를 말한다.

'조세채권의 법정기일'이란 쉽게 표현하면 해당 조세의 '신고일' 또는 '납세고지서 발송일'이다. 예를 들어, 취득세는 부동산을 매입하고 신고하는 행위에 의하여 조세채무가 확정이 되므로 '신고일'이 법정기일이 되는 것이고, 과세표준과 세액을 지방자치단체가 결정하는 경우에 고지한 당해 세액에 대하여는 그 '납세고지서 발송일'이 법정기일이 된다. 따라서 이런 조세가 체납되었을 때 체납자의 부동산 등기부등본에 기입된 압류일자는 이미 해당 조세에 관해 독촉 및 최고절차를 거친 이후일 것이므로 실제 법정기일보다 최소 몇 개월 후일 것이다. 그리고 조세채권의 배분순위는 압류등기일이 아닌 법정기일을 기준으로 결정되므로 입찰 전에 미리 확인해야 된다(어렵게 생각하지 말자. 입찰할 부동산에 관해 자산관리공사 직원에게 조세채권의 법정기일에 관해 문의하면 쉽게 답을 얻을 수 있다!!). 아직 이런 유형의 물건에 대해 대금미납 사례가 빈번하게 발생되는 것을 보면 여전히 조세채권의 법정기일을 간과하고 권리분석을 하는 투자자들이 많다는 것을 느낀다.

세금 종류별 법정기일

① 취득세처럼 과세표준과 세액의 신고에 의하여 납세의무가 확정되는 지방세는 신고한 당해 세액에 대하여 신고일이 법정기일이 된다.

② 과세표준과 세액을 지방자치단체가 결정·경정하여 고지한 당해 세액에 대하여는 그 납세고지서 발송일이 법정기일이 된다.

③ 양도담보 재산에 대한 지방세를 징수할 경우는 납부통지서 발송일이 법정기일이 된다.

④ 조세채권 확정 전에 납세자의 재산을 압류한 경우에는 압류등기일 또는 등록일이 법정기일이 된다.

⑤ 가산세의 법정기일은 납세고지서의 발송일이 되고(대법원 2001.4.24. 2001다10076), 가산금 및 중가산금의 법정기일은 납부고지서에 고지된 납부기한이나 그 이후 소정의 기한을 도과한 때(대법원 2002.2.8. 2001다74018)가 법정기일이 된다.

(3) 조세채권과 다른 채권들이 경합할 경우 우선순위

① 조세채권과 저당권, 확정일자부 임차인(=전세권)이 경합하는 경우

이 경우 조세채권은 법정기일을 기준으로, 저당권은 근저당설정 등기일, 임차인은 확정일자의 전후 순서에 따라 배분순위가 정해진다(본래 집행기관에서 이런 부분도 매각 시 기재해야 할 필요가 있는데 아직까진 입찰자가 검토 후 입찰해야 한다).

② 저당권과 조세채권이 같은 날인 경우엔 조세채권이 우선한다.(국세기본법 35조 1항 3호)

③ 구지방세법이 1994.12.22. 개정 전에는 '납세의무성립일'로 조세채권의 배분순위가 기준이 되었으나 개정 이후 '납세고지서 발송일'로 배분순위가 결정된다.(현 시점에선 '납세고지서 발송일'로 판단해도 무방할 것이다.)

(4) 실제 사례

〈사례1〉

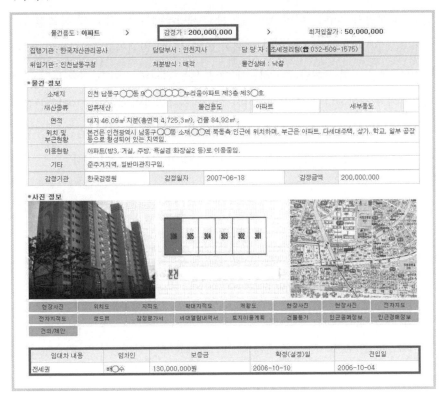

〈등기부등본의 권리사항〉

순번	일자	권리종류	권리자	채권최고액	비고
1	2006.9.26	소유권보존	OO주택조합 대표 장OO		
2	2006.10.10	전세권	배OO	130,000,000	
3	2006.11.27	압류	인천 남동구		세무과-22869
4	2006.12.5	가압류	(주)OO창호	331,074,000	

위 사례를 보면 임차인의 전세권이 2006년 10월 10일로 인천 남동구의 압류
(2006년 11월 27일)보다 앞서기에 안전한 물건이라고 생각할 수도 있다. 하지만
압류일자와 전세권설정이 된 시점이 등기부등본상 1개월밖에 차이 나질 않는다.
결국 이 물건의 압류는 이미 체납자에게 조세납부에 관한 최고 및 독촉절차를
거친 후 기입된 것이므로 최소한 조세의 법정기일이 전세권등기일자보다 몇 개
월 이상 빠를 것이라 판단해야 하는데 그 부분을 간과한 것이다. 어찌 보면 공매
담당자에게 전화했다고 할지라도 아마 선순위전세권자의 배분요구 여부만 질문
했을 것이고, 배분요구를 했으니 당연히 말소될 것이라 판단하고 입찰에 참여했
을 것이다. 이 물건의 입찰결과를 보면 그런 상황이 절로 상상이 된다.

입찰번호	물건관리번호	개찰일시	최저입찰가	낙찰가	낙찰율	입찰결과
200701○2001	2007-01○2-001	2009/03/19 11:00	50,000,000	56,100,000	112.2%	낙찰
200701○2001	2007-01○2-001	2009/03/12 11:00	60,000,000			유찰
200701○2001	2007-01○2-001	2009/03/05 11:00	70,000,000			유찰
200701○2001	2007-01○2-001	2009/02/26 11:00	80,000,000			유찰
200701○2001	2007-01○2-001	2009/02/19 11:00	90,000,000			유찰
200701○2001	2007-01○2-001	2008/09/25 11:00	90,000,000	141,500,000	157.2%	낙찰
200701○2001	2007-01○2-001	2008/09/18 11:00	100,000,000			유찰
200701○2001	2007-01○2-001	2008/08/07 11:00	100,000,000			유찰
200701○2001	2007-01○2-001	2008/06/26 11:00	50,000,000		0	취소
200701○2001	2007-01○2-001	2008/02/28 11:00	100,000,000	142,000,000	142.0%	낙찰
200701○2001	2007-01○2-001	2007/09/06 11:00	120,000,000	136,765,000	114.0%	낙찰

명심하자. 입찰 전에 공매공고에 나와 있는 담당자에게 전화를 걸어 조세채권의 법정기일과 그 금액만 확인했다면 사전에 쉽게 함정을 피할 수 있다. 전화를 걸어 '조세채권의 법정기일이 전세권등기일자보다 앞서나요? 그 금액은 얼마인가요?'라고 묻기만 하면 된다.

〈사례2〉

임차인 사업자등록 2010.8.6. 확정일자 2011. 6. 15.

압 류 2011.7.1. 동작세무서

압 류 2011.10.12. 서울중앙지방검찰청

위 사례를 권리분석하면 외형상 말소기준권리인 동작세무서의 압류(2011년 7월 1일)순위보다 임차인의 확정일자(2011년 6월 15일)가 앞서 있기에 아무런 이상이 없어 보인다. 그런데 공매 담당자와 통화를 해보면 위 동작세무서 조세채권의 법정기일은 2011년 2월 1일이고, 체납금액도 20억 원이라는 것을 확인할 수 있다. 따라서 이 물건은 임차인의 배분금액은 전혀 없고, 임차인의 보증금을 모두 인수해야 하는 물건이다(이미 최초낙찰자는 이를 간과하여 대금미납을 했다).

▌상세입찰결과

물건관리번호	2011-○○52-○7		
재산구분	압류재산(캠코)	담당부점	조세정리부
물건명	경기 고양시 ○○○구 ○○동 7○○○마을 제상가동 제3층 제3○호		
공고번호	20100-0○07-00	회차 / 차수	042 / 001
처분방식	매각	입찰방식/경쟁방식	최고가방식 / 일반경쟁
입찰기간	2011-10-31 10:00 ~ 2011-11-02 17:00	총액/단가	총액
개찰시작일시	2011-11-03 11:02	집행완료일시	2011-11-03 11:24
입찰자수	유효 1명 / 무효 0명(인터넷)		
입찰금액	54,190,000원		
개찰결과	낙찰(매각결정(낙찰자))	낙찰금액	54,190,000원
감정가 (최초 최저입찰가)	60,000,000원	최저입찰가	54,000,000원
낙찰가율 (감정가 대비)	90.32%	낙찰가율 (최저입찰가 대비)	100.35%

▌대금납부 및 배분기일 정보

대금납부기한	2012-01-03	납부여부	미납
납부최고기한	2012-01-16	배분기일	매각취소결정

〈사례3〉

물건정보　　　　　　　　　　　　　　　　　　　　　　　　　　　**닫기**

소재지	부산 해운대구○○동 1108-3○○빌라 제2층 제3○호		
물건관리번호	2011-226○-001	재산종류	압류재산
위임기관	수영세무서	배분요구종기	
물건용도/세부용도	다세대주택/다세대	입찰방식	일반경쟁
면적	대지 20.812㎡ 지분(총면적 185.4㎡), 건물 47.6㎡		

임대차정보

임대차내용	이 름	보증금	차임(월세)	환산보증금	확정(설정)일	전입일
임차인	배○자	57,000,000 원	0 원	57,000,000 원	2011/01/26	2011/01/26
전입세대주	배○자	0 원	0 원	0 원		2011/01/26

• 임대차정보는 감정서상 표시내용 또는 신고된 임대차 내용등으로서 누락, 추가, 변동 될 수 있사오니 참고 자료로만 활용하여야 하며 이에 따른 모든 책임은 입찰자에게 있습니다.

명도책임	매수인
공매재산에 대하여 등기원권리 또는 가처분으로서 매각으로 효력을 잃지 아니하는 것	
공매재산의 매수인으로서 일정한 자격을 필요로 하는 경우 그 사실	
유의사항	본건은 점유자의 주민등록 등재사실에 의하여 대항력 있는 임차인이 있을 수 있사오니 사전조사 후 입찰바람
사진정보	위치도 >　지적도 >　지도 >　위성사진 >

입찰이력정보　　　　　　　　　　　　　　　　　　　　　　　　　　**닫기**

입찰번호	처분방식	물건관리번호	개찰일시	최저입찰가	낙찰가	낙찰율	입찰결과	입찰상세
2011226○001	매각	2011-226○-001	2012/03/08 11:00	49,000,000	50,000,000	102.0%	낙찰	보기
2011226○001	매각	2011-226○-001	2012/03/02 11:00	56,000,000			유찰	보기
2011226○001	매각	2011-226○-001	2012/02/23 11:00	63,000,000			유찰	보기
2011226○001	매각	2011-226○-001	2012/02/16 11:00	70,000,000			유찰	보기

이 사례를 흔히 권리분석을 하는 순서대로 정리해보면 다음과 같다.

〈권리분석표〉
소유권 최○훈 2011. 1. 26
임차인 배○자 2011. 1. 26   5,700만 원(전입, 확정일자 2011. 1. 26)
수영세무서   2011. 3. 14   미상
동래세무서   2011. 11. 26 미상

이 부동산에는 5,700만 원의 주민등록(대항력)과 확정일자(우선변제권)을 모두
갖춘 선순위 임차인이 있다. 그래서 아마도 위 권리분석대로 위 빌라를 5,000만
원에 낙찰 받았으므로 대항력이 있는 임차인에게 5,000만 원이 배분이 되고, 나
머지 700만 원 정도는 인수하면 되겠다고 생각으로 입찰했을 것이다(체납처분비
는 일단 생략한다). 하지만 위 사건에 대해 실제 배분되는 표를 작성해보면 일반 권
리분석에서 발견할 수 없는 추가 인수사항이 확인된다.

▌상세입찰결과			
물건관리번호	2011-○○78-001		
재산구분	압류재산(캠코)	담당부점	부산지사
물건명	부산 해운대구 ○○동 100-3 ○○빌라 제2층 제○2호		
공고번호	201○○-○○65-00	회차 / 차수	009 / 001
처분방식	매각	입찰방식/경쟁방식	최고가방식 / 일반경쟁
입찰기간	2012-03-05 10:00 ~ 2012-03-07 17:00	총액/단가	총액
개찰시작일시	2012-03-08 11:09	집행완료일시	2012-03-08 11:30
입찰자수	유효 1명 / 무효 0명(인터넷)		
입찰금액	50,000,000원		
개찰결과	낙찰(매각결정(낙찰자))	낙찰금액	50,000,000원
감정가 (최초 최저입찰가)	70,000,000원	최저입찰가	49,000,000원
낙찰가율 (감정가 대비)	71.43%	낙찰가율 (최저입찰가 대비)	102.04%

소유권 최○훈   2011. 1. 26.
수영세무서   2010. 3. 31.   1,647만 원
동래세무서   2011. 1. 25.   142만 원
임차인 배○자 2011. 1. 26.   5,700만 원(전입, 확정일자 2011. 1. 26.)
수영세무서   2011. 3. 14.   나머지 금액
동래세무서   2011. 11. 26. 나머지 금액

수영세무서와 동래세무서의 압류일자는 임차인의 확정일자보다 느리지만 두 세무서의 조세채권 중에서 법정기일이 빠른 금액이 약 1,800만 원이 있어서 그 금액만큼 임차인보다 세무서에 우선 배분이 된다. 따라서 세무서에 압류금액 1,800만 원이 배분되면, 낙찰금액 5,000만 원 중에서 남은 금액은 3,200만 원이다.

결국 임차인은 5,700만 원 중 3,200만 원을 배분받을 것이고 남은 미배분금액 2,500만 원은 낙찰자가 인수해야 한다. 즉 낙찰자는 5,000만 원(낙찰금액) + 2,500만 원(대항력 추가부담) = 7,500만 원에 매수한 셈이 되는 것이다.

이처럼 해당부동산에 대항력이 있는 임차인이 있는 경우 압류일자는 늦지만 조세채권의 법정기일이 빨라서 미배분금액이 발생될 수 있으므로 입찰 전에 반드시 이를 확인해야만 한다. 위 사례3도 담당자에게 미리 전화통화만으로 확인이 가능한 금액이다.

〈함정 2. 당해세〉

(1) 당해세의 의의

당해세란 매각부동산 자체에 부과된 조세와 가산금을 말한다. 즉, 해당부동산을 소유함으로서 부과되는 국세, 지방세 및 그 가산금이다. 국세기본법 제35조(국세의 우선)는 강제집행, 경매 또는 파산절차에 의한 재산의 매각에 있어서 그 재산에 부과된 당해세는 보다 빠른 전세권, 질권 또는 저당권의 목적이 되는 채권보다 매각대금에서 우선 징수하도록 규정하고 있다. 이런 취지는 조세채권이 국가재정수입의 확보수단이기에 인정되는 우선원칙인 것이다.

1. 당해세의 종류
① 국세 중에 당해세는 상속세, 증여세 및 종합부동산세이다.
② 지방세 중에 당해세는 재산세, 자동차세, 도시계획세, 공동시설세 및 지방교육세이다.

2. 담보물건에 우선하는 당해세의 요건
① 담보물권자(채권자)가 담보물권 설정 당시 예측 가능한 조세일 것
　목적 부동산 자체의 조세 외에 대법원판례는 부동산등기부등본상에 상속 또는 증여 등의 표시가 있거나 장래에 발생 가능할 것인지에 대하여 예측할 수 있어야 당해세로 인정한다.
② 담보물권설정자(소유자)를 납세의무자로 하는 조세일 것
　담보물권설정자로부터 부동산을 양수 받은 양수인을 납세의무자로 하여 발생한 체납조세가 당해세라 하더라도 선순위 담보물권에 우선할 수 없다. 즉, 담보물권 설정 당시의 소유자를 대상으로 발생한 것만을 당해세로 인정할 뿐이고 이를 양수받은 제3자를 대상으로 부과된 당해세는 선순위담보물권보다 우선하지 못하게 하여 거래의 안전을 보장한다.

(2) 당해세의 배분순위

배당순위	내용
1순위	공매체납처분비
2순위	최우선변제(소액임차인), ★임금채권(근로복지공단 압류)★
3순위	당해세(국세 중 상속세, 증여세, 재평가세, 지방세 중 재산세, 자동차세, 도시계획세, 종합토지세 등) 당해세는 법정기일에 관계없이 무조건 3순위이다.
4순위	우선변제(전세권, 저당권, 담보가등기 등 담보물권과 대항력과 확정일자 있는 임차인, 당해세 이외의 조세들 간의 그 시간의 선후비교- 조세채권의 법정기일)
5순위	일반임금채권
6순위	담보물권보다 늦은 조세채권
7순위	의료보험료, 산업재해보상보험료, 국민연금보험료
8순위	일반채권

공매투자자는 위 표 중에서 1순위에서 4순위까지는 임차인이 배분순위에 밀려 인수할 수 있는 경우가 발생될 수 있으므로 반드시 숙지하고 있어야 한다. 위 순위를 보면 입찰부동산에 당해세가 있는 경우, 당해세는 법정기일에 관계없이 무조건 3순위라는 것을 알 수 있다. 따라서 임차인이 말소기준권리보다 앞서 대항력이 있고 확정일자를 갖췄더라도 배분순위가 늦을 수 있기에 주의하고 또 주의해야 한다.

등기부등본을 보고 당해세인지 아닌지 그 가능성에 대해 조금 더 쉽게 구분하는 방법이 있다. 그것은 압류기관의 소재지를 보면 된다. 당해세란 매각부동산 자체에 부과되는 세금이므로 해당 물건의 소재지가 '부천'이고, 압류기관이 '부천세무서'라면 당해세일 가능성이 높다. 따라서 해당부동산과 압류기관이 동일한 지역일 경우에는 당해세일 수도 있다고 한 번 의심해봐야 한다.

(3) 실전사례

〈등기부등본의 권리사항〉

순번	일자	권리종류	권리자	채권최고액	비고
1	2004.2.19.	공유지분이전(매매)	박○석		
2	2004.5.12.	압류	시흥세무서		
3	2004.10.22	압류	동작세무서		

4	2006.12.15	주택임차권	이○환	48,000,000	전입 2004.3.28. 점유 2004.3.28. 확정 2004.3.28
5	2007.12.10	압류	부천시○○구		

이 물건의 경우 임차인의 전입 및 확정일자(2004년 3월 28일)이고, 압류는 1년 정도 차이가 난다. 하지만 자세히 보면 압류기관이 부동산 소재지이기에 당해 세일 가능성이 높고, 시흥세무서의 압류(2004년 5월 12일)와 임차인의 확정일자(2004년 3월 28일)가 많은 차이가 나는 것이 아니므로 조세채권의 법정기일도 체크해야 한다.

입찰이력정보   인쇄   닫기

입찰번호	물건관리번호	개찰일시	최저입찰가	낙찰가	낙찰율	입찰결과
2007○025001	2007-○025-001	2008/12/18 11:00	24,500,000	24,700,000	100.8%	낙찰
2007○025001	2007-○025-001	2008/12/11 11:00	28,000,000			유찰
2007○025001	2007-○025-001	2008/12/04 11:00	31,500,000			유찰
2007○025001	2007-○025-001	2008/11/27 11:00	35,000,000			유찰
2007○025001	2007-○025-001	2008/09/25 11:00	35,000,000			유찰
2007○025001	2007-○025-001	2008/09/18 11:00	42,000,000			유찰
2007○025001	2007-○025-001	2008/06/05 11:00	35,000,000		0	취소
2007○025001	2007-○025-001	2008/05/29 11:00	42,000,000	60,050,000	143.0%	낙찰
2007○025001	2007-○025-001	2008/05/22 11:00	49,000,000			유찰
2007○025001	2007-○025-001	2008/05/15 11:00	56,000,000			유찰
2007○025001	2007-○025-001	2008/05/08 11:00	63,000,000			유찰
2007○025001	2007-○025-001	2008/05/02 11:00	70,000,000			유찰

〈함정 3. 근로복지공단 압류〉

(1) 압류일자와 관계없이 항상 2순위인 근로복지공단 압류

앞서 표를 보면 해당부동산에 근로복지공단의 압류가 있는 경우 압류일자에 관계없이 무조건 2순위로 배분을 받는다. 소액임차인의 최우선변제금액과 동순위다. 따라서 해당부동산에 대항력과 우선변제권을 모두 갖춘 임차인이 있고, 그 뒤에 근로복지공단의 압류가 있는 경우에는 반드시 그 금액을 확인해야 한다.

 Tip 다른채권과 경합할 때 우선변제가 되는
최종3개월 임금과 최종 3년간의 퇴직금

① 근로기준법 제38조(임금채권 우선변제)
임금, 퇴직금, 재해보상금 기타 근로관계로 인한 채권은 사용자의 총 재산에 대하여 질권 또는 저당권에 의하여 담보된 채권을 제외 하고는 조세, 공과금 및 다른 채권에 우선하여 변제되어야 한다. 다만 질권 또는 저당권에 우선하는 조세, 공과금에 대하여는 그러하지 아니하다. 이런 규정에도 불구하고 '최종 3월분의 임금'및 '재해보상금'은 담보된 채권, 조세, 공과금 및 다른 채권에 우선하여 변제되어야 한다.

② 근로자퇴직급여보장법 제11조(퇴직금의 우선변제)
퇴직금은 사용자의 총재산에 대하여 질권 또는 저당권에 의하여 담보된 채권을 제외하고는 조세·공과금 및 다른 채권에 우선하여 변제되어야 한다. 다만 질권 또는 저당권에 우선하는 조세·공과금에 대하여는 그러하지 아니하다. 이런 규정에도 불구하고 최종 3년간의 퇴직금은 사용자의 총재산에 대하여 질권 또는 저당권에 의하여 담보된 채권, 조세·공과금 및 다른 채권에 우선하여 변제되어야 한다.

근로자의 최종3개월분의 임금은 근로기준법 37조에 의해 우선특권이 주어지고 최종3개월의 의미는 사업장의 폐지된 날로부터 소급하는 것이 아니고 단지 지급받지 못한 급여의 3개월 분에 해당하는 것이다.

최종 3년간의 퇴직금(근로자퇴직급여보장법 11조 2항) 역시 우선변제권이 있고, 단 우선변제가 되는 퇴직금은 250일분의 평균임금을 넘을 수 없다.

체납급여일지라도 위 기간에 해당되는 금액만 2순위로 인정되고, 그 외 임금 및 퇴직금은 우선변제를 받을 수 없다. 만약 2순위(임차인의 최우선변제금액, 최종 3개월 임금, 최종 3년간의 퇴직금, 재해보상금)가 매각대금을 초과하는 경우에는 각 채권액에 비례하여 배당한다.

(2) 실제 사례

등기부등본의 권리관계를 살펴보자.

• **임차인현황** (말소기준권리 : 2007.01.30 / 배당요구종기일 : 2008.08.18)

임차인	점유부분	전입/확정/배당	보증금/차임	대항력	배당예상금액	기타
이○호	주거용 전부	전 입 일:2006.10.04 확 정 일:2006.10.04 배당요구일:2008.07.25	보30,000,000원	있음	소액임차인	경매신청인
임차인분석		☞임차인 처 소숙희 진술 ▶매수인에게 대항할 수 있는 임차인 있으며, 보증금이 전액 변제되지 아니하면 잔액을 매수인이 인수함				

• **등기부현황** (채권액합계 : 180,531,386원)

No	접수	권리종류	권리자	채권금액	비고	소멸여부
1	2004.10.11	소유권이전(매매)	(주)○○○○			
2	2007.01.30	압류	금천세무서		말소기준등기	소멸
3	2007.04.23	가압류	신용보증기금	119,950,000원		소멸
4	2007.05.21	가압류	우리은행	10,581,386원		소멸
5	2007.07.02	가압류	하나은행	50,000,000원		소멸
6	2007.09.07	압류	국민연금공단			소멸
7	2007.11.13	압류	근로복지공단			소멸
8	2007.11.13	압류	국민건강보험공단			소멸
9	2008.06.11	강제경매	이○호	청구금액: 30,000,000원	2008타경○○○	소멸

위 사건에 관해 등기부등본으로 권리분석을 해보면 말소기준권리는 2007년 1월 30일에 기입된 금천세무서의 압류이고 임차인은 2006년 10월 4일에 압류보

다 빨리 전입했고, 확정일자도 훨씬 빠르므로 인수권리가 전혀 없고 모두 배분될 것이라 생각하기 쉽다. 하지만 위 등기부등본을 자세히 살펴보면 말소기준권리인 금천세무서의 압류(2007년 1월 30일)보다 늦고 임차인의 확정일자보다 순위가 늦지만 근로복지공단의 압류(2007년 11월 13일)가 기입되어 있고, 그 금액이 무려 8,500만 원이다.

위 오피스텔의 감정가격이 5,500만 원이고, 1순위 금액이 임차인의 최우선변제(1,600만 원)금액과 근로복지공단(8,500만 원)으로 감정가격을 훨씬 상회한다. 이 경우 임차인의 배분금액은 낙찰가*(1,600/(8,500+1,600))으로 최우선변제금액조차 전부 변제받지 못한다. 결국 감정가대로 낙찰 받았을 경우 추가로 인수해야 할 금액이 생긴다.

따라서 공매물건의 등기부등본에 '근로복지공단의 압류'가 기입된 경우 우선변제가 되는 임금채권인지 여부와 그 금액을 정확하게 확인하고 입찰해야 한다.

실전 **10**

신탁공매라는
새로운 분야에 도전하라

KB신탁, 다올신탁, 한국토지신탁, 아시아신탁 등 신탁기관에서 채권자의 신청에 의해 신탁된 물건을 자체적으로 공매를 진행하기도 하는데 이런 공매를 기관공매 또는 신탁공매라 일컫는다. 공매라는 제목이 붙여진 것은 '공개적으로 매각한다'는 넓은 의미만 있을 뿐이고 압류재산이 아니므로 국세징수법에 의한 매각절차를 준수하지 않는다. 따라서 신탁부동산의 등기부상 다른 채권(가압류, 가처분, 근저당)들이 있다면 매각 후에도 소멸되지 않고 그 권리가 인수되며, 기존에 임대차가 있으면 그대로 승계해야 하고, 체납관리비, 기타 권리들도 매수자가 인수하는 조건으로 매각이 진행된다. 그러므로 각 신탁기관의 매각공고에 있는 매각조건과 등기부등본을 통해 수익성과 인수사항을 검토하고 현장조사 역시 꼼꼼하게 챙겨야 한다. 이런 신탁기관에서 진행하는 부동산은 주로 신문공고나 각 신탁기관 홈페이지를 통해 확인할 수 있다.

낯선 분야에 도전할 때는 설렘과 두려움은 공존한다

　투자를 하며 지금껏 경험해보지 못했던 새로운 분야를 접하게 되었을 때 마치 탐험가가 새로운 지도를 발견한 것처럼 설레기도 하고 한편으론 보이지 않는 무언가를 맞닥뜨리는 것이 아닌가 하는 두려움이 생기기도 한다. 여기서 새로운 분야라면 지금껏 한 번도 가보지 못했던 지방물건을 접하는 경우이거나, 새롭게 적용해야 하는 판례나 법령이거나, 아니면 입찰방식이 전혀 다른 투자를 접하는 경우라고 할 수 있겠다. 누구든 마찬가지겠지만 처음 접하는 새로운 게임에서는 수익을 올리는 것에 앞서 실수하고 싶지 않은 마음이 우선이기에 잔잔한 설렘과 긴장을 안고 접근하게 된다.

 새로운 것을 접할 때는 한 박자 빠른 타이밍과 상대성이론을 생각하자

대개 일반인들은 무언가 새로운 분야에 도전할 때 그 분야에 관하여 우선 완벽한 지식을 쌓고 도전하려고 한다. 하지만 투자세계에서 차별화된 수익을 거두기 위해선 완벽한 지식보다 더 중요한 것이 바로 남보다 한 박자 빠른 타이밍이다. 왜냐하면 아무리 많은 지식을 습득했더라도 많은 이들이 그 방식을 알게 되었을 땐 높은 수익을 거두는 것이 힘들기 때문이다. 예를 들면, 필자가 선순위임차인과 유치권 물건에 투자했을 때 지금보다 한참이나 지식이 부족했어도 수익을 올리는 것이 훨씬 수월했었다. 실제 유치권이 있는 물건의 경우에는 '경매기입등기 이후의 점유는 유치권이 성립되지 않는다'는 기준만으로 많은 사건들을 해결하며 수익을 거둘 수 있었다(아마 이 당시에 필자와 같은 수준이거나 그보다 더 많은 지식을 갖추었음에도 도전하지 못했던 이도 상당할 것이라 생각한다). 하지만 지금은 그보다 더 복잡한 권리관계에 있는 유치권 물건에도 많은 투자자들이 도전하여 예전보다 높은 수익을 거둘 수 없는 것이 현실이다. 즉, 수익을 올리기 위해선 완벽한 지식보다 타이밍이 더 중요하다는 것이다.

그렇다면 어느 정도 지식을 갖췄을 때 투자결정을 할 수 있는 것일까? 필자는 절대적 이론을 갖추려 하지 말고, 어떤 분야든 그 물건의 경쟁자 또는 점유하고 있는 점유자보다 조금 더 아는 수준이면 본인의 지식이 부족하더라도 투자할 수 있다고 생각한다. 이런 감각을 가진다면 남보다 빠르고 과감하게 투자결정을 할 수 있다. 즉, 내 지식이 얕더라도 남이 나보다 모르면 그 사건은 쉽게 해결되는 것이고, 내가 많이 안다고 해도 경쟁자들도 모두 알고 있는 것이라면 수익을 내는 것이 힘들다는 것이다.

그래서 경·공매 투자 시 항상 절대적인 기준만 찾으려 하지 말고 경쟁자 내지 상대방의 수준을 머릿속에 염두하고, 그에 맞춰 필요한 지식을 갖추는 것이 훨씬 효율적일 수 있다. 필자가 처음 공매를 접했을 때, 그리고 특수물건에 도전했을 때, 또한 처음으로 사우나, 모텔, 공장, 상가를 낙찰 받았을 때도 무난하게 해결할 수 있었던 것은 상대하는 사람들이 필자보다 지식이 얕았기 때문이고, 실제 그럴 것이라 확신했기에 과감하게 도전할 수 있었다. 앞으로도 이런 생각과 감각으로 새로운 것을 접하는 사람은 더 많은 기회를 맞이할 수 있을 것이다.

평소 신탁공매는 물건이 많지 않고, 행여 매각물건이 있더라도 그 규모가 상당히 큰 금액이거나 개인투자자가 접근하기에 적당한 부동산이 별로 없어서 눈여겨보지 않았었다. 그런데 하루는 우연히 신문을 보다가 인근지역 상가가 신탁공매로 매각되고 있음을 발견했다.

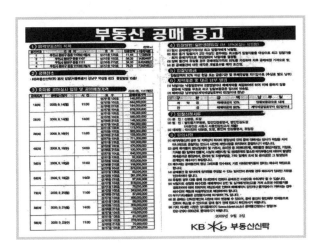

신탁공매에 관한 경험은 없었지만 평소에 잘 알고 있는 지역의 상가가 눈에 띄었기에 조금 덜한 부담감으로 물건에 빠져들었다. 총 31개 미분양 상가가 KB신탁에서 공매로 진행 중이었고, 모두 1, 2층에 위치한 입지가 아주 좋은 상가였다. 이 상가는 애초에 물건 자체는 괜찮았지만 최초 분양가격이 너무 고가여서 제대로 분양이 되지 않아 오랜 시간 방치된 물건이었다. 몇 년 동안 분양이 되지 않아 겉모습은 상가마다 먼지가 수북하게 쌓여있지만 임대수요는 많다는 것을 대략 알고 있었다(투자에서 지역을 잘 알고 있다는 것은 확실한 장점이다). 그래서 낙찰받게 된다면 상가매매가 수월하지 않더라도 좋은 조건에 임대는 충분하게 놓을 수 있을 것이라 생각했다.

물건분석

이 상가의 최초분양가격이 높아서인지 공매감정가격도 시세보다 높게 책정되었다. 하지만 이미 감정가격에서 약 50% 수준까지 유찰되었기에 입찰타이밍이라 판단되었다. 시세확인을 위해 중개업소에 들렀는데 그곳에도 신탁공매에 관해 언급하는 것을 보니 50% 수준으로 유찰되고 하나둘씩 투자자들이 관심을 갖는다는 것을 느낄 수 있었다.

그런데 문제는 KB신탁의 공매물건의 경우 입찰자들이 입찰부동산에 관한 감정금액 외에는 어떤 정보도 얻을 수 없다는 것이다. 매각물건에 관한 감정평가서가 있긴 하지만 입찰자는 볼 수 없고, 임차인 현황을 파악할 수 있는 현황조사서, 등기부상 인수권리, 체납관리비 등 입찰 전에 반드시 확인해야 되는 부분에 관한 자료가 하나도 없다(모든 신탁공매가 그러한 것이 아니라 각 기관마다 조금씩 차이가 있다). 담당자에게 전화를 해도 그리 친절하지 않고, 어쨌든 모든 것은 입찰자가 모든 사항을 스스로 조사해야만 하는 방식이었다(뭐지 이건? 신탁회사에서 정말 물건을 매각할 마음이 있는 것인지 의심이 들 정도니 말이다). 서류만으로 어느 정도 권리관계를 파악할 수 있는 경·공매에 익숙해진 필자에게 불편한 것이 한두 가지가 아니었다. 그런데 다시 생각해보니 이런 불편함은 나 말고도 다른 경쟁자들도 마찬가지일 것이고, 이런 부분 때문에 많은 이들이 입찰을 포기할 것이라 생각되었다.

③ 회차별 공매실시 일자 및 공매예정가격				(단위 : 원, VAT별도)
공매회차	공매실시일자	시 간	호 수	공매예정가격
1회차	2009. 9. 14(월)	11:00	상가1동 126호	140,000,000
			상가2동 102호	644,000,000
			상가6동 215호	164,000,000
			상가7동 104호	878,000,000
2회차	2009. 9. 14(월)	14:00	상가1동 126호	126,000,000
			상가2동 102호	580,000,000
			상가6동 215호	148,000,000
			상가7동 104호	790,000,000
3회차	2009. 9. 16(수)	11:00	상가1동 126호	113,000,000
			상가2동 102호	522,000,000
			상가6동 215호	133,000,000
			상가7동 104호	711,000,000
4회차	2009. 9. 16(수)	14:00	상가1동 126호	102,000,000
			상가2동 102호	470,000,000
			상가6동 215호	120,000,000
			상가7동 104호	640,000,000
5회차	2009. 9. 18(금)	11:00	상가1동 126호	92,000,000
			상가2동 102호	423,000,000
			상가6동 215호	108,000,000
			상가7동 104호	576,000,000
6회차	2009. 9. 18(금)	14:00	상가1동 126호	83,000,000
			상가2동 102호	381,000,000
			상가6동 215호	97,000,000
			상가7동 104호	518,000,000
7회차	2009. 9. 21(월)	11:00	상가1동 126호	75,000,000
			상가2동 102호	343,000,000
			상가6동 215호	87,000,000
			상가7동 104호	466,000,000
8회차	2009. 9. 21(월)	14:00	상가1동 126호	68,000,000
			상가2동 102호	309,000,000
			상가6동 215호	78,000,000
			상가7동 104호	419,000,000
9회차	2009. 9. 23(수)	11:00	상가1동 126호	61,000,000
			상가2동 102호	278,000,000
			상가6동 215호	70,000,000
			상가7동 104호	377,000,000

더군다나 이렇게 입찰물건에 관한 정보가 부실함에도 첫 매각기일에서 그 다음 매각기일까지 유찰속도는 엄청나게 빠르게 진행되었다. 앞 공고를 보면 첫 번째 매각기일(2009년 9월 14일)에서 9회차까지 유찰되는 기간이 단 9일(2009년 9월 23일)밖에 안 된다는 것을 알 수 있다. 경매는 한 달 단위로 20-30%씩 유찰되고, 압류재산 공매는 10%씩 1주일 단위로 유찰된다. 그런데 기관공매의 경우 불과 9일 만에 100% 감정가에서 43%수준까지 유찰되는 것이다. 왠지 이런 좋은 (?) 조건 때문에 이 물건을 충분히 낙찰 받을 수 있겠다고 판단되었다(결과부터 미리 말하자면 소개되는 물건 외 모든 상가들이 단독으로 낙찰되었고, 유찰된 물건들은 모두 저렴하게 수의계약으로 마무리 되었다).

어쨌든 아쉬운 놈이 우물파라는 식으로 입찰에 관심 있는 사람이 현장에 직접 가서 임차금액이 얼만지, 점유자가 누군지, 체납관리비가 어느 정도 되는지, 현상태 및 임대수준에 관해 꼼꼼하게 조사를 시작했다. 이 상가는 등기부상 아무런 권리가 없었고, 미분양 상가이기에 지금껏 단 한 번도 매매나 임대가 되었던 적이 없어서 체납관리비만 부담하면 되었다. 좋은 가격에 낙찰만 받으면 될 것이라 생각했다.

신탁공매의 입찰부터 낙찰까지

KB신탁물건은 입찰자가 신탁회사에 직접 방문하여 현장입찰을 해야 한다. 만약 대리인이 입찰할 경우 구비서류(이 부분도 각 기관마다 차이가 있으니 각 기관의 홈페이지에서 미리 입찰 전에 확인하면 됨)만 있으면 가능하다. 현장에 도착하여 입찰보증금(입찰가의 10%)을 찾아서 입찰장에 올라갔더니 필자 외에 한 사람뿐이었다. 사람들로 북적이는 법원만 보다가 한적한 입찰장을 보니 어색하기도 했지만 한편으론 기분이 좋아졌다. 입찰시간이 다가오니 한두 명씩 입찰자들이 보이기 시작했는데 다 모인 입찰자들의 수를 헤아려 봐도 입찰물건 수보다 적었다. 나중에 확인해보니 신기하게도 입찰자 모두 각각 다른 물건에 입찰했다. 사전에 상의한 것도 아닌데 말이다. 결국 단독으로 2건의 상가를 감정가대비 47%에 수준에 낙찰을 받았다. 아마도 동일한 물건이 경매로 진행되었다면 1층 상가로 좋은 위치에 있으므로 낙찰가격이 80% 이상이었을 것이다. 낯선 게임에 경쟁이 덜하다는 것을 다시 한 번 실감하는 순간이었다.

영 수 증

○○○ 귀하

당사에서 2009.6.26.(금) 실시한 경기도 부천시 원미구 중동 ○○의 상가 ○○ ○○○ 공매와 관련하여 다음의 입찰보증금을 낙찰자로부터 정히 영수하였음.

- 다 음 -

☐ 입찰보증금 : 금칠천일십만원정
(₩70,100,000)

2009.6.26.(금)

KB부동산신탁(주) 대표이사

부동산 매매 계약서

아래(제1조) 표시 부동산(이하 "매매부동산"이라 함)을 매매함에 있어 매도인 케이비부동산신탁주식회사(이하 "갑"이라 함)와 매수인 ○○○(이하 "을"이라 함)는 다음과 같이 부동산 매매계약을 체결한다.

- 다   음 -

제1조 (매매 목적 부동산) : 경기도 부천시 원미구 중동 ○○의 ○○㎡ 테이트 상가

소재지 및 건물명칭	호수	건물면적(㎡)	토지면적(㎡)
경기도 부천시 원미구 중동 1110의 위브더스테이트 상가	○○○○○	118.08	13.26/5796.7

제2조 (매매대금) 매매대금은 금칠억오천칠만원(₩750,070,000)으로 한다.

제3조 (매매대금 지급방법) "을"은 계약금·잔금을 "갑"에게 아래의 지정계좌로 납부한다.

(단위 : 원)

구 분	매매금액(원)				납 입 일
	토지비	건물비	부가세	합 계	
계약금	21,030,000	49,070,000	–	70,100,000	계약체결시 (계약보증금으로 대체)
잔 금	189,270,000	441,630,000	49,070,000	579,970,000	2009. 9. 28. (계약일로부터 60일)
합 계	210,300,000	490,700,000	49,070,000	750,070,000	

- 지정계좌 : 국민은행 38○○-04-08○○ (예금주 : 케이비부동산신탁주식회사)
- 하기 제9조(임대차)과 관련하여 "임대차계약 승계 확약서" 및 "임대료 납입 확인서"를 잔금납부기일까지 "갑"에게 제출한 경우, 상기 매매대금 잔금에서 목적부동산의 임대차 보증금 및 미납 임대료를 정산처리한 금액을 잔금으로 인정하기로 한다.

제4조 (소유권이전) ① "갑"은 처분대금정산일로부터 7일 이내에 소유권이전 등기를 하여야 하며, 이전등기에 소요되는 제 비용은 "을"이 부담한다.
② 소유권이전에 따르는 완성건물 또는 미완성 건물의 명도(임대부분 포함) 및 철거, 이전, 보상 등은 "을"의 책임으로 한다.

제5조 (제세공과금) 본 계약체결일 전후를 불문하고 매매목적물에 대하여 기발생하였거나 향후 발

위 계약서를 보면 강제 처분되는 경매나 공매와 달리 입찰 후 최고가매수인이 결정되면 그날 바로 부동산매매계약서를 작성한다. 매도인은 KB신탁, 그리고 낙찰자가 매수인의 지위가 되고, 입찰보증금은 매매계약의 보증금이 되며 매도인이 이를 영수증으로 발행한다. 기관공매도 일반매매라고 생각하면 된다. 흔히 매매계약서를 작성할 때 특약사항이 있는 것처럼 KB신탁에서 공고한 '유의사항'을 '특약사항'이라 이해하면 된다. 즉, 매도자가 파는 물건에 대해 미리 특약사항을 정해두고, 공개 경쟁하여 매수인이 결정되는 것이다.

너무 쉽게 끝나면 재미가 없나? 〈가처분+유치권〉

　상가낙찰 후 매매계약까지 체결했으니 이제 잔금만 납부하면 상가의 소유권을 취득하게 된다. 정말 아주 쉽게 게임이 끝나는 듯했다. 헌데 채무자 측에서 측근을 이용하여 이 물건의 잔금납부일 전에 공매로 진행되었던 전체 상가에 '처분금지가처분'신청을 한 것이다. 나중에 알게 된 사실이지만 채무자는 좋은 상가들이 너무 싼 가격에 낙찰된 것이 못마땅하여 아는 회사를 이용하여 가처분 신청 후 신탁공매절차를 취소시킬 요량이었다. 신탁공매도 본래 입찰자가 잔금납부를 하기 전에 예상하지 못한 불측의 손해가 발생될 경우 매수자가 그것을 원인으로 매매계약해제를 신청하면 되지만 이 물건은 놓치고 싶지 않아 좀 더 적극적으로 대응하기로 했다. KB신탁에 잔금기일연기신청서를 제출했다. 내용인즉 '가처분의 결과가 나올 때까지 잔금기일을 정하지 말아달라'는 요청서였고, 몇 년이 되더라도 보증금에 대한 이자를 지급하지 않아도 되니 무조건 기다리겠다고 하여 매도인(KB신탁)의 부담을 덜어 준 것이다. 몇 개월이 지나서 가처분의 진위여부를 판단하는 소송에서 가처분신청이 정당한 이유가 없다고 판명되어 가처분이 기각되었고, 드디어 잔금기일이 확정되었다.

　그런데 잔금납부 전에 다시 현장에 가보니 이번엔 낙찰 받은 상가에 '유치권' 현수막이 걸려있는 것이었다(그렇다고 너무 어렵게 생각할 것 없다. 필자 외에 다른 호수 낙찰자들 모두 잔금납부 후 쉽게 문을 열고 들어갔다). 이런 경우에도 낙찰자가 잔금납부 전에 유치권신고가 된 것을 원인으로 매매계약을 해지할 수 있었지만 조금 귀찮더라도 유치권을 해결하고 상가를 취득하기로 맘먹었다. 상가 창문 틈 사이로 사무실 내부를 보니 어느새 유치권자의 짐으로 가득 채워져 있었다.

유치권자를 만나다

　주위에 수소문하여 유치권자의 연락처를 알아내었다. 유치권자와 전화통화를 하여 인근 카페에서 만나기로 약속을 했고, 며칠 후 젊고 키 큰 유치권자와 대면을 하게 되었다. 상대방의 수준과 유치권에 관한 정보를 얻기 위해 필자는 반듯한 정장 대신 캐주얼 차림을 하고 약속장소로 향했다.

　"안녕하세요. 유치권 현수막을 보고 연락드렸습니다."
　"네… 저희가 전소유자에게 못 받은 돈이 좀 있어서요."
　"아… 그랬군요. 공매가 진행되었을 때 유치권 신고도 없었고, 현장에 현수막도 걸려 있지 않아서 몰랐습니다."

"몰랐긴요. 제가 입찰장에 가서 이 물건은 유치권이 있으니 조심하라고 한분씩 만나면서 얘기를 다 해줬습니다."

필자가 직접 입찰장에 갔었는데 이 녀석이 뻔뻔하게 거짓말을 하고 있었다.

"그러셨군요. 그런데 이 상가에 유치권이 어떻게 발생한건가요? 혹시 공사를 하셨나요?"
"저기 혹시 '상사유치권'이라고 들어보셨나요?(어쭈구리?)"
"제가 부동산 분야는 잘 몰라서요. 상사유치권이란 말은 처음 들어보는데요."
"완전 초보시구나. 제가 잠시 설명해드리겠습니다(고~맙다)."

초보 컨셉으로 접근했더니, 상대방의 유치권 강좌가 30분이 넘게 진행되었다. 이 녀석의 유치권 강의를 다 듣고 증거자료 확보를 위해 그에게 유치권에 관련된 구체적인 자료를 요청했다(본격적인 게임을 하기 전에 상대방이 가진 패를 알아야 한다).

"알겠습니다. 만약 저희가 정말 법적으로 부담해야 될 부분이라면 유치권 금액을 변제해드리겠습니다. 그런데 유치권 금액을 변제해드리려면 상사유치권에 관련된 서류들을 팩스나 우편으로 보내주시면 좋겠습니다. 그러면 제가 그 서류를 토대로 사장님께 결재를 올리겠습니다. 저도 뭔가 근거가 있어야 결재를 올리는데 지금은 유치권 현수막 말고는 아무것도 없잖습니까."
"당연하죠. 서류는 팩스로 보내드리겠습니다."
"음… 마지막으로 여쭤보는데 혹시 금액조정은 안될까요? 그리고 낙찰자에게는 그냥 원만하게 이사비를 받으면서 합의하시고, 유치권 금액은 소유자에게 따로 받으시면 안 될까요?"

"저희는 현소유자에게 유치권 행사를 하는 거구요. 이사비는 필요 없습니다. 1 주일 이내에 지급하는 조건에 유치권 금액은 6,000만 원 정도에 합의해드릴 수 있습니다."

이사비를 주고 끝낼 요량으로 유치권자를 몇 번 회유해봤지만 자신의 주장을 굽히지 않았다. 어쨌든 상대방의 욕심으로 원만한 합의는 되지 않을 것이라 판단되었다. 필자에게 유치권강의를 할 정도니 이 녀석의 자신감도 하늘을 찌르고 있었다.

관리사무소를 아군으로 만들고, 정면대결을 하다

유치권자와 만나보니 허위유치권임이 더 확실하다고 판단되었다. 또한 이들은 상가분양당시 다른 상가의 분양대행을 했었고, 그때 받지 못한 컨설팅수수료에 관해 낙찰자에게 '상사유치권'을 주장한다는 것이었다.

〈상사유치권이란〉

상법 제58조 (상사유치권)
상인간의 상행위로 인한 채권이 변제기에 있는 때에는 채권자는 변제를 받을 때까지 그 채무자에 대한 상행위로 인하여 자기가 점유하고 있는 채무자 소유의 물건 또는 유가증권을 유치할 수 있다. 그러나 당사자 간에 다른 약정이 있으면 그러하지 아니하다.

상사유치권 역시 민사유치권에 관한 민법의 준용이 적용되어, 채권의 전부를 변제받을 때까지 유치목적물에 관하여 권리행사 및 인도를 거절할 수 있고, 경매청구권도 갖는다.

(1) 상사유치권은 채권자와 채무자가 모두 상인인 경우에 인정된다.

(2) 민사유치권과 달리 쌍방이 상인일지라도 피담보채권이 상행위로 발생된 것이 아니라면 상사유치권은 성립되지 않는다.

(3) 채권은 변제기가 도래한 것이어야 한다.

(4) <u>상사유치권을 행사할 수 있는 것은 채무자 소유의 물건 및 유가증권이고, 제3자의 소유물에 관해선 유치권을 행사할 수 없다.</u>

(5) 민사유치권은 채권과 유치목적물 사이에 견련성이 필요하지만 상사유치권은 그렇지 아니하다.

(6) 쌍방 간에 사전에 유치권을 배제하는 약정을 한 경우 유치권이 인정되지 않는다.

하지만 이들이 유치권행사를 하며 크게 간과한 것이 있었다. 필자는 이미 이 상가의 관리사무소에 들러 체납관리비에 관해 상의를 하다 관리사무소 또한 이 상가의 시건장치를 추가로 보관하고 있음을 확인했다. 본래 낙찰부동산의 체납관리비가 있을 경우 많이 깎는 편인데 이 사건은 유치권을 해결하기 위해 관리소장을 아군으로 만들어 협조를 받기로 했다(공매에도 용병술이 중요하고, 이해관계인들을 내 편으로 만드는 것에 신경 써야 한다). 관리소장에게 잔금납부하고 관리비를 정산하며 즉시 키를 건네받기로 했다. 그리고 관리소장이 유치권자들이 점유하지 않았다는 '사실확인서'까지 써주기로 약속했다. 이 외에도 주위 중개업소에 들러 사실관계를 확인해보니 유치권자들이 이곳에 점유하고 있지 않다가 공매낙찰 소식을 듣고 사무실집기를 가져다 놓았다는 사실도 알아냈고, 중개업소도 '확인서'를 작성해주기로 했다.

사실확인서

본인은 현재 경기도 부천시 원미구 중동 1109의 중동 CCCOO 상가 관리사무소 과장입니다. 그래서 이 건물 제O동 상가 10C호와 10O호에 대하여 잘 알고 있기 때문에 사실확인서를 작성합니다. 또 위 상가에 대하여 2010. 3. C. 오후 3시에 직접 내부를 확인하고 아래의 사항에 대하여 확인합니다.

- 아 래 -

1. 위 상가는 OC관리주식회사에서 2009년 4월부터 OOOOO에 관하여 관리를 시작할 때에도 공실로 되어 있었습니다. 그리고 이전에 관리하던 관리회사인 OOO에셋주식회사에서 위 상가의 키를 보관하고 있었습니다.

2. 2010.3.C. 소유자가 OOO에셋에게 키를 받고 본인과 함께 상가 내부를 확인하여 보니 바닥에 쓰레기가 쌓여있고, 집기에는 먼지가 수북하게 쌓여 있으며 거미줄이 구석마다 쳐져 있는 것을 보니 오랫동안 방치되고 누가 사용한 흔적이 전혀 없었습니다.

3. 또 사용이 가능한 물건이나 귀중품은 없고 폐기물 수준의 사무실 집기만 있었습니다.

4. 위 사항은 사실임을 다시 한 번 확인합니다.

2010. 3. C.

확인자

성   명 : 백 O O
주민번호 : 700000 - OOOOOO
주   소 : 경기도 부천시 OO구 OO동 3CC-O번지

348

유치권자가 목적물의 점유를 잃으면, 유치권은 당연히 소멸한다(민법 제328조)고 민법에 규정되어 있고, 위 대법원판례를 보더라도 유치권자의 적법한 점유라 인정되려면 '타인지배의 배제가능성'이 있어야 하는데 이 상가는 유치권자뿐 아니라 관리사무소도 키를 가지고 있으면서 이곳의 관리를 위해 수시로 출입했다는 것이다. 즉, 유치권의 점유가 불분명한 부분으로 성립되지 않는다고 판단한 것이다.

이제 정면승부를 할 준비가 다 끝난 듯했다. 유치권자와 협의하지 않고 잔금 납부를 하자마자 체납관리비를 납부하고 관리사무소에서 키를 건네받아 바로 현장에 진입하기로 결정했다. 이 물건의 잔금을 치르면서 대출도 실행했기에 명도소송으로 해결 하려면 소송기간동안 이자도 부담되었고, 이미 리모델링 후 영업계획까지 짜여진 상황이라 지체할 시간이 없었다.

겁 없이 날뛰던 야생마나 야생의 매를 진정시키고, 길들이기 위해 가장 먼저 하는 것이 눈을 가리는 것이다. 야생동물도 보지 못하면 답답하고 순해지는 경향이 있다. 표현이 억지스럽기는 해도 유치권자들은 이 상가에 사무실 집기를 넣어 두고 수시로 들러서 창문틈새로 본인들의 집기가 그대로 있는지 현장에 와서 체크하고 있었다. 만약 낙찰자가 집기를 끌어내거나 버릴 경우 곧바로 몸싸움을 하거나 형사고소를 할 것이란 것은 쉽게 예상할 수 있었다. 그리고 합의금을 노리거나 손해배상 청구를 할 수도 있을 것이라 생각했다. 하지만 이들의 예상을 깨고 잔금납부와 동시에 상가에 진입하기로 마음먹었다.

법무사 직원의 잔금납부를 완료했다는 전화를 받자마자 바로 행동개시에 들어갔다. 관리사무소에서 키를 건네받고 상가내부를 열었다. 곧바로 시건장치를 교체하고 안에서 문을 잠갔다. 하지만 이게 끝이 아니다. 상가내부에 미리 준비해간 전지를 하나씩 청테이프로 붙여서 밖에서 창문틈새로 내부를 절대 볼 수 없도록 만들었다. 유치권자의 눈을 가린 것이다. 그리고 상가 내부에 거미줄이 쳐져 있고 사용하지 않아 쓰레기가 넘치는 사진을 하나하나 찍어서 증거자료를 확보했다. 모든 전지작업이 끝나고 상가 문에 '경고문'을 게시했다.

만약 이들이 다시 불법적으로 이곳에 진입한다면 오히려 필자가 '112'에 신고하여 현행범으로 체포하라고 할 요량이었다. 하지만 이틀이 지나도 이들이 다시 진입하지 않았다. 그래서 필자가 유치권자에게 직접 전화를 걸었다.

"낙찰잡니다. 잘 지내시죠?"

"아니 그렇게 강제적으로 처리하는 게 어디 있습니까? 우리 짐은 잘 있죠?(당연히 이 부분이 궁금할테지)"

"내 상가에 잔금 다 치르고 들어가서 시건장치를 바꾸는 게 잘못된 건가요? 그리고 유치권은 무슨 유치권입니까?"

"뭐라고요!!"

"정말 유치권이 있다면 법대로 하시고, 상가에 있던 짐들도 곧 처분 될테니까 발송한 내용증명 읽어보고 결정하세요."

"지금 저희 짐이 있는지 없는지 그것만 말씀해주세요."

"저도 모르겠는데요. 기억력이 좋지 않아서… 그냥 당신들 맘대로 하세요."

"……"

잔금일에 유치권자에게 짐을 가져갈 것을 독촉하는 '최고서'를 발송했다. 그랬더니 유치권자 측 변호사가 그 내용증명에 관해 답변을 보냈다. 그냥 무시해줬다. 그리고 상대방이 이 서류를 송달받았기에 이들의 짐을 임의로 치우지 않았다는 것을 증거로 남겨뒀다. 행여 나중에 형사고소를 당할 수 있기에 그런 상황에서 매우 유리한 증거로 활용할 수 있을 것이라 생각했다.

먼지 쌓인 상가 용 되다

결국 이 상가는 잔금납부일에 명도를 완료하고, 한 달 동안 리모델링을 거쳐 커피전문점으로 다시 탄생했다.

2012년에 지하철 7호선 연장선이 개통되면 유동인구가 더 풍부해져 영업적으로 더 큰 이익을 안겨줄 것이라 생각한다. 참고로 뒤편에 있는 홈플러스 익스프레스의 임대시세가 보증금 12억 원에 월차임이 1,200만 원이다. 그런데 전면 상가를 임대가격(월세를 감안하면)도 안 되는 수준에 매입한 것이다.

후일담

상가를 카페로 바꿔 영업을 잘하고 있는데 유치권자들이 형사고소를 했다. 죄목은 '권리행사방해죄'와 '절도죄'다. 낙찰자가 자신들의 유치권권리행사를 방해했고, 사무실 집기를 임의로 훔쳐갔다는 것이다. 그런데 사건 경위를 잘 설명했음에도 경찰서 조사결과 '혐의 있음'으로 조사되어 검찰로 송치되었다(아직 우리나라 경찰조사 시 '유치권'에 관하여 제대로 수사하는 경우를 본 적이 없다. 경찰조사관이 유치권에 관하여 쟁점을 잡고, 법리적인 해석을 하지 못하는 경우가 많다. 이 사건의 경우에도 유치권의 점유의 의미에 대해서도 잘 모르고 판단한 것이다). 결국 부천지검 차장검사에게 이 사건이 배당되었고, 필자가 이 사건에 관하여 모든 진술서와 자료를 토대로 최종 변론서를 제출했다. 검찰에서의 쟁점은 두 가지였다. 유치권의 점유부분이 배타적이지 못했고, 낙찰자가 유치권자에게 짐을 가져가라는 최고서를 발송했으므로 절도죄를 적용하기에 무리가 있다는 것이다. 결국 이 사건은 무혐의로 종결되었다.

추후 유치권자의 재차 도발을 막기 위해 무고죄와 협박죄로 고소할 것이라 압박하며 그에게 최종합의서를 받아내고, 다른 곳에 보관하고 있던 짐을 내주었다. 이로써 이 사건은 완벽하게 종결되었다. 마무리까지 많은 난관이 있었지만 그래도 좋은 물건을 저렴한 가격에 매입한 것에 크게 만족한다. 죄는 미워하되 사람은 미워하지 않으려 한다.

PART **10**

공매부동산의
명도의 기술

:

명도

경·공매에서 명도는 꽃이라 한다. 이는 명도라는 부분이 경·공매 과정 중에 가장 껄끄럽고 어렵기 때문이다. 그래서 명도는 누구나 경·공매시장에 쉬이 뛰어들지 못하는 이유가 되기도 한다. 반대로 경·공매에 입문한 이들에게는 일반 거래보다 더 나은 수확을 얻을 수 있게 해주는 열쇠(key point)가 되는 것이다.

누구나 낯설고 껄끄러운 점유자를 만나 싫은(?) 소리를 하며 상대한다는 것이 결코 쉽지도 내키지도 않을 것이다. 그러나 어떤 분야든 그것에 대해 무지했을 때는 어렵게 느껴지던 것도 일단 흐름을 터득하고 나면 수월해지듯이 명도 또한 마찬가지다. 필자가 지금까지 겪었던 사건들 중에는 권리관계가 복잡하거나 여러 세대가 점유하고 있는 등 골치 아픈 경우도 많았으나 모두 무난하게 마무리를 해왔다. 그것은 점유자의 심리를 잘 파악하고, 그가 무엇을 원하는지 그리고 무엇을 두려워하는지 그리고 어떤 행동을 준비하는지 예상을 하며 대화와 압박을 하기 때문이다.

명도는 보이지 않는 전략과 전술을 이용하여 내가 원하는 조건으로 상대방을 설득하는 것이다. 그래서 명도를 수월하게 하려면 우선 상대방을 잘 파악해야 한다. 그가 무엇을 원하는지, 무엇을 두려워하는지 그리고 어떤 행동과 조치를 취하려고 하는지 예상을 해가며 협상을 진행해야 한다.

어떤 사건이든 낙찰자가 예상하는 행동반경 안에 점유자가 있고, 그 상황에 맞는 적절한 설득과 압박 법적조치 등을 취할 수 있다면 원만한 조건으로 명도가 가능하다. 이와 반대로 점유자를 만나고 나서도 그 속내를 모르겠다거나 그를 설득할 방향을 잡지 못했다면 원만하게 합의를 이끌어내지 못하게 된다. 결국 서로 감정이 상하여 낙찰자가 강제집행에 관한 법적절차(명도소송, 점유이전금지가처분, 형사고소 등)에만 집착하게 될 수도 있다. 그런데 법적으로 가는 상황을 자세히 들여다보면 낙찰자가 상대방의 이야기는 제대로 듣지 않고 본인의 입장만을 내세워 점유자와 원만한 합의에 도달하지 못해 발생되는 경우도 많다. 따라서 명도가 제대로 되지 않는다고 욕심 많은(?) 점유자만 탓할 일이 아니다. 가장 중요한 것은 낙찰자의 협상능력이다. 특히 공매는 법원경매와 달리 단기간에 부동산을 인도받을 수 있는 인도명령제도가 없으니 낙찰자에겐 더욱 '명도의 기술'이 요구된다.

가끔 명도에 대해서 '선천적으로 타고나야 하는 것이 아니냐?'라는 질문을 하는 이도 있다. 하지만 명도에서 선천적인 요소가 그리 중요하지 않다. 즉, 험상궂은 외모나 화려한 화술보다 낙찰자가 어떠한 전략과 기술을 습득하느냐가 더 중요하다. 명도가 어렵고 힘겹다고 느끼는 사람은 보이지 않는 법칙과 기술을 모르기에 매번 어렵게 길을 돌아가는 것이고, 누구든 제대로 된 기술을 습득한다면 실전에서 수월하게 명도 할 수 있을 것이다.

사실 공매의 명도기술은 필자가 첫 번째 쓴 책인 '경매의 기술'에서도 다뤘던 것과 대동소이하다. 다만 공매이기에 유념해야 할 절차와 대화법을 추가하였고, 필자가 현장에서 실전을 통해 얻은 노하우를 더 많은 팁으로 담았으므로 독자들이 반복해서 읽고 본인의 것으로 만든다면 실전에서 유용하게 활용할 수 있을 것이다.

1. 명도의 의미

낙찰자가 해당부동산에 방문하여 집을 비워줄 것을 요구하면 명도대상자들은 낙찰자에게 돈을 요구한다. 세입자, 소유자뿐 아니라 유치권자, 지분권자, 지상권자 등 이해관계가 첨예하게 대립한 상황에 있는 사람이 요구하는 것은 결국 돈이다. 그래서 명도란 '해당부동산에서 점유자를 내보내는 것'이 아니라, '낙찰자가 원하는 조건으로 점유자를 설득시켜 내보내는 것'이라 이해해야 한다. 즉, 명도는 협상이고 상대방과 돈(이사비, 합의금 등)을 두고 줄다리기를 하는 것이다. 이 게임에서 낙찰자가 점유자에게 많은 돈만 지급하면 아주 손쉽게 게임이 끝나버린다. 하지만 낙찰자가 지급하려는 금액과 점유자가 요구하는 금액의 차이가 너무 큰 것이 문제다. 따라서 낙찰자가 생각하는 최소의 비용으로 점유자에게 원만한 합의를 이끌어내기 위해 명도의 기술이 필요한 것이다.

2. 낙찰부터 합의까지 과정

낙찰 받은 후 해당부동산에 방문하여 첫 만남부터 합의를 이끌어내는 단계까지 표로 그려보았다.

필자는 지금까지 여러 사건들을 해결하면서 대부분 점유자와의 한두 번의 만남으로 합의를 이끌어냈다. 아무리 까다로운 점유자일지라도 세 번 이상 만난 적이 없다. 사실 점유자가 까다롭다는 표현도 그리 어울리지 않는다. 어차피 점유자의 말투 차이가 있을 뿐 그가 낙찰자에게 할 말은 이미 정해져 있기 때문이다. 명도를 하고 있는데 점유자와 세 번 이상 만나고 있다면 협상이 제대로 진행되고 있지 않다는 것이다. 따라서 낙찰 후 명도를 할 때는 옆 그림을 염두에 두고 어떤 타이밍에 압박을 하고 회유를 할 것인지, 또 어떻게

합의를 이끌어낼지를 생각하며 만남을 가져야 한다.

명도의 기술

(1) 점유자와 첫 만남에 과도한 친절은 피해야 한다

사람에게 첫 인상이 중요한 것처럼 명도 할 때도 점유자와의 첫 만남은 매우 중요하다. 그러나 초보들이 가장 많이 실수하는 때가 바로 이때다. 첫 만남의 어색한(?) 분위기를 호전시키기 위해 선물을 사들고 가기도 하고 마냥 웃는 얼굴로 점유자를 대하려 하는 사람들이 있다. 하지만 첫 만남에서 점유자에게 과도한 친

 Tip 첫 방문을 하기 전 점유자의 심리는 어떠할까?

낙찰 후 점유자를 처음 만나기 전 해당 부동산 점유자가 어떤 사람일지 또 그가 무슨 요구를 할 것인지 궁금하기도 하고 살짝 겁도 날 것이다. 하지만 점유자 역시 낙찰자가 어떤 사람일지 또 그 낙찰자가 어떤 압박을 하고 방문할 것인지 상상하며 긴장하고 있다. 첫 만남 갖기 전에 점유자도 이렇게 긴장하고 있다는 생각을 염두에 두면 대화를 할 때 훨씬 더 수월하고 마음이 편할 것이다.

절을 베풀면 안 된다. 그렇다고 인상을 쓰며 다가서라는 것이 아니라 낙찰자가 점유자를 대할 때 기본적인 예의는 갖춰야하지만 절대 가볍게 보여서는 안 된다는 것이다.

왜냐하면 낙찰자의 호의에 대해 점유자가 고맙게 여기고 낙찰자의 의도대로 따라준다면 좋겠지만 실제로 점유자와 처음 만날 때 너무 밝은 이미지를 심어주거나 가볍게 보이게 되면 막상 본론(?)을 꺼내기가 오히려 어색하게 되고 상대방이 제대로 제압되지 않기 때문이다. 또한 명도를 하며 거론해야 할 체납관리비, 시설비(유치권의 경우)등이 있다면 오히려 처음에 친절하고 밝게 보였던 이미지가 협상에서는 매우 불리하게 작용하기도 한다.

경 · 공매에서 하수는 첫 만남에 웃고 마지막 헤어질 때 얼굴을 붉히는 경우가 많지만 고수는 첫 만남을 무겁게 갖고, 대신 헤어질 때 웃으며 안녕을 한다(필자가 명도 했던 점유자들은 마지막에 따뜻한 인사를 건네는 사람이 많았다. 이런 모습을 보면 다른 경매투자자들은 매우 신기하게 생각하는데 그 비법 중 하나가 바로 첫 만남을 무겁게 갖는 것이다). 낙찰자가 처음에는 무겁게 대하다가 점점 친절하게 대해주면 상대방도 은연중에 양보를 해야 한다는 압박감을 느끼게 된다. 낙찰자가 점유자를 대하는 태도에 변화를 줌으로써 점유자가 낙찰자에게 미안해하며 친절한 태도로 바뀌는 것도 기대할 수 있는 것이다.

(2) 낙찰자의 주장을 펴기 전에 점유자를 먼저 파악하라

협상을 잘 하기 위한 가장 기본은 상대를 먼저 파악하는 것이다. 그래야 그 상황에 맞는 대응전략을 구상할 수 있기 때문이다. 스포츠에서도 팀의 전력보다 중요한 것이 상대편을 잘 분석해 그에 맞는 전략을 세우는 것이다. 그렇지 않고선 아무리 좋은 선수를 가진 팀이라도 패하는 경우가 발생한다. 마찬가지로 명도에서도 상대방의 처지나 성향, 입장은 고려하지도 않고 무조건 압박하여 내보낼 것에만 포커스를 둔다면 헛발질을 하는 경우가 발생한다.

그러므로 낙찰자는 첫 만남에서 자신의 주장을 펴기 전에 우선 상대를 파악해야 한다. 그가 처한 상황이 어떠한지, 상대방의 공매지식은 어느 정도인지 또는 주위에 조언해주는 사람이 있는지, 그의 신용상태는 괜찮은지, 추후 이사할 곳은 알아보고 있는지 등 상대방의 수준과 성향을 먼저 가늠해봐야 할 것이다.

이를 위해 대화중에 아래와 같은 몇 가지 질문을 해보는 것도 괜찮다.

'혹시 무슨 일을 하시는지 여쭤보아도 실례가 안 될까요?(신용파악)'

'공매에서 명도소송은 특별한 쟁점이 없어서 빨리 끝나는 것 알고 계시지요?(법적수준 파악)'

'혹시 제가 잔금납부를 하면 재계약하실 의향이 있으신가요? 아니면 이사계획이 있으신지요?(이사계획 파악)'

'사장님하고만 합의하면 되나요? 아니면 다른 분과 함께 상의해서 결정해야 되나요?(점유자가 결정권을 가진 사람인지 아니면 별도로 조언자가 있는지 파악한다. 조언자가 있는 경우엔 그와 직접 대화하는 것이 좋다)'

위와 같은 몇 가지 질문을 준비하되 취조하듯 물어보는 것이 아니라 상대방과 자연스런 대화의 맥을 끊지 않는 범위 내에서 슬쩍 건네 보는 것이다. 상대방의 대답하는 속도나 답변을 보면 대략 감을 잡을 수 있다.

또한 첫 만남에서 낙찰자는 자신의 입장은 간략하게 피력하고 전체적으로는 상대방의 처지와 입장을 동조하며 들어주는 식으로 대화를 마친다면 앞으로 명도를 어떻게 진행할 것인지 '감'을 잡을 수 있게 된다. 첫 만남에선 웬만하면 상대가 대화할 수 있도록 편한 분위기를 연출해주는 것이 좋다(권투에서도 1라운드는 탐색전이다. 상대를 파악하기도 전에 본론으로 들어가 날카로운 이를 드러내는 우를 범하지 마라).

(3) 아군을 추가시켜라

점유자와 대화를 할 때 가상의 아군을 한 명 추가시켜 두면 점유자에게 얼굴을 붉히지 않고도 압박이 가능하며 원만하게 협의를 이끌어 낼 수 있다. 이것은 필자가 경매의 기술에서도 강조했듯 명도 할 때 가장 유용하게 사용할 수 있는 대화 방법이다. 점유자를 상대할 때 낙찰자는 동시에 두 가지 역할을 해야 한다. 그 하나는 점유자의 하소연을 들어주며 긍정적인 협상모드로 상대방을 파악하는 것이고, 다른 한편으론 점유자를 압박하여 무거운 짐을 지워주는 것이다. 혼자서는 1인 2역을 모두 해내기 어렵지만 첫 만남에서 대화할 때 아군을 추가시켜두면 낙찰자는 당근과 채찍을 모두 가질 수 있다.

또한 명도를 하다보면 점유자와 처음에 약속한 것이 틀어지는 경우도 종종 있다. 낙찰자가 좋은 모습만 보이면 오히려 약속을 어기는 경우도 생기고, 반대로 강압모드만 취하면 대화가 단절되는 경우가 발생할 수 있기에 가상의 아군을 이용해 두 가지 경우를 모두 갖추는 것이 유리하다.

이렇게만 설명하면 무슨 말인지 이해가 되지 않을 것이다. 가상의 상황설정을 하여 아군을 추가시키지 않은 때와 추가시킨 때의 두 가지 상황을 살펴보자.

ex) 1. 아군을 추가시키지 않은 경우

이런 상황은 실전에서 자주 발생한다. 점유자가 이사비와 이사시기를 놓고 막무가내로 억지를 쓰는 상황을 설정해보았다.

점유자 : "이제 살 곳도 마련해야하고 돈도 없으니 좀 도와주세요. 그리고 저희가 이집에 들어오면서 샷시랑 화장실공사도 했고요, 도배, 장판도 새로 했어요. 6개월 전에 보일러도 새로 바꿨고요. 그러니깐 그 비용까지 같이 주셔야겠어요. 그리고 저희도 살 집을 구해야 하니 구해질 때까지 기다려주세요."

점유자가 이렇게 나오면 어떻게 대처할 것인가? 점유자는 오직 자신의 억울한 입장만 피력하고 있고, 듣다보면 낙찰자에게 너무 무리한 요구를 하고 있다고 생각되기도 한다. 그의 신경을 건드리지 않으려고 조심스럽게 다음과 같이 말할 수 있을 것이다.

낙찰자A : "글쎄요. 공사 금액이 얼마인데요? 그런데 제가 그걸 드려야 하나요? 생각 좀 해보고 말씀드릴게요. 그리고 집은 빨리 구해주셨으면 좋겠는데요."

점유자 : "당연히 낙찰자가 주셔야죠. 유치권 몰라요? 공사금액도 천만 원 넘게 들었어요. 그런데 제가 특별히 이사비 포함해서 천만 원으로 해줄 테니 그 금액만 주시면 됩니다. 그리고 저희가 돈이 한 푼도 없으니깐 천만 원을 주시면 그 돈으로 살 집을 알아볼게요. 돈이 있어야 이사 가던가 하죠."

이렇게 소심한 낙찰자에게 오히려 기세등등하게 나올 것이다. 이렇게 되면 이미 낙찰자와 점유자의 협상금액은 1천만 원을 두고 줄다리기가 시작된 것이다. 점유자가 공사금액을 포함한 이사비를 안주면 집을 빼주지 못하겠다고 했으므로 돈을 안주겠다는 말도 못한다. 돈이 없어 이사를 가지 못한다는데 나가라고 반박도 못한 채 고작 이렇게 말할 수밖에 없을 것이다.

낙찰자A : "그 금액은 너무 큰데요… 돈을 좀 깎아주시면 안될까요?"

이런 대답은 점유자의 요구에 수긍하는 것이고, 결국 비용을 깎아봤자 1,000만 원에서 시작된 금액을 깎게 되는 것이므로 나중에 합의되는 이사금액도 클 것이다.

다른 상황을 설정해보았다. 점유자가 1,000만 원을 달라는 요구를 바로 강하게 되받아쳐서 아래처럼 대응하는 낙찰자도 있을 것이다.

낙찰자B : "아니 이사비 챙겨주는 것만으로도 고맙게 생각하셔야지 제가 왜 공사비용까지 줘야하는 건데요? 또 1,000만 원은 정말 황당한 금액 아닙니까. 저도 돈 없어서 대출받아 집 산거에요. 그리고 잔금 납부를 했으면 당연히 비워줄 생각을 하셔야죠. 계속해서 무리한 요구만 하시면 어떡합니까! 이러시면 이사비고 뭐고 그냥 법으로만 진행할 수도 있습니다. 그리고 잔금 납부일로부터 강제집행 날짜까지 월세도 따로 청구할 것이니 그렇게 아십시오."

만약 점유자가 이렇게 법전 읊는 소리를 하면 기가 죽어 바로 저자세로 나오면 좋겠지만 요즘 사람들은 대부분 약아서 그렇지 않다. 아마 이런 식으로 나올 것이다.

점유자 : "법법법! 법 참 좋아하네! 당신이 그렇게 법을 잘 알아요? 그리고 공사비를 왜 주냐니! 아니 당신 공매하는 사람이 유치권도 몰라?! 그리고 뭐? 강제집행? 그래 해볼 테면 해보시지. 어디 누가 손해 보나 두고 봅시다. 당신이 이 집에 다시 왔을 때도 이 집이 그때도 멀쩡한지 어디 두고 보쇼! 나도 돈 없이 쫓겨나는 판에 어디 끝까지 한번 가 봅시다!"

이른바 낙찰자가 점유자에게 강하게 대응하니 기죽지 않고 오히려 전쟁이 선포되는 순간이다. 실전에서도 이렇게 서로 목소리가 커지고 나면 다시 점유자와 낙찰자 사이에 편안한 대화를 하기가 무척 힘들고, 결국 원만한 협상으로 마무리되지 않고 법으로만 진행해야 되는 상황이 발생하는 것이다.

이쯤 되면 낙찰자도 답답하고 짜증나기 마련이다. 그리고 어쩌면 점유자는 이사비를 포기하고 대신 집에다가 화풀이를 실컷 하고서 이사가버릴 수도 있을 것이다. 물론 아닌 경우도 있지만 실제로 협상이 제대로 되지 않았을 때 점유자가 나간 집이 깨끗할 것이라고 기대할 수는 없을 것이다. 이런 상황은 누구나 피하고 싶을 것이다.

그래서 위 두 가지 상황을 피하기 위해 점유자와 대화를 할 때 미리 아군을 추가시켜야 한다. 아군을 추가시키고 다시 상황을 설정해 본 상황이다.

ex) 2. 아군을 추가시킨 경우

여전히 점유자가 이사비와 이사시기를 놓고 막무가내로 억지를 쓰고 있다. 낙찰자는 최대한 상대방의 처지를 헤아리며 이야기를 들어주고 있다.

점유자 : "이제 살 곳도 마련해야하고 돈도 없으니 좀 도와주세요. 어차피 저희가 이집에 들어오면서 샷시랑 화장실공사도 했고요, 도배, 장판까지 새로 했습니다. 그리고 6개월 전에 보일러도 새로 바꿨고요. 그러니깐 그 비용까지 같이 주셔야겠어요. 그리고 저희도 살 집을 구해야 하니 구해질 때까지 몇 개월만 기다려주세요."

낙찰자C : "그러게요. 여기저기 보니까 정말 공사한 흔적이 보이네요. 집도 깨끗하게 쓰셨고, 게다가 보증금까지 손해 보셨으니 다른 집 알아보시기가 정말 힘드시겠어요. 그런데 제가 말씀을 안 드렸던 게 이 집을 혼자 투자한 것이 아니고요. 투자를 전문으로 하는 저희 사장님과 함께 했습니다. 저는 그냥 직원이라고 보시면 되고요. 그런데 그분이 법 쪽에 오래 계셨던 분이라 말씀하신 내부공사가 유치권에 포함되지 않는다는 걸 너무나 잘 아시는 분이세요. 워낙에 깐깐한 분이라 그분하고 일하면서 임차인에게 이사비 100만 원 이상 주시는 걸 못 보긴 했는데요. 장담은 못 드리지만 제가 사장님의 힘드신 상황을 한번 잘 말씀드려 볼게요."

점유자 : "내부공사 한 것이 유치권에 포함이 안 되나요? 전 된다고 들었는데... 그리고 이사비 100만 원은 너무 적은 것 같아요.. 손해 보는 금액이 얼만데 그거 받고 나갑니까?"

낙찰자C : "정말 억울하시겠지만 저희 사장님은 지금껏 임차인분이 신고한 유치권은 모두 인정되지 않는다는 판결을 받으시더라구요. 저도 그게 참 신기합니다. 그리고 법을 전공하며 경매를 워낙 오래하신 분이라 법적절차를 진행하는 것에는 철두철미 하십니다. 그러나 거의 대부분 사건들은 임차인분과 협의하는 것을 원칙으로 하시는데 가끔 협의가 잘 안 되는 경우엔 강제집행까지 냉정하게 하시더라구요. 저는 일단 점유자님과 좋게 협의를 하는 역할이고, 그냥 단지 직원이라고 보시면 됩니다. 만약 저와 협의가 잘 안 되면 저희 사장님께서 직접 나서서 그 다음 법적절차를 진행하시는 거죠. 그리고 낙찰 후 제가 점유자분과 대화가 잘 되는 것과는 관계없이 사장님은 일단 법적절차를 준비하시는 분이니깐 혹시 법원 우편물이나 내용증명 같은 것이 오더라도 기분 상해하시지 마시구요. 저랑 합의가 잘 되면 그런 거 다 신경 쓰지 않으셔도 되는 거예요. 그리고 이사비는 제가 사장님께 점유자님의 사정을 잘 말씀드려보겠습니다."

점유자 : "그분 정말 깐깐하신 분인가 보네요. 일단 사장님께 잘 좀 말씀드려 주세요."

이번에는 대화를 할 때 낙찰자가 '사장님'이라는 아군을 추가시켰다. 이렇게 대화상대를 추가시킴으로 아군이 없을 때의 상황보다 훨씬 유리한 지위에서 협상이 가능하게 되었다.

아군을 추가시켜 얻을 수 있는 3가지 효과

첫째, '법을 전공한 깐깐한 경매고수'라 표현했으므로 보이지 않는 아군에 대해서 점유자는 두려움을 갖게 될 것이고, 협의가 되지 않을 경우 법적절차가 진행될 것이라 예고했으므로 계속해서 무리한 요구를 하기 힘들 것이다. 게다가 이미 임차인이 주장하는 내부공사 비용은 유치권에 해당되지 않는다는 점까지 아군을 내세워 상대방의 의사를 정중하게 거절하였다. 즉, 낙찰자가 얼굴을 붉히며 직접적으로 거절하지 않아도 충분히 의사표시가 가능하다는 것이다. 또한 '사장님은 모든 사건들을 100만 원 내에서 해결했다'라고 말했으므로 임차인이 주장했던 1,000만 원은 정중하게 거절했고, 앞으로 협상은 100만 원 범위 내에서 시작되는 것이다. 앞서 아군을 추가시키지 않은 경우와 확연한 차이를 느낄 수 있을 것이다.

둘째, 낙찰자는 협의를 하는 역할이고, 보이지 않는 아군은 만약을 대비하여 법적절차를 준비하는 역할을 한다고 하였으므로 점유자와 협상을 하며 동시에 법적절차를 준비하더라도 점유자에게 싫은 소리를 직접 듣지 않아도 된다. 점유자의 요구를 거절할 때 아군의 핑계만 대면되니 얼굴 붉힐 일도 없어진다. 실전에서 점유자와 협상이 진행되고 있을 때 딱딱한(?) 내용증명을 발송하게 되면 실제로 아군의 존재를 믿게 된다.

셋째, 점유자에게 '일단 사장님께 말씀드려보겠습니다'라고 했으므로 점유자의 무리한 요구에도 바로 그 자리에서 답변할 필요가 없어졌고, 낙찰자가 그 부분에 관하여 충분하게 생각할 시간을 벌 수 있게 되었다. 즉, 점유자의 애매한 질문이나 무리한 요구에 관하여 즉답을 피할 수 있고, 추후에 모든 상황을 정리하여 적절한 답변을 할 수 있다는 것이다.

다시 정리해보면 낙찰자가 대화를 하며 아군을 추가시킨 경우 ①점유자에게 '가상의 아군'에 대해 두려움을 갖게 되어 낙찰자측이 만만하지 않을 것이라 생각되게 하고, ②협상모드와 압박모드를 동시에 진행할 수 있으며, ③점유자의 요구를 직접 얼굴을 붉히지 않아도 정중하게 거절할 수 있고, 무리한 요구에 즉답을 피할 수 있다. 따라서 명도 시 이런 대화법을 구사하면 낙찰자는 좋은 역할을 하고, 보이지 않는 아군이 깐깐한 악역(?)을 대신하게 만들어 결국 아군이 욕을 먹기에 낙찰자는 좋은 역할을 하며 점유자와 헤어질 때에도 따뜻한 안녕이 가능한 것이다(읽고 또 읽어서 본인의 것으로 만든다면 실전에서 정말 유용하게 사용할 것이라 생각한다). 앞서 아군을 추가시키지 않은 경우와 정말 확연한 차이를 볼 수 있다.

(4) 토론의 진행자처럼 대화를 하라

사람이 말이 너무 많으면 무게감이 없어 보이고 또 그만큼 실수도 잦다. 특히 협상에서는 더더욱 그러하다. 그러므로 낙찰자는 점유자에게 많은 말을 할 수 있도록 분위기를 유도해주되 대화 도중에 점유자가 무례해지거나 잘못된 의견을 얘기하는 경우 과감하게 말을 자르고 낙찰자의 의견을 피력해야 한다. 혹시 손석희 교수가 진행하는 라디오 프로그램 '시선집중'이나 TV프로그램 '100분토론'을 본적이 있다면 필자의 말을 쉽게 이해할 수 있을 것이다. 이러한 대화법은 점유자에게 더 많은 자기주장의 시간이 주어지기 때문에 더 유리한 것처럼 느껴지나 중요한 타이밍마다 낙찰자에게 저지당하게 되므로 결과적으로 낙찰자의 의도가 전달되는 효과가 나타난다.

경험이 부족한 사람일수록 단호하고 강경한 어투로 법적 용어를 섞어가며 열마디 말로 상대방을 제압하려 하지만 만약에 그 중 한마디의 말이라도 실수로 이어졌을 때 낙찰자의 위엄은 바닥으로 떨어진다. 상대방에게 무게감 있고 깐깐하게 보이는 것은 의외로 간단하다. 그 사람 말을 들어주면서 그가 기분상하지 않는 범위에서 나의 의사를 피력하여 상대방을 당황하게 하는 것이다.

아래 예를 들어보았다.

점유자가 이사비와 이사기간에 대한 이야기를 하고 있다. 그가 뭘 원하는지 알아야 하므로 청취모드를 유지한다.

"내가 아는 사람이 공매로 명도소송하려면 시간이 많이 걸린다고 그러던데 서로 오래 힘 빼지 맙시다. 이사비를 두둑이 챙겨 주면… 주절주절…."

점유자는 소를 제기하는 기간이 길다는 것을 꼬투리 잡아 이사비를 더 달라고 하며 계속해서 자신의 얘기를 하고 있다. 여기서 낙찰자는 그의 말을 끊고 간단하게 내 의사를 전달해야 한다.

"잠깐만요. 사장님 잠깐만요. 제가 한 부분만 말씀드리겠습니다. 아마도 공매를 잘 모르시는 분이 그러셨나보네요. 그렇지 않습니다. 공매로 법적절차가 진행되면 특별한 쟁점이 없어서 판결이 무척 빨리 나오고요. 그렇게 법적으로 진행되면 사장님께서는 낙찰자의 소유권이전일로부터 무상으로 거주하셨던 부분에 대해 월세를 납부하셔야 되고, 소송비용까지 부담하셔야 됩니다."

점유자에게 대화를 하도록 유도하고, 대화 도중에 점유자의 잘못된 지식이나 무리한 요구가 있을 경우 이렇게 짚어주게 되면 모든 대화를 마쳤을 때에도 낙찰자를 만만하게 생각하지 않게 되는 것이다.

(5) 이사비는 최소 금액을 제시하고 상대방의 협조에 따라 추가로 지급하는 방식을 취하라

결국 점유자가 낙찰자에게 듣고 싶은 말은 그가 요구하는 만큼 충분한 이사비를 지급하겠다는 말이다. 하지만 점유자가 원하는 금액은 언제나 낙찰자가 생각하는 금액을 크게 웃돈다. 하여 필자는 점유자를 처음 만날 때는 아예 이사비에 대한 언급을 하지 않거나 아니면 점유자가 고민할 수 있는 최소한의 비용을 제시한다(너무 적은 비용을 제시하면 협상이 결렬될 수도 있기 때문에). 그리고 상대방이 협조(이사날짜를 빨리 잡는지 여부)에 응함에 따라 추가 금액을 지급하는 방법을 택한다.

많은 사람들이 적절한 이사 금액이 얼마인지 물어오곤 하는데 사실 적정금액이란 정할 수가 없다. 이 경우에도 낙찰자의 감각이 필요한데 낙찰자가 처음 제시하는 이사비는 해당부동산의 규모 및 옵션상태 그리고 낙찰자의 상황(대출부담, 실 입주를 해야하는지 여부) 및 상대방의 처지(배분을 받는지, 돈이 정말 없는 사람인지 아닌지, 다른 대안이 있는지 여부, 손해 보는 금액이 얼마큼인지)에 따라 결정하면 될 것이다.

보증금을 손해 보지 않는 점유자의 예를 들어보자.

"저희 회사에서는 점유자에게 통상 50만 원의 이사비용을 책정하여 지급하고 있습니다. 그리고 이 금액은 공과금이 포함된 금액입니다."

"사무장님 그 금액은 너무 적잖아요. 좀 더 주시면 안 될까요?"

"회사규정상 임차인이 배분받는 경우 이미 합의금액이 정해져 있어서 저도 어쩔 수 없습니다. 다만 점유자님께서 이사날짜를 조금 더 빨리 잡아주시면 그때는 더 추가로 금액을 지급해달라고 결제를 올릴 수 있습니다."

"그러면 얼마를 더 줄 수 있는데요?"

"일단 사장님께서 이사날짜를 확정해주셔야 그 날짜를 감안하여 금액을 정하는 것이지 아직 날짜가 정해지지도 않았는데 제가 미리 추가금액을 결정할 수는 없잖습니까."

"……."

이렇게 임차인이 먼저 이사날짜를 정하게 하고, 그 이후에 낙찰자가 이사비를 산정할 수 있게끔 선을 그어두는 것이다. 이런 방식을 취하면 대부분 점유자들은 조금이라도 돈을 더 받기위해 서둘러 이사할 곳을 알아보게 된다. 그러면 낙찰자는 협조 정도에 따라 적정금액을 조금 더 지급하여 마무리하면 되는 것이다.

(6) 점유자와 합의에 도달했다면 반드시 서면으로 남겨두어라

학생들이 잘못을 저질렀을 때 훈계하거나 체벌하는 방법도 있겠지만 빠지지 않는 것이 '반성문'을 쓰는 것이다. 초등생을 대상으로 반성문을 썼을 때와 그렇지 않았을 때 다시 같은 실수를 반복하는지 또 그 횟수는 어떠한지를 실험했는데 글로써 자신의 다짐을 적었을 때가 그것을 지킬 확률이 훨씬 높았다고 한다. 이는 반성문을 쓰는 것 자체가 자신의 다짐에 대한 '외부적 공개 선언'이기 때문에 본인은 느끼지 못할지라도 그것을 지키고자 하는 심리가 작용했기 때문이다. 방학계획표를 어린이 스스로 작성하게 하는 것도 이러한 심리를 이용하는 것이라 한다.

그런데 이렇게 수기하는 것의 효과는 아이들뿐 아니라 성인에게도 볼 수 있다. 필자 역시 이러한 것을 이용하여 점유자와 이사날짜 및 이사비에 관한 구체적인 합의를 마쳤을 때 각서(합의서, 확인서)를 통해 점유자의 의지를 다시 한 번 확인한다. 그리고 지금까지 합의서를 작성했던 사람은 특별한 일이 아닌 이상 그것을 지키려고 했다.

만약 구두로만 약속을 하고 서면 작성을 망설이는 점유자가 있다면 이렇게 얘기한다.

"합의서 작성을 거부하는 것은 혹시 저와 구두로 한 약속을 안 지키려고 그러시는 겁니까? 점유자님이 합의하신 내용을 지키실 것이라면 굳이 작성하지 않으실 이유가 없는데요. 그리고 저도 회사에 합의서를 제출해야만 다른 법적절차를 중지시키고 합의금을 결제 받을 수 있기 때문에 합의서 작성은 반드시 하셔야만 됩니다."

이렇게 말하면 점유자는 더 이상 머뭇거리지 않고 합의서에 서명날인 및 인감 첨부를 한다. 합의내용을 서면으로 작성한 사람과 구두로만 합의한 사람의 차이점은 분명하다. 또한 합의서를 작성해둔 경우 이후 합의가 결렬되거나 약정을 어겼을 경우에 낙찰자는 구두로만 합의한 것보다 더 유리한 위치에서 상황을 해결할 수도 있고 법적대응도 가능하다. 특히 공매의 경우 인도명령제도가 없으므로 배분받는 지위에 있는 점유자가 아니라면 꼼꼼한 합의서 작성은 필수이다.

(7) 초보자의 경우 '예상 질문'에 대한 답변을 미리 준비해서
   상대방의 반응에 따라 그에 맞는 모범답안을 얘기해주어야 한다

명도 할 때 점유자가 낙찰자에게 질문할 항목들은 이미 정해져있다. 따라서 예상되는 질문의 답변을 미리 만들어놓고 연습해두면 실전에서 당황하지 않고 부드럽게 대화를 이끌 수 있을 것이다.

예를 들면,

Q: "이사비는 얼마나 주실 거죠?"

A: "저희 회사에서는 이사비를 강제집행 비용에 근거해서 산정합니다. 만약 법적으로 처리할 경우 소요될 비용을 점유자와 원만하게 협의하는데 지출하는 것이죠. 여긴 평수가 적어서 대략 60만 원 정도 소요되겠네요. 이사비도 그쯤이라고 생각하시면 됩니다."

Q: "낙찰자는 돈이 많아서 이런 부동산도 사는 거 아닙니까?"

A: "이번에는 저희 사장님이 직접 받은 것이 아니라 지인분이 낙찰 받은 겁니다. 그분도 돈이 부족해서 낙찰가의 80%나 대출을 받은 상황입니다. 전세를 구하기 힘드니깐 대출을 안고서라도 어렵게 집을 사는 것이고, 저희 사장님께서 그분과 절친이어서 무상으로 일처리를 해주시는 것이죠."

Q: "제가 원하는 대로 안 된다면 저도 여기서 끝까지 버틸 것입니다."

A: "사장님이 돈을 받고 나가시든 강제집행으로 나가시든 저는 관계없습니다. 심사숙고하셔서 사장님께 가장 유리한 선택을 하시기 바랍니다. 하지만 하나 알아두셔

야 할 것은 강제집행까지 가게 되면 낙찰자가 소유권이전한 날로부터 지금까지 거주하신 기간에 대한 월세와 강제집행비용까지 청구될 것입니다. 다만 적절한 선에서 협상하지 않으시고 왜 감정을 내세워 힘든 선택을 하시는지 묻고 싶습니다. 제 경험상 그렇게 말씀하신 분들은 나중에는 정말 다 후회하시더라고요. 어차피 저는 직원이라 이렇게 해결되든 저렇게 해결되든 관계없습니다. 사장님께서 제일 유리한 선택이 무엇인지 고민해보시고 결정하십시오."

Q: "공매는 명도소송으로 진행해야 되고, 그리고 시간도 오래 걸린다고 하던데요?"
A: "아직 소송경험이 없으신가보네요. 공매의 명도소송은 누구의 잘잘못을 따지는 소송이 아닙니다. 쟁점이 없기 때문에 판결은 바로 나옵니다. 그리고 명도소송에서 매월 지급해야 하는 월임료 부분도 함께 포함되기 때문에 오히려 나중에 큰 부담이 되실 거구요. 제가 사장님이라면 어차피 이사해야하는 것인데 빨리 이사하고 조금이라도 이사비를 더 받겠습니다. 나중에 소장 날아오고 집행관들이 집기 들어내고 하면 사장님께도 더 큰 상처가 되실 겁니다."

(8) 공공의 적 또는 새로운 희망을 만들어라

경·공매로 집이 넘어가게 되면 점유자는 다른 이유 없이 낙찰 받았다는 이유만으로 낙찰자를 적대시하는 경향이 있다. 이 경우 낙찰자의 역할에 대해 설명하여 분위기를 전환시켜야 한다. 점유자가 임차인일 경우와 소유자일 경우로 나누어서 생각해보자.

① 임차인 및 기타 점유자인 경우

임차인이 공매로 인해 자신의 보증금을 손해 보는 사람이라면 낙찰자를 적대시하는 경향이 있다. 이럴 땐 전소유자의 잘못을 부각시켜야 한다. 예를 들어

"제가 공매를 하며 느끼는 것이 많은데요. 사장님(점유자)이 보시기엔 공매절차에서 가장 잘못했거나 나쁜 사람이 누구라고 생각하십니까?"

"……."

"혹시 낙찰자라고 생각하세요? 낙찰자 절대 아니에요. 그건 바로 전소유잡니다. 아니 돌려주지도 못할 거면서 임차인한테 보증금을 받고, 세금도 체납하잖아요. 이 아파트를 공매가 진행되게 만든 장본인이죠. 그러고 보면 전소유자에 비해 낙찰자는 정말 착한 사람입니다."

"왜요?"

"생각해보세요. 임차인에게 보증금을 받은 적도 없는데 이사비까지 챙겨주잖아요. 안 그런가요?"

대부분의 임차인들은 이런 말을 듣게 되면 낙찰자를 무조건 적대시하는 경향이 사라질 뿐더러 이 말이 틀리지 않으므로 별다른 반론을 제기하지도 못한 채 무안해한다. 그러므로 임차인의 보증금에 피해를 입힌 것은 낙찰자가 아닌 소유주라고 정확하게 인지시키고 공매절차에 대해서도 말해주도록 하자. 임차인이 신용불량자가 아닌 이상 낙찰자가 우려하는 버티기와 같은 무모한 행동은 하지 않을 것이므로 낙찰자에 대한 무조건적인 반감을 완화시킨 후 협의를 이끄는 대화방법을 취하면 된다.

② 소유자인 경우

　소유자를 상대할 때는 임차인의 경우보다는 조금 더 신경을 써야 한다. 하지만 소유자라고해서 특별한 사람은 아니므로 미리 겁먹을 필요는 없다. 가장 중요한 것은 진심으로 다가서야 한다는 것이다. 소유자의 경우에는 희망의 메시지를 주면 좋다.

　예를 들어 소유자가 대화 중에,

　　"이제 집도 처분되었으니 제 채무가 모두 없어진 건가요?"식의 질문을 던지면
　　"경매로 모든 채무가 소멸되는 것은 아니고요. 남아있는 채무들은 시간이 좀 지나면 파산신청을 하시면 됩니다. 제가 예전에 경매물건의 채무자분들도 어느 날 제게 다시 경매로 부동산을 사달라고 전화를 주시기도 합니다. 나중에 잘되시는 분들도 정말 많더라구요."

　등의 답변을 해주면 좋다.

(9) 점유자와 대화도중 강제집행에 대한 공포감을 간접적으로 연상시켜라

　점유자가 협상을 하다가 다른 마음을 먹을 수도 있고 긴장이 느슨해질 수도 있다. 이런 기미가 보이면 강제집행의 간접상황을 들려주는 것도 압박의 효과가 있다. 본인이 처리했던 것도 좋고 다른 사례를 자신이 처리했던 것처럼 들려줘도 괜찮다. 예를 들어

"그래도 사장님과는 말이 통해서 다행입니다. 지난주에 신월동에 있는 빌라를 강제집행 했었는데……. 솔직히 저는 강제집행까지 가기를 바라지 않기 때문에 어떻게든 노력해봤지만 그 세입자가 약속을 어긴데다 너무 무리한 요구를 하기에 어쩔 수 없었어요. 법원직원 20여명이 조그만 집에 들어가서 순식간에 짐을 바깥으로 꺼내는데 애들이 울고불고 점유자랑 집행관들이랑 몸싸움까지 있어서 난리도 아니었어요. 어쩔 수는 없지만 사실 그런 모습 보면 저도 기분이 좋지 않아서 최대한 강제집행을 하지 않으려고 노력하게 됩니다."

같은 처지인 점유자가 이렇게 간접적으로 강제집행에 대한 얘기를 듣게 되면 만약 자신이 낙찰자와 원만하게 협의를 하지 않을 경우 강제집행까지도 감행될 수 있다는 것을 인지하게 되어 합의를 이끌어내는 것이 수월해진다. 만약 이런 상황을 직접적으로 점유자에게 경고하면 서로 기분이 상해 싸움이 될 수도 있을 것이나 이렇게 간접적으로 압박하면 감정의 골이 깊어지거나 거친 말이 오갈 일도 없게 된다.

 명도 할 때 점유자에게 인식시켜야 하는 것!!

1. 낙찰자가 점유자보다 법적우위에 있다는 것!!
2. 점유자가 흥분하여 기물파손이나 버티기를 할 경우 형사상 책임도 져야 한다는 것!!
3. 강제집행을 하게 되면 그 현장은 처참하다는 것과 그 비용 또한 점유자에게 재청구할 수 있다는 것!!
4. 법적절차로 진행될 경우 무상으로 거주했던 기간의 월세(차임)도 청구할 것이라는 것!!
5. 결국 점유자가 이사비를 받고 나가는 것만이 최선의 선택이라는 것!!

(10) 합의를 하기 전까진 압박은 동시에 여러 단계를 진행하는 것이 좋다

시끄러운 소리에 처음엔 놀라거나 당황하던 사람도 매일 그런 소리를 듣는다면 내성이 생기듯 본래 사람이란 귀신같이 그 상황에 적응하기 마련이다. 그러기에 낙찰자의 첫 번째 압박에 점유자가 당황하여 자세를 낮추게 되었을 때 다음 조치가 제대로 이루어지지 않는다면 나중엔 낙찰자의 '강제집행'이란 말에도 콧방귀를 뀔 수 있다. 대개는 처음부터 너무 법적 용어를 남발했거나 순차적인 압박 타이밍을 놓쳐서 그런 경우가 많다.

그래서 필자는 공매부동산을 명도 할 때 처음부터 여러 단계의 상황을 그려가며 탄탄하게 압박을 한다. 상황에 따라서는 내용증명과 대화만으로 가능할 때도 있으나 필요하다고 생각되면 내용증명, 점유이전금지가처분 등 법률적인 조치를 취하고, 이 정도에도 안 되겠다 싶은 경우엔 명도소송까지 한 번에 진행하여 점유자를 정신없게 만든다.

점유자와 제대로 대화가 되지 않는다고 판단되면 법적절차 밟는 것을 아끼려고 하지 마라. 소탐대실할 수도 있다. 또한 실제로 상대했던 점유자중 처음에는 거친 태도로 필자를 대했던 사람들도 내용증명이나 소장을 받은 후에는 공격모드에서 공손하게 바뀌는 것을 왕왕 봐왔다.

(11) 어떤 상황이든 인간적인 모습은 잃지 말아야 한다

어찌 보면 점유자를 상대할 때 압박방법을 일일이 구체적으로 나열하는 필자가 냉정한 사람으로 느껴질 수도 있겠고 어떻게든 점유자를 위축시켜 최소한의 이사비만으로 쫓아내듯이 내보내는 사람으로 보일수도 있겠다. 하지만 실제로는 점유자가 이사하는 날 웃으면서 인사를 나누었던 기억이 훨씬 더 많다. 점유자가 정말 여유가 없는 사람이라 생각되면 협상했던 이사비보다 더 넉넉하게 손에 쥐어주고 내보냈다.

독자분들도 기왕이면 인간적인 모습을 잃지 않고, 점유자와 좋게 헤어질 수 있도록 노력하길 바란다. 공매투자로 수익을 올리더라도 굳이 욕먹어가며 돈 버는 것을 추천하고 싶지는 않다. 그렇게 야박하지 않아도 돈은 충분히 벌 수 있다.

그러나 동정은 처음부터 베푸는 것이 아니라 마지막에 베풀어야 한다는 것을 명심해야 한다. 처음부터 친절하게 다가서면 오히려 마지막까지 그 태도를 유지하기 힘든 경우가 많기 때문에 첫 만남을 무겁게 하고 마지막을 따뜻하게 하라는 것이다.

추가로 알아두어야 할 명도의 기술

(1) 합의서엔 관리비와 공과금은 포함하여 이사비를 산정한다는 부분, 이사비 지급시기 등을 꼼꼼하게 기입하라. 유치권자나 선순위임차인에게 지급한 비용은 추후 부동산을 매도하고 양도세 신고를 할 때 취득당시 필요경비로 취급하여 공제받을 수 있으므로 합의서 외에도 영수증과 무통장입금증 등 금융거래내역을 챙겨둬야 한다.

(2) 합의 후에는 반드시 중간점검을 해야 한다. 약속한 이사날짜 2주 전에 전화를 걸어 이사할 집을 구했는지 확인해보는 것이다. 1~2주 전까지 집을 구

하지 않았다면 약속을 이행하지 않을 가능성을 염두에 두고 법적절차를 준비하거나, 추가 압박을 통해 약속을 이행하도록 독촉해야 한다.

⑶ 난해한 사건의 경우 초보인척 하며 상대방의 얘기를 최대한 경청하고, 필요한 서류를 모두 요구하라.

⑷ 업무시설(숙박, 주점, 고시텔 등)의 경우 명도합의 외에 영업자지위승계, 지상권에 관련된 토지매수한 경우 건축주명의변경 내지 지상건물에 관한 부분, 맹지를 낙찰 받은 경우 토지사용승낙서 여부도 함께 합의를 진행해야 한다.

⑸ 폐문부재일 경우 주위 사람의 사실확인서, 무거주확인증명서, 개문이 되어 있다는 내용을 챙기도록 하고, 관리사무소에서 키를 인수받았을 경우에는 인수인계확인서를 첨부하도록 한다. 또한 짐을 치우기 전에 현장에 관한 사진촬영도 꼼꼼하게 해둬야만 차후 채무자에게 소송이나 형사고소를 당했을 때 유리하게 마무리할 수 있다.

⑹ 형사고소는 최악의 경우에만 활용하라. 고소장을 보여주는 것만으로 효과가 있다.

⑺ 강제집행이 실시되고 유체동산의 상품가치가 없는 경우에는 곧바로 유체동산을 처분해야 한다(주거용일 경우 물건을 회수해가지만 쓰레기를 강제집행 했을 때엔 보관창고비를 무시할 수 없다).

⑻ 특수물건의 경우 주변인(관리사무소, 이웃 등)을 내편으로 만들고, 초기에 객관적인 증거자료를 꼼꼼하게 수집해야 한다.

수탁재산 공매로
아파트 50채 주인되기

수탁재산이란

　수탁재산이란 개인이나 기업이 소유하고 있는 부동산에 관하여 자산관리공사에 의뢰하여 공개적으로 매각하는 것을 말한다. 즉, 본인의 의지에 관계없이 국세징수법에 의해 강제로 처분되는 압류재산과는 달리 수탁재산은 매도자와 매수자의 거래처럼 자산관리공사를 통해 일반매매 형식을 취한다고 이해하면 될 것이다. 이런 수탁재산은 크게 두 가지로 나눌 수 있는데 첫 번째로 금융기관 및 기업이 소유하고 있던 비업무용 부동산을 매각하는 경우이고, 두 번째는 개인 소유의 양도소득세 관련 부동산을 매각하는 경우다.

수탁재산의 장점

수탁재산은 개인이든 기업이든 소유자가 직접 자산관리공사에 매각을 의뢰한 것이므로 입찰자는 해당물건에 관해 사전에 현장 확인이 가능하다. 또한 권리관계도 깨끗해 공매에 대한 특별한 지식이 없어도 입찰에 참여할 수 있는 것이 장점이다. 그리고 인터넷을 통해 입찰하므로 시간을 절약할 수 있고, 개인 소유의 양도소득세 관련 부동산에 입찰하는 경우 매도자의 요청에 의해 자산관리공사에서 매각되는 것이므로 매수자는 중개수수료를 부담하지 않는다. 즉, 거래비용도 절약하며 거래할 수 있는 것이다.

수탁재산을 검색하려면 아래처럼 온비드의 전체물건검색 화면에서 조건을 세팅 후 클릭하면 된다.

온비드에서 수탁재산 검색

유입자산, 수탁재산, 압류재산 비교

구분	유입자산	수탁재산	입류재산
소유자	자산관리공사	금융기관 및 기업	체납자
명도책임	매도자(자산관리공사) 매각조건에 따라 매수자 부담인 경우도 있음	매도자(금융기관,공기업) 매각조건에 따라 매수자 부담인 경우도 있음	매수자
대금납부방법 및 기한	일시금 또는 낙찰 금액에 따라 최장 5년 기간 내 할부로 납부 가능 (6개월 균등분할 납부)	금융기관 및 공기업에서 제시한 조건(단, 입찰보증금은 입찰가의 10%이고, 나머지 90%가 잔금임)	3,000만 원 미만은 7일 이내, 3,00만 원 이상은 30일 이내 납부
유찰계약	다음 공매공고 전일까지 가능	다음 공매공고 전일까지 (예외물건 있음)	불가능
계약체결	낙찰 후 5일 이내	낙찰 후 5일 이내	별도 계약 없이 매각결정에 의함
매수자 명의변경	가능	가능(금융기관 및 공기관 승인 후)	불가능
권리분석	불필요	불필요	매수자가 직접 입찰물건에 관해 권리상 하자 검토 후 입찰 참여해야할
대금완납 전 점유사용	매매대금 1/3이상 선납하고 매수자가 직접 사용하고자 하는 경우 가능	금융기관 및 공기업의 승낙조건에 따른 점유사용료를 내거나 납부 보장책을 제시하는 경우 가능	불가능
계약조건 변경	구입자가 원할 경우 금액에 따라 최장 5년까지 연장 가능	위임기관과의 협의에 따라 가능	불가능

* 참고로 유찰계약이란 입찰에서 매각되지 않은 물건에 관해 공고된 조건(=최저가) 이상으로 누구나 계약할 수 있는 선착순 제도를 말한다. 유입자산과 수탁재산은 공매에서 유찰시 다음매각공고일 전일까지 유찰계약이 가능하다.

수탁재산에 관해 투자할 때 주의해야할 유의사항은 매각공고에 있는 매각조건을 꼼꼼하게 챙겨야 한다는 것이다. 왜냐하면 각 금융기관 및 기업마다 그리고 해당물건의 특성마다 약간씩 매각조건이 다를 수 있기 때문이다(개인 양도세관련 수탁재산은 시세 확인만 잘하면 된다). 예를 들면, '주택거래신고', '기존 임대차 승계조건', '매수자의 명도 책임'등 매각공고에 각 물건 별로 매각조건이 기입되어 있으므로 입찰 전에 각 물건의 매각조건만 신경 쓴다면 투자에 크게 어려움이 없을 것이다.

낡은 그물로 새로운 종류의 물고기를 잡을 수 없다!

투자 세계에서 영원한 정답이란 없다. 경험상 기존에 유용했던 정답이라도 계속해서 그것을 고집하는 것이 아니라 어느 순간 그것을 버렸을 때 그 다음 차별화된 투자가 가능했다(마치 낡은 그물로는 새로운 종류의 고기를 잡을 수 없는 것과 같다). 왜냐하면 투자를 하며 오랫동안 튼실하게(?) 사용했던 정답일지라도 많은 이가 알게 되어 그 기준을 사용한다면 어느 순간에는 경쟁이 심해져서 효용가치가 없어지기 때문이다. 따라서 본인이 낙찰 받지 못하고 패찰이 반복될 경우 자신이 사용하는 그물이 낡았는지, 어떤 원칙에 갇혀 있는지, 그리고 동일한 투자방법이 경쟁자들에게 얼마나 많이 노출되었는지 점검해봐야 한다.

필자에게 그동안 정답이었지만 그로인해 다른 기회를 볼 수 없었던 그물은?

필자의 경우를 예로 들면 지금껏 추가수익이 예상되더라도 거주지에서 멀리 떨어진 지방물건은 투자하지 않았다. 즉, 투자격언 중에서 '인근지역에 투자하라'는 것을 지키려고 노력했던 것이다. 실제 원거리 물건에 관해 검색 후 수익계산을 해보면 겉으론 인근지역 물건보다 높게 계산되지만 현실적으로 지방 물건에 관하여 입찰, 명도, 수리 및 임대까지 놓는 과정에서 소요되는 시간과 비용을 감안한다면 수익도 그리 크지 않았다. 게다가 하나하나 업무처리를 하려면 거리에 관한 부담과 피로도도 높기 때문에 아예 투자할 생각조차 하지 않았다. 사실 인근지역 물건만으로 수익을 올리는 것도 충분했기에 더욱 그러했다. 두 번째 원칙은 '혐오시설이 있는 지역의 물건은 매입하지 마라'는 것이었다. 위 두 가지 원칙 모두 틀린 말은 아니다. 하지만 어떤 경우엔 이 원칙을 철저하게 지키려고 하기에 또 다른 기회를 보지 못하는 경우도 발생한다(아래의 사례를 읽어보면 무슨 말인지 이해가 될 것이다). 따라서 앞으로 더 많은 기회를 접하려면 투자의 원칙을 무작정 고수하는 것에 머무는 것이 아니라 그것을 응용하거나 바꿔서 생각해보는 습관을 길러야 한다. 세상에 변하지 않는 것은 없다는 것이 바로 변하지 않는 진리이기 때문이다.

물건검색을 할 때 다른 이들은 어떤 생각을 할까?

물건검색을 하며 그 물건에 대해 경쟁자들은 어떤 생각을 할 것인가 한 번쯤 생각해보는 버릇이 있다(왜냐하면 만약 다른 이가 볼 때는 그저 그렇거나 안 좋은 물건이더라도 필자가 봤을 때 장점이 보일 경우 그 물건에 대해 물건분석부터 현장조사까지 공을 들이면 낙찰도 수월하고 수익으로까지 이어지는 경우가 많기 때문이다). 그래서인지 물건을 검색할 때 경쟁이 심할 것 같은 물건은 좋아 보이더라도 그냥 지나치게 되고, 겉모습은 화려하지 않지만 조용히 수익을 올릴 수 있는 물건에 빠져드는 편이다.

공매물건의 주소 부분에 '경북 울진'이란 글씨를 보니 왠지 그냥 지나치고 싶었다. 사실 이때까지 한 번도 가본 적이 없던 곳이다. 하지만 문득 수도권에 있는 많은 경쟁자들도 나와 같은 생각을 할 것이라 생각이 들었다. 그래서인지 한 번도 가보지 못한 생소한 곳임에도 필자가 다시 한 번 물건을 살펴보게 되었다. 더군다나 아직 13억 원 감정가에서 한 차례도 유찰된 상태가 아니었고, 이 물건의 감정평가서에 사진마저 흑백으로 희미하게 나와 있었다. 희미한 사진 속 건물이 언뜻 보면 마치 폐가처럼 칙칙해보였다(다른 공매물건들은 거의 컬러 사진이다). 게다가 건물 외부는 아파트의 형태지만 등기부등본은 집합건물이 아닌 사택이었고, 건물의 부속토지 지목이 전, 답으로 되어 있는 것을 보니 아직 지적정리조차 말끔하게 정리되지 않은 상태였다(여기서 필자가 말하고 싶은 건 같은 물건을 검색했더라도 많은 평계를 대서 투자하지 않을 수도 있고, 여러 장애를 극복하여 투자수익을 거둘 수도 있다는 것이다. 중요한건 투자자가 어떻게 바라보느냐의 문제다).

본건 및 부근 전경

Tip 수탁재산의 감정평가

압류물건의 경우 공매대행의뢰가 접수되면 자산관리공사에서 지정한 감정평가기관에서 감정평가 후 매각절차가 진행된다. 그런데 수탁재산의 경우 그 부동산을 소유한 기업에서 그 물건에 대한 자체감정을 통해 감정평가서가 작성되고, 그 감정평가서를 기초로 자산관리공사에서 매각이 진행된다. 그래서 원본은 매각을 의뢰한 기업에서 가지고 있고, 감정평가서 사본을 자산관리공사에 제출하게 되므로 사진이 흑백으로 보이는 경우가 가끔 발생한다. 이 물건도 그런 경우에 속한다.

그런데 매각물건을 자세히 들여다보니 아파트 두 동 전체가 한 번에 매각되는 것이었다. 수도권에서 350km 이상 떨어진 지역인데다가 겉보기에 몇 가지 단점들이 있었고 뿐만 아니라, 아파트 한 두세대만 매각되는 경우라면 관심을 두지 않았을 것인데 아파트 두 동 전체(50세대)를 한 번에 살 수 있다는 것이 일단 필자에게 매력적으로 느껴졌다. 또한 이 물건이 수탁재산이라는 것도 많은 이들에게 생소할 것이므로 낙찰 받을 수 있는 확률도 높을 것이라 생각하며, 차근차근 이 물건에 대해 탐구하기 시작했다.

인터넷으로 시세 및 뉴스 검색하기

워낙 원거리여서 단지 아파트 두 동이 매각된다는 이유만으로 무작정 현장을 다녀오기에는 무리가 있었다. 그래서 우선 인터넷상으로 시세가 얼마인지 이 지역의 부동산 동향은 어떠한지 꼼꼼하게 검색을 시작했다.

그런데 이 지역 관련 정보를 검색하던 중 다음과 같은 기사가 눈에 들어왔다.

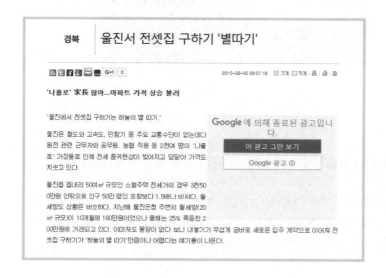

필자가 물건검색을 하고 있는 시점에서 약 1년 전 기사였고, 울진에서 '전셋집 구하기 별따기'란 흥미로운 제목이었다. 실제로 얼마나 전세난이 심각하면 관련 신문기사까지 등장할까 의심될 정도였다. 기사를 읽어 보고 바로 인터넷을 통해 인근 중개업소를 확인했다(중개업소도 2~3곳 밖에 없었다). 그런데 인근중개업소에 전셋집을 구하는 임차인인척 전화를 걸어보니 현재도 전세로 나와 있는 아파트가 한 채도 없었다. 이 기사가 보도되고, 1년이 경과했지만 아직도 이 지역의 전세난이 해결되지 않은 것이었다.

지방물건에 관해 투자할 때 가장 신경 써야 하는 부분이 임대(공실률)인데 중개업소와 통화를 하고 집이 부족하다는 사실을 확인하니 갑자기 이 물건에 대해 흥분되기 시작했다. 만약 낙찰 받는다면 50채 모두 좋은 조건에 임대를 놓을 수 있을 것이라 생각되었다. 더군다나 비슷한 크기의 아파트 임대시세를 확인해 보니 50세대 감정가격이 13억 원이지만 최소 20~25억 원 수준에 무난하게 전세를 놓을 수 있을 듯했다. 전세가격 자체로도 이미 감정가를 훨씬 웃도는 것이었다.

혐오시설이 있는 지역은 매입하지 마라?

흔히 주거용 부동산에 투자할 때 쓰레기장, 화장장, 공장 등 이른바 '혐오시설'이 있는 곳은 피하는 것이 상식이다. 그런데 울진은 원자력발전소가 있는 곳이다. 그것도 원전이 6기나 있는 곳이다. 아마 원전이라고 하면 대부분 투자자들은 혐오시설이라고 여길 것이다. 더군다나 이 물건을 검색하기 수개월 전에 일본의 원전사고로 우리나라 국민들 역시 원전에 대한 불안감이 남아 있는 시점이었다.

그런데 이렇게 혐오시설이 있는 경우 피하는 것만이 정답일까?

필자는 혐오시설인 원전으로 인해 이 물건의 경쟁자뿐 아니라 이곳에 거주하는 원주민조차 투자목적으로 이 지역의 집을 매수하지 않는 것이라 생각했다. 부동산하락기에 실수요자가 임대수요자로 전환되어 임대가격이 상승하는 것처럼 이렇게 혐오시설이 있는 경우에도 이 지역의 실수요자마저 집을 구매하지 않고 임대수요가 되어버리니 임대물건 품귀 현상이 발생된 것이다. 즉, 사람들 모두 혐오시설이 있기에 집을 매입하지 않는 원칙을 지키고 있는 것이다.

하지만 필자는 원전이 있어서 오히려 더 큰 장점이라 느껴졌다. 어느 지역이든 현재 공급이 심각하게 부족한 지역은 시간이 지나면 공급이 늘어나기 마련인데 원전이 있다는 이유로 이 지역에 다른 건설사들은 추가로 주택신규공급을 할 엄두를 내지 못할 것이기 때문이다(어차피 분양이 제대로 되지 않을 것이므로). 그렇다면 앞으로도 계속해서 수요에 비해 공급이 부족한 상태는 지속될 것이기에, 기존에 있는 아파트를 매입하여 적정 수준으로 리모델링한다면 공실 없이 임대가 가능할 것이라 판단했다. 공급이 심각하게 부족하니 시세를 올리는 것도 어렵지 않을 것이라 생각했다. 무조건 입찰하기로 결정했다.

사실 원전에 대해 바꿔 생각해보면 오히려 임대부동산으로는 효자역할을 톡톡히 하고 있었다. 혐오시설로 인식되어 주택공급을 억제시키지만, 반대로 원전에 근무하는 사람으로 인해 풍부한 임대 수요는 만들어주고 있었다(이곳은 원전1호기부터 6호기까지 건설되어 관리할 인원들이 상주하고 있다). 또한 원전이 있는 지방자치단체에는 정부에서 풍부한 자금을 지원해주고 있어서 다른 지역에 없는 대형 시설물들도 많이 지어지고 있었다. 예를 들면, 조그만 '군'이지만 승마장, 엑스포 기념관, 민물고기 체험장, 스킨스쿠버 교육관 등 웬만한 중소도시에도 없는 시설이 공급되어 그곳에서도 임대수요가 창출되고 있는 것이다. 더군다나 인구 6만 명밖에 안 되는 이 지역에 새롭게 6조 원 규모의 신울진 원전 1,2호기 건설계획까지 이미 세워져 있었다(필자가 이 물건을 낙찰 받은 후 이 계획이 확정되어,

이 지역에 2018년까지 연간 620만 명의 근로자가 투입될 예정이다. 원전이 완공될 때까지
는 관련 건설 인력들이 임대수요가 되고, 공사가 완료되면 관리 인력들이 임대수요가 될 것
이다).

그런데 감정평가는 무척 저렴했다

자료검토를 끝내고 들뜬 마음으로 4시간에 걸쳐 운전하여 현장에 도착했다.
그런데 중개업소에 들러 시세확인을 해보니 위 물건은 아파트가 아닌 기업의 사
택이어서 지금까지 임대 및 매매가 한 번도 이뤄진 적이 없다고 말했다. 그래서
인지 중개업소에서 정확한 시세를 제시하지 못하였다. 임대가격도 들쑥날쑥하
고, 개별호수에 관한 매매가격도 중개사마다 천차만별이었다.

그런데 이런 상황은 감정평가사가 이 물건을 감정평가 하기 위해 중개업소에
들렀을 때도 마찬가지였을 것이다. 중개업소에서 난감해하며 매우 보수적인 가
격을 언급했을 것이고, 그 부분을 참고하여 매우 저렴한(?) 가격에 감정평가가 이

뤄진 것이라 생각했다. 그리고 어쩌면 대부분 사람들이 생각하는 것처럼 감정평가사 또한 원전을 혐오시설이라 여기고 저렴한 가격으로 평가했을 수도 있을 것이다. 왜냐하면 필자가 비슷한 조건에 있는 다른 아파트 매물들과 비교해보니 한 채당 전세 4,500만 원 수준으로 임대시세가 형성되어 있었기 때문이다. 만약 현 감정가격 100%에 낙찰 받더라도 한 채당 가격은 2,700만 원 수준이니 이 물건은 확실히 저평가 되었다고 판단했다(공인중개사, 감정평가사 모두 고맙게 느껴졌다).

 부동산 중개업소가 뜸한 곳에서 시세파악을 할 때

부동산 중개업소가 없는 지방물건의 경우 지역신문, 군청 인터넷을 검색해보면 직거래 매물이 나와 있다. 그 시세를 참조하다보면 대략적인 시세파악이 가능하다.

정말 갖고 싶은 물건의 입찰가 산정하기

현장에서 직접 확인해보니 사택의 입지조건이 서류로 검토했던 것보다 훨씬 더 좋았다. 이 물건은 시내 한복판에 위치하고 있어서, 주위에 은행, 법원, 초등학교 등 모든 공공기관과 편의시설이 있었기에 원전 인원들 외에도 공무원이나 서비스업에 종사하는 다른 임대수요까지 풍부했다. 부동산투자를 하며 접하기 쉽지 않은 AAA급 물건이라고 생각되었다.

하지만 아직 낙찰 받은 것이 아니다. 조사를 마치고나니 이 녀석을 더욱 내 것으로 만들고 싶어졌다. 투자자가 자신의 맘에 쏙 드는 물건을 접했을 때 입찰가에 대한 고민은 깊어질 수밖에 없다. 필자의 입찰가격을 정하기 전에 일단 경쟁자부터 체크해야 했다. 과연 필자처럼 원전을 혐오시설이라 생각하지 않고 오히려 역발상을 하는 경쟁자가 있는지 말이다. 수탁재산은 입찰 전에 여유 있게 현

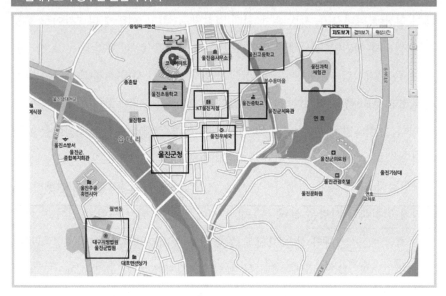

장 확인을 할 수 있다. 이 물건 역시 사택관리인이 친절한 설명과 함께 내부를 보여줬기에 그때 관리인의 연락처를 받아뒀었다. 입찰마감시간 2시간 전에 관리인에게 전화를 걸었다.

"안녕하세요. 소장님! 지난주에 찾아 뵀던 송사무장이라고 합니다. 혹시 저 말고 다른 분들도 오셨는지 궁금해서요."

"아… 그 젊은 분이군요. 댁 말고 두 팀이 더 다녀갔어요(이런… 정말??)."

"혹시 2팀 모두 내부까지 꼼꼼히 보여 달라고 하던가요?"

"아니요. 한 팀은 겉만 보고 그냥 갔고, 다른 한 팀은 내부까지 꼼꼼하게 확인하고 갔어요."

경쟁자들이 다녀갔다는 말에 행여 이 물건을 놓치게 될까봐 긴장되기 시작했다. 이 물건은 아무리 고수라도 서류만 봐선 절대 입찰할 수 없는 물건이다. 그래서 현장에 다녀간 두 사람 외엔 절대 입찰할 수 없고, 현장에 다녀갔어도 부동산에 들러서 형편없는 시세를 들었다면 투자 결정을 하지 못할 것이라 생각했다. 물론 필자처럼 이 사택이 저평가 되어 있다고 여긴 사람은 사택 내부까지 적극적으로 보려 했을 것이다. 한 팀은 겉만 보고 그냥 갔다고 하니 입찰할 가능성이 낮다. 그렇다면 내부까지 꼼꼼하게 봤다는 다른 경쟁자가 입찰에 참여할 가능성이 높았다. 보이지 않는 경쟁자를 떠올리면서 내 머릿속에서 그와의 수 싸움이 시작되었다. 만약 내가 경쟁자라면 어느 정도의 가격을 적어낼까 고민했다. 이 물건에 입찰하는 사람은 분명 부동산 투자에 내공이 있는 사람일 것이고, 아마 그도 지금 이 순간 나와 같은 고민을 하고 있을 것이라 생각했다. 하지만 아무리 낙찰 받고 싶은 물건이라도 어떤 투자자든 경쟁자와 아주 근소한 차이로 낙찰 받고 싶을 것이다. 특히, 상대방도 고수라 생각되었기에 초보들처럼 펑펑 질러대지 않을 것이었다.

그런데 이와 비슷한 조건에 있었던 사택이 약 한 달 전에 유찰계약으로 매각된 적이 있었다. 즉, 한 달 전만 하더라도 이런 물건은 아무도 관심을 두지 않았던 것이다. 그렇다면 혹시 한 달 전에 낙찰 받은 팀이 다시 이 물건에 입찰할 가능성이 있고, 만약 그 팀이라면 이전에 유찰계약을 했던 경험이 있기에 감정가격에서 많은 금액을 베팅하지 않을 것이라 생각했다. 설령 그 팀이 아니더라도 적어도 이 물건에 입찰하려면 한 달 전에 동일한 물건이 낙찰된 자료를 확인했을 것이다. 결국 이렇게 혼자만의 상상으로 필자는 최저가에서 2,200만 원을 더 올려 13억 5,000만 원으로 입찰가를 산정했다.

▌상세입찰결과

물건관리번호	○010-001○0-001		
재산구분	수탁재산(캠코)	담당부점	금융구조조정지원2부
물건명	경북 울진군 ○○읍 ○○리○07-2외 10필지 제에이동호 및 제비동호, 제3호		
공고번호	20○○-0○○0-00	회차 / 차수	006 / 001
처분방식	매각	입찰방식/경쟁방식	최고가방식 / 일반경쟁
입찰기간	2011-06-21 10:00 ~ 2011-06-23 17:00	총액/단가	총액
개찰시작일시	2011-06-24 11:07	집행완료일시	2011-06-24 11:09
입찰자수	유효 2명 / 무효 0명(인터넷)		
입찰금액	1,350,000,000원/ 1,341,400,000원		
개찰결과	낙찰	낙찰금액	1,350,000,000원
감정가 (최초 최저입찰가)	1,351,780,660원	최저입찰가	1,328,862,905원
낙찰가율 (감정가 대비)	99.87%	낙찰가율 (최저입찰가 대비)	101.59%

다음날 두근거리는 마음으로 개찰결과를 보니 필자가 13억 5,000만 원으로 낙찰을 받았고, 2등은 13억 4,140만 원이었다. 감정가격 13억이 넘는 물건을 불과 860만 원(약 0.6%)도 안 되는 정말 근소한 차이로 낙찰 받은 것이다. 이 가격을 보며 2등 얼굴이 무척 궁금했다. 아마 그도 입찰가를 산정하기 전에 나와 같은 상상을 하며 가격을 정했을 것이라 생각되었다. 보이지 않는 상대지만 마치 서로 마주보며 진검승부를 한 기분이었다.

물건검색부터 낙찰까지 일이 술술 풀리는 듯하고 기분이 들뜨기 시작했다. 낙찰결과를 확인하고 잠시 후에 자산관리공사 대구지사에서 전화가 왔다.

"안녕하세요. 자산관리공사 대구지사 ○○○입니다. 낙찰 축하드리고요. 그런데 수탁재산은 낙찰되고 5일 이내에 매매계약서를 작성하셔야 됩니다. 그렇지 않으면 낙찰이 무효 처리되고 보증금이 몰수될 수도 있습니다."

바로 그 다음 주 월요일에 대구지사에 방문하여 부동산매매계약서를 작성하고, 입찰보증금 영수증을 교부받았다.

수탁재산의 낙찰 후 절차

수탁재산도 흔히 중개업소에서 매매하듯 일반거래라 생각하면 된다(입찰물건의 부동산매매계약 작성 시 자산관리공사가 매도인의 대리인 역할을 수행하는 것이다). 수탁재산은 월-목요일까지 4일 동안 입찰이 가능하고, 개찰은 금요일에 한다. 그리고 낙찰일로부터 5일 이내(공휴일 제외)에 매매계약을 체결해야 하고, 매매계약체결일로부터 60일 이내에 잔금납부를 해야 한다. 그 외 실거래가신고도 매수자의 부담인데 법무사를 이용하여 소유권이전등기를 할 때 함께 부탁하면 된다.

보이지 않던 복병이 등장하다

아파트 50채를 잔금까지 치르고 다시 부푼 마음으로 현장으로 차를 몰고 갔다. 행여 어렵게 진검승부를 마친 이 녀석을 놓치게 될까봐 서둘러서 대출을 알아보고 잔금납부까지 마친 것이다. 이제 매도인에게 키만 넘겨받으면 아파트 두 동의 주인이 된다는 생각에 350km가 넘는 먼 거리지만 운전하는 내내 미소가 머금어졌다. 그리고 아파트 뿐 아니라 1,500평 단지 내에 있는 놀이터, 탁구장, 관리사무소까지 전부 내 것이 된다는 사실이 정말 뿌듯했다.

그런데 현장에 도착하여 관리인에게 모든 키를 건네받고 아파트 이곳저곳을 돌며 하나씩 설명을 듣고 인수인계가 끝날 즈음이었다.

그동안 아파트 전체 세대에 차단되어 있던 전기를 다시 공급했다. 마지막으로 메인수도밸브가 있는 곳으로 관리인이 안내했다. 수도관 역시 2년 동안 사용하지 않아 전체 세대에 공급하는 메인수도관을 잠가둔 상태였다. 이제 마지막으로 관리인이 수도메인 밸브를 열면 모든 인수인계가 끝나는데 그가 메인밸브를 열기를 주저하는 것이다.

"왜 그러시죠?"
"아니… 수도밸브는 기술자가 함께 동석해서 여는 것이 좋을 것 같아서요."

관리인은 그 자리에서 우물쭈물 설명만할 뿐 즉시 수도밸브를 여는 것을 망설였다. 그래서 그의 조언대로 인근 설비업자를 불러서 드디어 메인수도밸브를 열었다. 그런데 갑자기 여기저기에서 펑하는 소리가 들렸다. 잠시 후 설비업자가 소리쳤다.

"수도밸브 빨리 잠가요!! 빨리!!"

필자는 설비업자의 목소리가 들리는 5층으로 황급히 뛰어 올라갔다. 부리나케 뛰어가서 5층 세대의 천정을 보니 마치 폭격을 맞은 듯 큰 구멍이 뚫어져 버렸고, 그곳으로 물기둥까지 보였다. 아래층인 4층도 금세 물바다로 바뀌었다. 너무 황당한 장면에 물을 쓸어내야겠다는 생각조차 들지 않았고 멍하니 그 장면을 바라보고 있었다.

누수된 현장사진 1

메인 수도밸브를 잠그고 다시 살짝 열어둔 상태로 설비업자와 함께 각 세대를 둘러보니 옥상물탱크 옆 메인수도관 외에도 각 세대별로 적게는 3~4곳 많게는 14곳 정도 수도관과 난방관이 동파되어 있었다. 2010년 100년 만의 한파가 공실로 있던 이 아파트의 수도관과 난방관 모두 동파시킨 것이었다(매도자가 이 사택을 매각하는 것은 새로운 사택을 건축했기 때문이고, 모든 사원들이 그곳으로 자리를 옮긴 채로 이 사택은 2년간 공실이었던 것이다). 하지만 입찰 전에 현장을 둘러봤을 때엔 모든 세대의 수도관이 잠긴 상태였고, 각 세대 내부도 깨끗했기에 이런 심각한 하자가 있다는 것을 전혀 알 길이 없었다.

수도밸브를 열고 몇 분도 안 되어 아파트 전체가 마치 수해 현장처럼 돼버렸다. 50세대였기에 엄청난 수익이 있을 것이란 기대감이 한 순간에 절망감과 부담으로 바뀌는 순간이었다. 이 당시 너무 황당했고, 표현하기 힘들 정도로 참담한 기분이었다. 차라리 입찰 전에 이 모습이었다면 공사비 몇 억 원을 감안하여 입찰했거나 아니면 아예 입찰조차 하지 않았을지 모른다(사서 고생할 필요는 없잖은가).

시련은 있어도 실패는 없다

사실 이 사건의 하자가 발생된 부분에 관해 책에 소개할 것인지 고민했었다. 그런데 공매투자로 대박이란 환상을 심어주기 보단 필자 생각에 경·공매 고수일지라도 투자를 할 때 성과를 쉽게 내는 것이 아니라, 힘든 과정을 극복하며 수익을 내는 것임을 솔직하게 보여주는 것이 더 좋다고 생각했다. 필자가 이전에 출간한 '송사무장의 실전 경매의 기술1, 송사무장의 실전 경매의 기술 2'그리고 이 책에 있는 다른 사례들을 보면, 아마 독자들 대부분 필자가 복잡한 사건을 해결하는 특별한 능력을 가졌다고 생각했을 수도 있다. 하지만 사실 전혀 그렇지 않다. 시련이 닥치면 아파하고 힘들어하는 똑같은 사람이다. 다만 동일한 상황이 발생되더라도 주어진 시련을 어떻게 받아들이고, 어떻게 극복할 것인지 마음먹는 것에 차이가 있는 것이다. 이번에는 필자도 이전에 겪어본 적이 없는 시련이 닥친 것이다. 사실 지금껏 투자를 하며 손쉽게 수익을 올렸던 기억은 그리 많지 않다. 설령 쉽게 끝난 사례일지라도 그 이전에 많은 고민이 있었다. 독자들도 공매투자를 하다가 힘든 상황이 발생되면 운이 없다고 실망하거나 아니면 자신의 능력이 부족하다고 힘들어할 것이 아니라 일단 그 상황을 받아들이고 어떻게 최선의 선택을 할 것인지 고민하라. 그리고 방향이 결정되면 힘들어도 앞으로 나아가면 된다. 모든 고수들도 그렇게 하나하나 사건을 해결하는 것이다.

다시 그 상황으로 돌아가 보자. 애초에 이 물건을 인수인계 후 부분공사만 하려 했었다. 실제로 어떤 세대는 도배, 장판도 깨끗하여 청소만 간단하게 하고 임대를 놓으려고 했었다.

입찰 전 현장조사 했을 때 깔끔한 사진

　　하지만 아파트 하자가 심각하게 발생되어 처참하게 망가진 이상 전면 수리를 하기로 결정하였다.

각 세대별 누수 사진(왼쪽)과 누수공사 사진(오른쪽)

아파트 내부는 물론이고, 건물 외벽 페인트, 옥상방수, 주차장, 조경까지 완벽하게 새 아파트로 만들기로 결정한 것이다. 필자가 입찰 전에 예상했던 것보다 훨씬 많은 금액의 공사비가 투입되겠지만 대신 임대가격을 더 높게 받으면 될 것이라 생각했다.

아파트가 흠뻑 물에 젖어 있어서 물기를 말려가며 공사를 해야 했기에 속도가 상당히 더뎠다. 결국 내부공사에서부터 외부 주차장까지 공사를 4개월 동안 하였다. 나중에는 필자도 현장에 투입되어 방수공사, 주차장, 조경, 페인트까지 인부들과 함께 일하며 마무리를 하니 어느덧 11월이 되었다.

내부, 외부 보수 사진

모든 공사를 마치자마자 임대가 나가기 시작했다. 하지만 임대가격을 높였기에 그 지역의 원주민들은 비싸다고 입주를 꺼려했다(그렇다고 많은 돈이 투입된 아파트를 그냥 싸게 임대 놓을 수 없었다). 결국 임대속도를 높이기 위해 현수막과 전단지를 제작하여 직접 광고를 하고나니 한 세대 두 세대씩 계약되었고, 50채 모두 임대가 완료되었다.

그런데 그 사이에 주변 임대 및 매매시세도 올랐다(사실 작은 지역이다 보니 50세
대 임대시세를 올리니 주변 아파트 임대가도 덩달아 올라갔고, 이 지역 전체 시세가 꿈틀대
기 시작했다. 현 시세는 한 세대 당 7,000만 원 수준까지 형성되었다).

역시 부동산을 매입할 때 그 지역의 수요와 공급을 꼼꼼하게 파악해야 한다는
것을 다시 한 번 느끼게 되었다. 부족하면 귀하고 그것을 찾는 사람이 많으면 쉽
게 가격이 오른다. 비단 부동산이 아니더라도 어떤 것이든 부족하면 금세 가격
이 오르기 마련이다. 더군다나 조만간 수 조 원 규모의 신규원전공사가 본격적으
로 시작되면 2018년까지 매년 620만 명의 인력들이 다녀갈 예정이어서 안 그래
도 공급이 부족한 지역에 집이 고갈될 것이고, 이런 이유로 현 임대가격에서 조
금 더 올려 세를 받는 것도 그리 어렵지 않을 것이다. 자연스레 매매가격도 더 오
를 것이라 생각한다.

단 한 건으로 4억 원 + 매월 1,000만 원

본래 계획은 리모델링을 마치고, 대부분 월세 위주로 임대를 놓으려 했는데 생각보다 전세수요가 많고, 50세대를 빠른 시간 내에 채워야 했으므로 세입자가 원하는 조건으로 계약을 해주었다. 50세대 모두 중개업소를 통하지 않고, 직거래로만 계약서를 작성했다. 지방이라 인터넷, 현수막, 전단지의 효과가 좋은 편이다.

아파트의 낙찰가는 13억 5,000만 원이다. 공사를 하면 적어도 30억 원 수준에 임대를 놓을 수 있을 것이라 기대했었는데 월세 부분을 전세로 환산해보니 비슷한 조건으로 계약이 완료되었다.

총 지출은 대출을 제외한 낙찰 잔금, 법무비용, 공사대금, 잡비 등 모두 현금만 8억 원이 투입되었다. 그리고 투자 후 6개월 만에 임대보증금만으로 12억 원을 회수했고, 매월 대출이자를 납부하고도 월세 수익이 1,000만 원 조금 넘게 남는다. 결국 내 돈 없이 아니 오히려 4억 원 공돈이 생기고도 매월 1,000만 원의 수익이 발생된 것이다. 앞으로 임대가격을 조금씩 올릴 예정이므로 수익률은 더 나아질 것이다.

세상을 살다보면 어떤 경우엔 기회가 반대로 시련이 될 수도 있다. 예상치 못한 일로 난관에 부딪힐 수도 있다. 너무 힘들어 주저앉고 싶을 수도 있다. 하지만 분명한 것은 어떤 일이든 힘들어도 좌절하지 않고 걸어가다 보면 어느덧 목적지에 다다를 수 있다는 것이다. 결국은 뚜벅뚜벅 묵묵히 걸어갈 수 있는 이가 승자가 된다. 절대 포기하지 말고 당차게 걸어가도록 하자.

원거리 부동산 효율적인 관리방법

필자의 거주지에서 울진까지 거리는 무려 354km가 떨어져 있어서 차량으로 이동하더라도 4시간 넘게 운전해야만 도착할 수 있다. 너무 먼 거리여서 아파트의 모든 임대를 마친 후에도 직접 사소한 것까지 하나하나 챙기는 것이 버겁다는 것이다. 그래서 필자는 효율적인 관리방법을 동원했다. 이 아파트에 필자만의 관리사무소를 운영하기로 한 것이다. 관리사무소에 직원을 1명 채용하여 경비, 청소, 관리비 수납 등을 처리하게 하고, 임대차계약까지 체결할 수 있는 수준으로 업무를 하게 하였다. 또한 입주세대에게 최소한의 관리비를 부과시키고, 그 관리비로 직원 급여를 지급한다. 관리비도 직원 급여와 관리사무소 전기세, 기타 공과금까지 처리할 수준만 걷는다(아파트이기에 입주민들이 최소 관리비를 내는 것에 익숙해져 있어서 관리비를 징수하는 것은 수월했다).

이 방법을 택하니 필자는 추가비용 없이 직원 한 명을 더 채용하게 되었다. 관리인에게 전세 및 월세 계약을 체결하는 위임장에는 '보증금 1,000만 원을 넘지 않는 월세계약만 위임이고, 금액은 반드시 임대인 계좌로 송금한 경우에만 유효함'이라고 기재하여 이중계약을 미연에 방지하도록 했고, 건물의 시설비, 수리비가 요구될 경우 관리인에게 모든 것을 맡기는 것이 아니라 설비업체와 직접 전화통화 후 결제는 필자가 설비업체에 직접 결제하도록 한다(사람을 못 믿는 것이 아니라 느슨함과 수수방관에서 사고가 발생될 수 있으므로 그 부분을 미리 통제하는 것이다).

직원 채용하고 4개월이 지나보니 다행히 필자의 의도대로 무난하게 일을 해주고 있다. 아파트 관리도 깨끗이 하고, 임대물건을 보여주는 것부터 계약서 작성까지 잘해주고 있어서 지방물건의 단점도 무난하게 극복되었다.

Column 05

투자가 **힘들고 어렵다고** 느껴질 때

현재 그리고 앞으로도 '정기예금', '근검절약', 그리고 '직장에서 살아남는 것' 만이 정답이라 생각하고 사는 사람은 아무리 열심히 산다고 할지라도 부자가 될 확률은 매우 낮다. 왜냐하면 이제 월급만으론 집 한 채 장만하는 것도 힘들고 돈 이 없으면 자식조차 제대로 키우기 힘든 현실이기 때문이다. 계획성 없이 그저 그렇게 살다간 노후에 마지막 남은 집 한 채에 의존하여 살아갈 수도 있다(역모 기지란 말이 결코 노인을 위한 배려라고 느껴지진 않는다).

그래서 많은 사람들이 현실의 벽을 뛰어 넘어 자산을 불리고 부자가 되기 위 해 주식, 채권, 펀드, 부동산 등에 관심을 갖고 투자에 대해 공부를 하게 되었다. 그런데 어떤 분야든 투자를 통해 수익을 올린다는 것이 생각했던 것보다 녹록치 않다. 주변인의 추천이나 글, 또는 책 한 권을 읽고 심한(?) 자극을 받아 공부를 시작하지만 막상 마음먹고 이 분야에 뛰어들면 생각했던 것보다 더 공부해야 될 것이 많고, 또 실전에 부딪히면 보다 많은 벽이 있다고 느끼게 된다.

사실 나는 오히려 진입장벽이 높거나 여러 단계를 거쳐야 수익을 올릴 수 있는 귀찮은(?) 투자방법을 좋아한다. 왜냐하면 내가 쉽게 취득한 정보는 남도 쉽게 얻을 수 있는 것이고, 내게 어려운 관문이라면 마찬가지로 남들에게도 어렵기 때문이다. 경험상 지금까지 어렵게 터득한 투자방법일수록 조금 더 오랫동안 다른 사람과 차별화된 수익을 얻을 수 있다는 것도 깨달았다(사람들은 남과 달라야만 성공할 수 있다는 것을 알면서도 현실에선 남과 다르게 생각하고 더 노력하는 이는 많지 않다).

투자자들은 무언가 새로운 정보를 찾아 끊임없이 방황하는 경향이 있다. 그러나 실제로 대부분 투자를 잘 하고 성공을 하는 사람은 부화뇌동하지 않고 기본에 충실한 사람들이다. 주식, 부동산 분야에서도 새로운 정보를 쫓거나 분위기에 휩쓸리는 사람치고 꾸준한 수익을 거두는 사람을 보지 못했다(투자는 약간 미련한 듯 느긋한 사람이 더 좋은 결과를 내는 듯하다).

그런데 부푼 마음으로 공부를 했더라도 어느 순간 본인의 한계를 깨닫게 되고, 또 어떤 날에는 지금껏 노력했던 것마저 무상하게 느껴지기도 한다. 이런 현상은 고수가 되기까지 한 번이 아니라 여러 번에 걸쳐 경험하게 된다. 투자자 중에는 그 고비에서 방황하다가 또 다시 일상으로 복귀하는 사람도 있고, 그 시기를 잘 극복하여 진정한 투자자로 거듭나는 사람도 있다(누구든 벽에 부딪힌다. 끊임없이 부딪힌다).

주위를 지켜보면 어떤 이는 꾸준하게 승전보를 들려주고, 반대로 활발하게 활동하던 이가 어느 순간 보이지 않는 것을 느끼게 된다. 필자가 경매에 입문했던 그 당시에 함께 경매를 했던 대부분의 사람들도 다른 일을 하고 있다. 그 시기에 필자보다 훨씬 고수라고 느꼈던 사람들도 자신의 한계를 느끼고 다른 일을 하고 있다. 그랬다가 다시 경매에 관심을 갖고 뛰어들기도 하고, 또 오랜 시간이 지나지 않아 떠나는 반복된 모습을 보이기도 한다.

그 지인들 중에선 가끔 경매시장에 관해 내게 안부를 묻는 이들이 있다. 그럴 때면 처음에는 실제 상당한 수익을 올린 것에 대해서 솔직하게 말해주었지만 갈수록 필자도 실제보다 일부러 약한(?) 표현을 하는 편이다. 왜냐하면 인내심이 없는 그를 자극시켜봤자 또 다시 위와 같은 패턴만 반복할 것을 알기 때문이다.

만약 이 세상에 모든 사람이 성공할 수 있다면 아마 '성공'이란 단어조차 없었을 것이다. 그런데 성공이란 어렵게 생각하면 절대 이룰 수 없지만 반대로 꼭 그렇지도 않다는 것을 경험했다. 필자가 현재 활동하는 카페(행복재테크)를 보면 지금까지 인연이 된 많은 분들의 삶이 바뀐 것을 보게 된다. 나름대로는 경제적으로 성공한 위치에 진입했다고 생각한다. 물론 어느 부분까지를 성공이라고 정의 내릴 수는 없겠지만 그가 이 분야에 관심을 갖지 않았을 때에 비하면 성공이란 단어를 쓰는 것도 결코 어색하지 않다고 생각한다.

경·공매에서 경쟁이 심해지고 낙찰 받는 것이 어렵다고 느껴지는 등, 투자를 하며 고민이나 벽에 부딪혔을 때 지혜롭게 해결하는 방법을 나열해본다. 누구에게든 한 번쯤 슬럼프 시기가 오는데 하지만 슬럼프이기에 극복도 가능하다는 것을 명심했으면 한다.

1. 고수나 주변사람들에게 조언을 구하라

당신이 지금 하고 있는 고민은 현재 고수가 과거에 고민했던 부분과 크게 다르지 않을 것이다. 그렇다면 당신보다 한 발 앞서 있는 고수와 고민에 관해 진지한 대화를 나눠라. 고수가 아닐지라도 당신과 밝은 대화를 나누고 긍정적인 에너지를 받을 수 있는 상대도 괜찮다. 혼자서 끙끙대는 것보다 누군가와 대화를 나누다보면 풀리는 경우가 많다.

2. 다시 한 번 계획을 점검하라

힘들고 벽이 높게 느껴진다는 것은 본인의 계획이 현실적으로 달성하기에 무리한 계획이거나 아니면 뭔가 빠뜨린 부분이 있을 수도 있다. 본인의 계획을 현실에 맞게 수정하고 점검하는 것만으로 다시 마음을 다잡고 전진할 수 있을 것이다.

3. 중간점검 후 자신에게 보상을 하라

옛날 어르신들을 보면 정말 과하다 싶을 정도로 '근검절약'만을 강조하며 종자돈과 돈을 모으는 과정에서 철저하게 자신을 혹사시켰다. 그런 분들은 부자가 된 후에도 돈쓰는 것에는 어색하여 주변으로부터 궁상맞다는 소리를 듣기도 한다. 절대 그렇게 살지 말라. 그렇게 살기 위해서 부자가 되기를 꿈꾸는 것은 아니지 않은가. 가끔은 열심히 살고 있는 본인에게 멋진 상을 베풀 수 있어야 한다(목적지가 너무 멀다면 중간에 휴게소에 한 번 쉬었다가 가는 것이 더 효율적이라는 것이다).

물질적이든 아니면 정신적으로든 수익을 냈던 자금에서 작은 포상을 하거나 휴식시간을 주며 투자를 즐겁게 할 수 있도록 해야 한다(필자는 낚시와 여행으로 충분한 휴식시간을 주고, 투자수익금으로 평소에 갖고 싶었던 것을 쇼핑하며 내 자신에게 보상을 해준다).

4. 주변에 휘둘리지 말고 기본에 충실하라

투자를 한답시고 새로운 정보와 비법에 집착하지 마라. 인터넷 검색이나 공부를 하다보면 자꾸만 다른 이들이 수익을 냈던 것에 집착하게 되고, 그러한 물건만 고르려는 등 따라 하기를 반복하고 있는 자신을 발견할 수 있다. 그러다가 이내 허탈감에 지치기도 한다.

이미 나와 있는 정답은 그 답을 알고 있는 사람이 많다면 효율성이 떨어지거나 수익을 올리기에 유효하지 않은 경우가 더 많다. 모두가 다 알고 있는 정답은 정답이 아닌 것이다.

본인이 벽에 부딪힐수록 '기본에 충실' 해야 한다. 주변의 소리에 휘둘리지 말고 기본을 지키며 묵묵히 걸어가야 한다. 투자에서 성공하는 길은 '인근지역부터 시작하는 것', '이미 나와 있는 정보를 분석하는 것' 등 당연히 알고 있는 것을 얼마나 꾸준히 행할 수 있느냐에 달려 있다.

5. 경쟁이 심해진다는 것에 너무 민감해하지 마라

사실 예전보다 경·공매 인구가 더 많아졌다. 주위에도 이런 분위기에 관해 푸념하는 것을 가끔 볼 수 있다. 그런데 내가 보기엔 진입하는 사람이 많아지기도 했지만 떠나는 이들도 상당하다. 자세히 들여다보면 경·공매 인구가 많아진 것이 아니라 이 분야에서 직업이 많이 생긴 것으로도 볼 수 있다. 컨설팅, 부동산, 법무사 등이 그러하다. 하지만 어떤 것이든 붐이 일었다가도 시간이 지나면 거품이 없어지듯 새로운 직업의 수익성이 떨어져서 이 부분도 한 번은 정리될 것이라 생각한다(본래 영원한 것은 없다).

당신이 어떤 현상에 대해서 고민할 때 그 부분을 스스로 노력해서 바꿀 수 없는 것이라면 푸념할 필요가 절대 없다(취업준비생이 대학생이 많아졌다고 한탄하는 것과 다르지 않다). 어느 분야든 경쟁이 심해진다는 것은 당연한 것이다. 중요한 건 그 곳에서 어떻게 나만의 차별화된 무기를 만들어낼 수 있느냐이다.

6. 힘들 땐 오히려 편하게 생각하라

사실 필자는 슬럼프마다 오히려 업그레이드가 되었다고 생각하는데 그 시기에 제일 중요한 것은 마음가짐과 긍정적인 사고방식이 아닌가 한다. 세상에 길은 하나만 있는 것이 아니다. 또한 한 달에 한 개를 낙찰 받지 못하면 2~3개월에 1개를 받는다고 생각해라. 그것도 안 되면 1년에 한 개를 받는다고 생각하면 어떤가? 꼭 자주 낙찰 받는다고 해서 큰 수익을 거둘 수 있는 것도 아니다. 이 게임을 앞으로 평생 할 수 있다고 생각하면 떨어지더라도 마음이 편할 것이다. 절대 조급해 하지 말고 마음 편하게 생각하도록 하자.

7. 대중과 철저하게 반대로 움직여라

금융위기부터 작년까지 부동산 폭락론자들의 목소리가 한창일 때 필자는 오히려 경매투자기간 중 그시기에 가장 많은 물건을 매입했다. 그것도 낙찰가격을 보면 상당히 저렴한 수준으로 매입한 것이 대부분이다. 그리 오랜 시간이 지나지 않았는데도 이제는 사람들이 집을 못 구해서 아우성이다(그 당시에 조금이라도 저렴하게 낙찰 받았더라면 지금 아주 든든할 텐데 말이다). 시간이 지나면 그 사람들은 더 불안한 고민을 하겠지만 필자는 아마도 더 행복한 고민에 빠질 것이라 생각한다.

투자는 어렵지 않다. 대부분 사람들이 부동산을 관망할 때 사면되고, 언론이 호들갑을 떨고 일반인마저 부동산을 논할 때 반대로 매도를 고려하면 된다.

어떤 이는 부자가 되려면 대단한 투자의 기술을 터득해야만 한다고 주장할지 모르겠지만 남과 반대로 생각하고 투자하는 것만으로 돈을 벌 수 있다. 오히려 이런 시기에 매입한 물건은 경매물건이 아니더라도 큰 수익이 가능하다. 대중과 철저히 반대로 움직일 때, 소수의 길을 걸을 때 그곳에 돈이 흐른다.

1년, 5년, 10년도 지난 시간을 돌아보면 순간이다. 투자가 힘들고 어렵다고 느껴지는 슬럼프를 잘 극복하고 즐길 수 있는 사람만이 미래에 살아남을 것이다.

PART 11

공매부동산의
낙찰 후 법적절차

:

낙찰 후 법적절차 개요

경·공매 투자에서 낙찰자가 적절하게 법적대응을 할 수 있다면 낙찰 후 명도를 수월하게 할 수 있고, 그 외에도 다른 이해관계인과 대립되는 상황도 무난하게 해결할 수 있다. 이런 법적능력을 갖추게 되면 점유자가 낙찰자를 가벼이 생각하지 못하고, 또한 같은 상황이라도 관리사무소, 공

1. 내용증명

2. 점유이전금지가처분

3. 명도소송

4. 명도소송부터 강제집행까지

공기관 등 상대방에게 더 많은 양보를 얻어낼 수 있다. 법적절차라고 하여 절대적으로 높은 수준이 요구되는 것이 아니다. 법을 전공하지 않고 관련 지식이 부족해도 이 책에서 소개하는 사례와 서식을 이해하고 자신에 상황에 맞게끔 수정하여 발송할 수 있으면 충분하다.

내용증명

(1) 내용증명이란

내용증명이란 자기의사를 상대방에게 전할 때 공신력 있는 기관을 통해 공적으로 증명하는 것을 말한다. 이러한 내용증명은 공매에서 낙찰자가 점유자에 관한 명도 및 체납관리비에 관하여 관리사무소와 협상할 때 유용하게 사용할 수 있다.

일단 낙찰 후 상황을 설정 하여 상상을 해보자.

낙찰자와 점유자가 첨예하게 대립된 상황에서 낙찰자의 입장을 목청 높여 얘기하거나 인상을 쓰며 말한다고 하여 상대방이 제압되는 것은 아니다. 어쩌면 오히려 점유자가 똑같이 목청을 높이거나 비상식적인 언어로 대응할 경우 상황이 더 악화될 수도 있다.

이럴 때 말보다는 낙찰자의 입장 및 앞으로 진행할 법적절차에 관해 내용증명을 보낸다고 가정해보자. 위 상황처럼 낙찰 후 점유자와 대립된 상태에서 낙찰자가 한 말은 한번 듣고 흘려버릴 수 있지만 내용증명을 통해 보낸 글은 몇 번이고 되새김질을 하게 될 것이다. 그리고 일단 말보다는 낙찰자의 확실한 의사를 담은 글은 점유자가 더 차분한 상태에서 확인이 가능하기에 정확하게 의사전달을 할 수 있다. 사실 내용증명이란 존재 자체가 그런 경험이 없는 일반인에게는 심리적으로 위축되게 만든다.

따라서 자신의 상황에 맞게 내용증명을 활용한다면 공매에서 낙찰 후 본격적인 법적절차(명도소송, 점유이전금지가처분)를 제기하기 전에도 충분히 상대방이 압박되어 합의를 이끌어낼 수 있다. 또한 소송이 진행될 경우에는 증거자료로 사용할 수 있다.

(2) 내용증명을 상대방에게 보내는 목적

1) 협상 전 심리적 압박

내용증명은 ①낙찰자가 세입자를 명도할 때, ②관리비가 많이 체납되어 있어서 관리사무소와 밀린 요금을 협상할 때, ③공공기관에서 무리한 요구가 아닌데도 수용하지 않을 경우 등 낙찰 후 부딪힐 수 있는 여러 상황에서 요긴하게 쓰인다.

낙찰자가 점유자를 상대로 명도를 이끌어내기 위한 내용증명을 작성할 때 만약 협의가 되지 않아 명도소송에 의해 판결을 받고 그 후 강제집행(부동산인도집행)까지 진행하게 되면 소송비용 및 강제집행비용을 다시 점유자에게 청구할 것이고, 낙찰자의 소유권이전일로부터 매달 무상으로 거주했던 월세부분에 관하여

부당이득으로 하여 청구한다는 등의 문구를 기재한다. 또한 협상 결렬시 법적인 조치를 단호하게 하겠다는 내용의 내용증명은 상대방에게 큰 부담이 될 것이다. 결국 점유자가 이런 내용증명을 받게 되면 심리적으로 많은 부담이 되므로 적절한 선에서 합의를 이끌어 낼 수 있다.

체납관리비가 큰 금액의 건물을 낙찰 받았을 경우에는 공용부분만 낙찰자의 부담이며, 만약 점유자 내지 임차인이 있다면 그동안 관리비를 적극 징수하지 않은 것에 대한 업무상 과실부분을 묻겠다는 내용증명을 보내는 것도 관리사무소 입장에선 엄청난 심리적 부담을 느끼게 된다.

그리고 만약 낙찰자가 소유권이전을 마친 후에도 계속해서 점유자가 부동산 인도를 해주지 않고 있고, 게다가 큰 금액의 관리비까지 체납하고 있는 상황이라면 관리사무소에 위와 같이 적극 징수하라는 내용증명을 발송하는 것이다. 그렇게 되면 점유자 입장에선 낙찰자는 부동산을 인도하라고 압박을 하고 관리사무소에서는 체납관리비로 인한 단전·단수 압박을 받게 되므로 결국 심리적으로 많은 부담이 되어 쉽게 명도가 되는 경우도 있다. 또한 나중에 점유자가 관리비를 완납하지 않고 명도가 되었을 경우 체납관리비중 낙찰자가 부담해야 할 부분에 대한 분배도 원활하게 진행할 수 있다. 이렇듯 내용증명은 그 내용을 증명한다는 것에 앞서 입장이 상반된 상대방에게 심리적인 압박을 주어 원만한 합의를 이끌어낼 때 유용하게 사용할 수 있다.

일반인들이 주로 사용하는 신용카드, 대출, 전기, 가스, 은행 등으로부터 대금을 연체하거나 미납했을 경우 카드사나 기관에서 법적인 절차를 진행하겠다는 기분 나쁜 최고(독촉)장을 발송하는 것도 각 기관에서 추후 법적절차를 설명하려는 취지보다 상대방에게 심리적 압박감을 주고 채권을 회수하기 위에 적절히 이용하는 것이다.

2) 증거보전의 필요성

① 일정한 내용의 의사표시나 통지를 할 때 : 혹시 개인의 경우 돈을 빌려주었는데 차용증이나 영수증을 받지 못했고 채무자가 빌린 사실이 없다고 할 때 차용금을 지급하라는 의사표시를 내용증명을 통해 할 수 있다.

② 계약해지를 표시할 때 : 주택임대차의 경우 임대인과 임차인의 계약만료 전에 내용증명을 보내서 계약연장을 하지 않겠다는 의사표시를 할 수 있다. 그 외 부동산매매계약을 체결하고, 매수인과 매도인 모두 매매계약해지통보를 내용증명을 통해 할 수 있다. 이외의 다른 상품구매계약이나 약정에 의한 계약을 했을 때 계약철회통보를 할 수 있다.

③ 이외 채권의 경우 그 성격에 따라 소멸시효가 1, 3, 5, 10년 기간이 경과되면 소멸하는데 채권을 지급하라는 '최고'를 함으로써 시효중단이 가능하다. 또한 채권을 양수받은 경우에도 채무자에게 내용증명으로 채권양도통지를 해야만 그 효력이 발생한다.

(3) 내용증명 작성방법

내용증명은 정해진 특별한 형식이 있는 것이 아니다. 다만 기본적인 작성방법을 적어보도록 하겠다.

첫째, 자신의 맞는 상황의 제목을 적는다. 예를 들면 '최고서', '임대차계약해지통보', '매매계약해지통보'등 여러 형태의 제목을 쓴다.

둘째, 발신인의 성명과 주소를 기재하고, 수신인의 성명과 주소를 기재한다.

셋째, 자신의 상황과 추후 진행할 절차를 고려하여 그에 맞는 내용을 기재하면 된다. 소를 제기하기 전에 보내는 내용증명이라면 중요한 증거자료가 될 수 있으므로 신중하게 작성을 한다(공매에서 효과만점인 내용증명을 작성하려면 항상 읽는 이의 입장에서 써야 한다. 그리고 압박만 강하게 한다고 좋은 것이 아니므로 자신의 상황에 맞게 상대방의 수준과 처지를 고려하여 작성하는 것이 좋다).

넷째, 문서가 완성이 되었으면 발송인의 성명과 도장을 날인한다. 여러 장일 경우 문서 간 간인을 한다.

(4) 내용증명의 발송

문서가 완성이 되었으면 본인 보관용 1부 외에 추가로 사본을 2부를 만든다 (본인보관용1, 우체국 보관1, 상대방용1). 내용증명의 대상이 1인 이상일 경우 추가되는 인원에 따라 각각 사본을 1통씩 더 추가해야 한다. 만약 발송한 내용증명에 관한 부분을 증거로 남기기 위해서는 등기형식으로 된 배달증명을 보내야만 한다. 그러면 발송한 내용증명에 관해 누가 수령했는지 여부를 확인된 등기가 다시 발신인에게 온다. 배달증명을 보내지 않았더라도 본인이 발송한 내용증명에 관해 인터넷 및 스마트폰(www.epost.go.kr)을 통해서도 확인이 가능하다.

내 용 증 명

발 신 : 경기 부천시 ○○구 ○동 1○○○

성 명 : 송사무장

수 신 : 경기 고양시 일산동구 ○○동 ○○○ ○○플라자 관리사무소

성 명 : ○○플라자 관리소장님

발신인은 공매절차에서 경기 고양시 일산동구 ○○동 ○○○ ○○플라자 ○07호
를 낙찰 받고, 201○.1.2.에 잔금을 완납한 소유자입니다.

본인은 낙찰 후에 수차례에 걸쳐 상기 부동산에 거주하고 있는 점유자 박○수에
게 인도를 협의하였으나 계속해서 무리한 이사비를 요구하고 협의에 응할 의사
를 나타내지 않아 부득이 법적인도절차를 밟고 있습니다.

그런데 201○.1.2.까지의 상기부동산에 관하여 상당한 금액의 미납관리비가 연체
되어 있는 것으로 확인된바 발신인은 미납관리비에 대해서 아래와 같이 서면으
로 최고하오니 관리사무소의 적극적인 협조 부탁드립니다.

– 아 래 –

1. 현재 미납된 관리비는 4,750,000원으로 결코 적은 금액이 아닙니다.

2. 대법원판례에서 낙찰자를 특별승계인으로 집합건물의 체납관리비 의무를 부여
   하는 경우는 낙찰 받은 부동산이 부득이 오랫동안 공실로 방치되어 있어서 관리비
   를 징수할 수 없는 경우에 한하며 이 사건처럼 명백하게 사용자가 사용·수익하고

있는 경우엔 관리사무소에서 사용자를 상대로 채권회수를 해야 합니다.

3. 연체된 관리비가 상당하므로 입주자가 입주 시 미리 납부하는 선수관리비를 반환하지 마시고 체납관리비에 우선 충당하실 것을 당부 드립니다.

4. 또한 현재 입주자 박○수는 의도적으로 관리비를 연체하고 있사오니 관리규약에 따라 2~3개월 이상 관리비가 연체된 것을 근거로 단전·단수에 대해 최고를 해주시고, 그 이후에도 납부하지 않을 경우 관리규약에 따라 적법한 단전·단수조치를 취해서라도 체납관리비를 적극 징수해주시기 바랍니다.

5. 관리사무소에서 내용증명을 수신 이후에 미납관리비를 징수하지 못했음에도 불구하고, 관리규약대로 적절한 조치를 취하지 않으시면 관리사무소와 관리단에게도 체납관리비 대한 업무상 손해배상 책임이 있습니다. 또한 그 체납관리비에 대해 낙찰자에게 청구할 수 없음을 알려드립니다.

6. 현재 발신인도 점유자와 명도부분이 원만하게 합의가 되지 않아서 법적절차를 통해 부동산을 인도받아야 하는 상황이므로 부동산취득금액 외에도 상당한 금전적인 부담을 안고 있습니다. 따라서 관리사무소의 적극적인 업무절차를 통해 미납된 체납관리비를 모두 징수해주시기 바랍니다. 마지막으로 현 점유자의 명도완료일 내지 발신인이 입주하는 즉시 입주자로서 의무를 다 할 것입니다.

2010. 1. 3.

발신인 : 송사무장 (인)

내용증명

발 신 : 경기 부천시 ○○구 ○동 1○○○
성 명 : 송사무장

수 신 : 인천 남구 숭의동 2○ ○○빌라 201호
성 명 : 정○ 수

본인은 인천 남구 ○○동 2○번지 ○○빌라 제○동 ○○1호 빌라를 201○.11.14 한국자산관리공사 인천지사(관리번호 2010-1○○35-001)에서 낙찰 받고 201○.1.6 잔금을 납부한 위 부동산의 소유자입니다.(등기부등본 참조)

본인은 낙찰 후에 귀하에게 수차례에 걸쳐 상기 부동산의 인도를 요청하였으나 협의에 응할 의사를 나타내지 않으므로 부득이 아래와 같이 최종 통보하오니 현명한 판단을 하시기 바랍니다.

- 아 래 -

1. 귀하가 내용증명을 수신 후 5일 이내에 아무런 연락이 없으면 본인과 명도에 관해 협의할 의사가 없는 것으로 간주하고 귀하를 상대로 인천지방법원에 명도소송을 제기할 것입니다. 그리고 위 명도소송이 판결되는 즉시 인천지방법원에 강제집행을 신청하겠습니다.

2. 또한 위 1항의 소송 외 본인의 소유권취득일(201○. 1. 6.)부터 상기부동산을 인도할 때까지 매월 82만 원(감정가 8,200만 원×1%)의 금액을 점유자에게 본 부동산의 사용료로 청구하겠습니다.

3. 귀하가 자산관리공사에서 배분받기 위해선 낙찰자의 명도확인서 및 인감증명서가 반드시 필요한데, 본인에게 상기부동산의 인도를 하지 않았기에 위 서류들을 발급해줄 수 없고, 결국 귀하는 배분금을 수령할 수 없을 것입니다. 귀하와 협의되지 않을 경우 위 1, 2항의 소송을 제기 전에 귀하의 배분금에 가처분신청을 할 것입니다. 그리고 소송이 끝난 후 상기부동산의 사용료, 소송비용, 부동산인도집행 등 일체의 비용을 다시 귀하에게 청구할 것이므로 참고하시기 바랍니다.

4. 낙찰 이후 많은 시간이 경과하였으므로 주위에 조언을 구하여 현명한 판단을 하시기 바랍니다.

201○ 년 2 월 2 일

발신인 : 송사무장 (인)

내 용 증 명
제목: 명도소송 예정통보서

발 신 : 경기 부천시 ○○구 ○동 1○○○
성 명 : 송사무장

수 신 : 경기 부천시 ○○구 ○○동 5○○ 엠파이어타워 A동 ○○5호
수신인 : 주○태

> 〈부동산의 표시〉
> 경기 부천시 ○○구 ○○동 5○○ 엠파이어타워 A동 ○○5호, 85.83m^2

발신인은 상기부동산에 관하여 한국자산관리공사 인천지사(관리번호 : 2010-0○
○43-001)에서 낙찰 받고, 201○.1.5. 매각결정이 확정된 최고가매수인입니다.
본인은 상기부동산에 관해 매각결정이 된 이후 수신인과 면담을 하기 위해 오피
스텔에 방문하였으나 폐문이여서 부득이 아래와 같이 서면으로 통보를 하오니
현명한 판단을 하시기 바랍니다.

– 아 래 –

1. 본인은 귀하와 원만하게 명도부분이 협의되길 원합니다. 그러나 귀하가 본 내
   용증명 수신 후에도 10일 이내에 연락이 없을 경우 본인과 협의할 의사가 없는
   것으로 간주하고, 귀하를 상대로 인천지방법원 부천지원에 명도소송을 제기할
   것입니다. 명도소송으로 진행될 경우 판결문 수령 후 집행관을 통해 부동산인
   도집행이 실시될 것이고, 본인이 법적절차에 관한 지출했던 소송비용 및 부동
   산인도집행비용 일체에 관해 귀하에게 다시 청구될 것입니다.

2. 또한 명도소송 외에도 귀하가 본인의 소유권이전일로부터 상기부동산을 인도할 때까지 무상으로 사용한 부분에 관하여 월 사용료 215만 원(부동산의 감정가격* 월1%) 및 지연이자를 부당이득으로 하는 소송 또한 제기할 것이며 판결이 되는 즉시 귀하의 재산에 압류조치 할 예정입니다(법적으로 대항력이 없는 점유자는 소유권이전일로부터 보증금 없는 임료 상당의 금액을 낙찰자에게 지급의무가 있습니다).

3. 위 모든 절차는 법률사무소를 통하여 진행할 것입니다.

4. 마지막으로 위에 기재된 모든 법적 절차는 원만한 합의가 이루어지지 않았을 경우를 가정하고 기재한 것이오니 오해 없으시길 바랍니다. 만약 내용증명 수신 후 합의가 이루어질 경우 모든 절차는 원만하게 마무리할 것입니다.

5. 발신인도 금전이 부족한 이유로 은행으로부터 대출을 받아 상기부동산을 매입하였기에 신속하게 업무를 진행할 수밖에 없는 상황입니다. 따라서 발송된 내용증명에 기분 상하지 마시고 협의할 의사가 있는 경우 연락주시기 바랍니다.

201○ 년 2 월 1 일

발신인 : 송사무장 (인)

점유이전금지가처분

　　점유이전금지가처분이란 명도소송이나 인도명령을 신청하기 전이나 그 결과가 나오기 전에 해당부동산의 점유에 대한 변경을 금하는 예방조치이다. 이처럼 채권자가 부동산에 대한 인도 및 명도청구권을 보전하기 위해 목적물의 인적, 물적현상 변경을 금지시키는 것이다(실전에서는 점유의 이전을 예방하기도 하지만 명도 시 점유자에게 심리적 압박을 가하는 방법으로도 쓰인다). 명도소송을 제기해야 할 경우 반드시 그전에 점유이전금지가처분을 해둘 것을 추천한다.

점유이전금지가처분신청

채권자 송사무장 (7○○○○○-1○○○○○○)
경기 부천 ○○구 ○○동 ○○○번지(우:○○○-○○○)

채무자 박○숙 (7○○○○○-2○○○○○○)
경기 안산시 ○○구 ○○동 8○○ 2○○호(우:○○○-○○○)

부동산점유이전금지가처분

신 청 취 지

1. 채무자들은 별지목록 기재 부동산에 대한 점유를 풀고 채권자가 위임하는 집행
   관에게 인도하여야 한다.
2. 위 집행관은 현상을 변경하지 아니하는 것을 조건으로 하여 채무자들에게 이를
   사용하게 하여야 한다.
3. 채무자들은 그 점유를 타인에게 이전하거나 또는 점유명의를 변경하여서는 아
   니 된다.
4. 집행관은 위 명령의 취지를 적당한 방법으로 공시하여야 한다.
   라는 재판을 구합니다.

신 청 이 유

1. 채권자는 별지 목록 기재 부동산에 관해 201○. 5. 6.에 한국자산관리공사의 공
   매절차를 통해 그 소유권을 취득했습니다.

2. 그런데 채무자 박○숙은 별지 목록 기재 부동산에 관하여 아무런 권원 없이 점유 사용하고 있습니다.

3. 따라서 채권자는 채무자를 상대로 건물명도청구의 본안소송을 제기하려고 준비 중에 있으나 위 본안소송은 상당한 시일을 요하므로 그 동안 점유보전의 방법상 이 건 신청에 이르게 된 것입니다.

다만 이 사건 가처분에 따른 담보제공은 보증보험증권으로 제출할 수 있게 허가하여 주시기 바랍니다.

소 명 방 법

1. 소갑 제1호증   등기부등본 1통
2. 기타는 필요에 따라 수시로 제출하겠습니다.

첨 부 서 류

1. 위 소명방법   각 1통
2. 건축물관리대장   1통
3. 개별공시지가확인원   1통

201○ . 6. 5.
위 채권자 송사무장

수원지방법원 안산지원 귀중

〈점유이전금지가처분 절차도〉

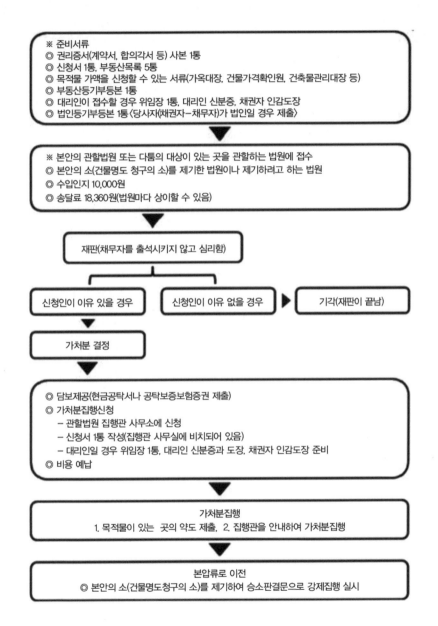

※ 준비서류
◎ 권리증서(계약서, 합의각서 등) 사본 1통
◎ 신청서 1통, 부동산목록 5통
◎ 목적물 가액을 신청할 수 있는 서류(가옥대장, 건물가격확인원, 건축물관리대장 등)
◎ 부동산등기부등본 1통
◎ 대리인이 접수할 경우 위임장 1통, 대리인 신분증, 채권자 인감도장
◎ 법인등기부등본 1통〈당사자(채권자-채무자)가 법인일 경우 제출〉

※ 본안의 관할법원 또는 다툼의 대상이 있는 곳을 관할하는 법원에 접수
◎ 본안의 소(건물명도 청구의 소)를 제기한 법원이나 제기하려고 하는 법원
◎ 수입인지 10,000원
◎ 송달료 18,360원(법원마다 상이할 수 있음)

재판(채무자를 출석시키지 않고 심리함)

신청인이 이유 있을 경우   신청인이 이유 없을 경우 ▶ 기각(재판이 끝남)

가처분 결정

◎ 담보제공(현금공탁서나 공탁보증보험증권 제출)
◎ 가처분집행신청
  – 관할법원 집행관 사무소에 신청
  – 신청서 1통 작성(집행관 사무실에 비치되어 있음)
  – 대리인일 경우 위임장 1통, 대리인 신분증과 도장, 채권자 인감도장 준비
◎ 비용 예납

가처분집행
1. 목적물이 있는 곳의 약도 제출, 2. 집행관을 안내하여 가처분집행

본압류로 이전
◎ 본안의 소(건물명도청구의 소)를 제기하여 승소판결문으로 강제집행 실시

명도소송

　낙찰자가 내용증명을 발송하고, 점유이전금지가처분 등 여러 단계로 압박을
해도 점유자와 명도에 관한 협의가 되지 않을 경우 지체하지 말고 관할법원에
명도소송을 제기해야 한다. 낙찰물건의 점유자가 선순위위장임차인, 유치권 등
특별하게 대항할 권원이 없는 경우 법률전문가의 도움 없이 아래 서식을 각자의
상황에 맞게 수정하여 제출하면 될 것이다.

소 장

원 고 송사무장 (7○○○○○-1○○○○○○)
경기도 ○○시 ○○동 6○○ ○○○○아파트 1○○-1○○○

피 고 김○숙 (6○○○○○-2○○○○○○)
경기도 ○○시 ○○동 17○○-1

건물명도등 청구의

청 구 취 지

1. 피고는 원고에게,
   가. 별지목록 기재 부동산에 관하여 명도하고,
   나. 201○ .9 .22.부터 위 부동산 명도시까지 매월 금1,500,000원의 비율에
   의한 금원을 지급하라.
2. 소송비용은 피고의 부담으로 한다.
3. 위 제1항은 가집행할 수 있다.

라는 판결을 구합니다.

청 구 원 인

1. 당사자의 지위

원고는 201○. 8. 14. 한국자산관리공사 조세정리부에서 진행하는 공매절차에서 경기

○○시 ○○동 17○○-12 ○○프라자 제지하1층 제비○호(이하 '이 사건 부동산'이라고 함)를 낙찰 받고 201○. 9. 22.에 잔금을 완납한 소유자이고, 피고는 이 사건 부동산이 낙찰되기 전 이 사건 부동산에 보증금 3,000만 원과 월차임 120만 원에 영업을 했던 임차인이고 현재는 무상으로 사용하는 자입니다.(갑 제1호증, 갑 제2호증)

2. 피고의 계약거부와 무단사용에 대해

가. 원고는 한국자산관리공사 조세정리부에서 이 사건 부동산을 낙찰 받고 잔금을 완납한 후 이 사건 부동산에 방문했었습니다. 그래서 기존의 임차인이었던 피고 김○숙과 대화를 할 수 있었습니다. 원고는 피고에게 기존의 임대차금액과 동일한 조건으로 재계약할 것을 설득했지만 원고의 말을 무시하고 명도청구에도 응하지 않고 있습니다.

나. 즉, 현재 피고는 아무런 권원도 없이 이 사건 부동산을 노래방으로 사용·수익하고 영업이익을 얻고 있습니다.

3. 결론

그렇다면 피고는 별지 목록 기재 부동산에 대해 보증금 없는 월임료 상당의 부당이득을 취하고 있다고 할 것이고, 따라서 피고는 원고가 소유권을 취득한 201○. 9. 22.부터 이 사건 부동산을 명도 할 때까지 보증금 없는 월임료 상당의 금원을 원고에게 지급할 의무가 있다고 할 것인데, 정확한 월임료는 추후 감정에 의하여 특정하기로 하고 우선 원고가 이 사건 부동산을 취득하기 전 임차금액(보증금 3,000만 원과 월차임 120만 원)에 기초하여 보증금에 대해 월1부로 계산한 금 300,000원과 기존 월차임 1,200,000원을 합한 1,500,000원만 구합니다. 따라서 원고는 청구취지와 같은 판결을 구하고자 이 사건 소송을 제기합니다.

입 증 방 법

1. 갑 제1호증   매각결정통지서
1. 갑 제2호증   등기부등본
1. 갑 제3호증   공매사건열람내역

첨 부 서 류

1. 위 입증방법   각 1통
1. 건축물대장   1통
1. 송달료납부서   1통

201○. 10. 27.

원고 송사무장 (인)

수원지방법원 ○○지원 귀중

부동산의 표시

(1동의 건물의 표시)
경기도 ○○시 ○○동 17○○-12 ○○프라자
알씨조 스라브지붕 4층 근린생활시설 및 위락시설
1층 357.13㎡
2층 359.21㎡
3층 359.21㎡
4층 359.21㎡
지하2층 467.22㎡
지하1층 455.59㎡

(대지권의 목적인 토지의 표시)
1. 경기도 ○○시 ○○동 17○○-12 대 610.2㎡

(전유부분의 건물의 표시)
제지하1층 제비1호 알씨조 92.35㎡

(대지권의 표시)
1 소유권 대지권 610.2분의 40.40 끝.

명도소송부터
부동산강제(=인도)집행까지
절차 상세설명

아래의 표를 보면 명도소송을 제기하고 판결이 되기까지 과정을 이해할 수 있다.

건물명도 소송절차표

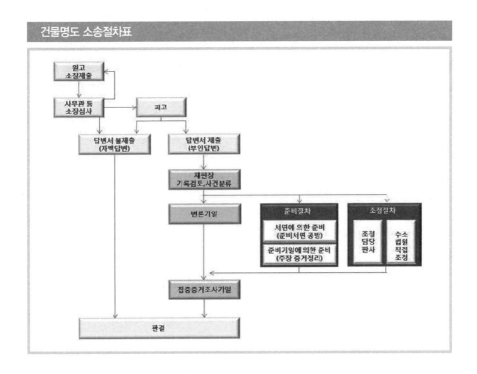

낙찰자가 점유자를 명도 할 때 법적절차가 아닌 대화를 통해 원만하게 마무리하는 것이 좋다. 필자는 아직도 이 원칙을 어기지 않기 위해 최대한 노력을 한다. 그러나 점유자가 너무 무리한 요구를 하거나 상식을 벗어나는 행동을 범하는 경우에는 어쩔 수 없이 법적절차를 진행해야 한다(그런 조치를 취하지 않으면 상황이 더 악화될 수 있으므로). 또한 협상이 되지 않을 때 낙찰자가 법적절차를 신속하게 처리할 수 있으면서 안 하는 것과 할 수 없어서 못하는 것의 차이는 점유자를 대할 때 자신감에서도 크게 차이가 난다. 명도소송을 제기하는 순간부터 마무리하는 단계까지 짚어보도록 하자.

① 명도소송 상대방 확인하기

명도소송을 제기하기 전에 해당부동산이 주거용일 경우 '전입세대열람내역'을 통해 점유자를 확인하고, 업무용일 경우 사업자등록을 한 명의자 이름을 확인하여 명확한 소송당사자를 기재하여 소장을 작성해야 한다(또한 명도소송 전이나 명도소송을 개시하고 판결이 나오기 전까지 '점유이전금지가처분'을 해두는 것이 좋다). 해당부동산에 전입이나 사업자등록을 하지 않은 자가 있는 경우에도 소송당사자로 추가하여 소송을 진행한다.

② 명도소장 접수하기

낙찰자는 잔금납부 이후부터 명도소송을 제기할 수 있다. 명도소송의 경우 관할법원은 부동산소재지를 기준으로 정한다. 낙찰자가 명도소장을 접수(현장 및 우편접수 가능)하면 관할법원에서는 그 소장이 기본적인 요건을 갖췄는지 간단한 확인을 하고 이상이 없으면 소장부본을 상대방(피고)에게 송달한다(명도소장에 필요한 첨부서류-소장, 개별공시지가확인서, 건축물대장등본, 토지대장등본, 부동산목록 등).

③ 소장부본에 관한 주소보정

법원에서 피고에게 소장부본을 발송하면 피고(상대방) 주소지에 소속된 우체부가 등기우편으로 송달한다. 그런데 만약 피고가 폐문부재(수취인 부재) 등의 사유로 송달이 안 될 경우 법원에서 원고(낙찰자)에게 주소보정을 명하게 된다. 낙찰자는 법원에서 발송한 주소보정서와 함께 주민센터(아무 곳이나 가능)에서 피고의 주민등록초본을 발급받을 수 있다. 만약 피고의 초본을 발급받아 주소를 확인했을 때 소제기 시 기재한 주소지와 동일하면 '야간송달'신청을 하고, 피고의 주소지가 변동되었다면 바뀐 주소로 주소보정서를 작성하여 제출한다. 그 다음 야간송달 후에도 수취인부재나 폐문부재 등 피고가 고의적으로 송달받지 않거나 송달이 불가능할 것이라 판단되면 공시송달을 신청할 수 있다.

④ 명도소송 소요기간

피고가 소장부본을 송달받은 날로부터 1달이 경과해도 답변서를 제출하지 않을 경우 원고의 청구에 이의가 없는 것으로 간주되어, 무변론판결선고기일이 지정되어 원고가 본래 청구취지에 기재한대로 판결문이 작성된다(무변론판결). 이 경우 소를 제기하고 낙찰자가 판결문을 수령하기까지 약 4개월 정도 소요가 된다(법원마다 약간 차이가 있음).

그러나 만약 피고가 낙찰자의 명도청구에 관해 이의가 있거나 명도를 이행하지 않는 정당한 사유에 관하여 답변서를 제출할 경우 본격적으로 재판이 진행되며 이 경우 피고가 대항력이나 특별한 사유가 없는 경우 6~7개월 정도 소요가 되고, 반대로 피고의 임차인으로서 대항력이나 아니면 유치권을 주장할 경우 그 부분의 진위를 가려야 하기 때문에 약 9개월에서 1년 정도가 소요된다.

⑤ 판결문에 기한 강제집행 신청

재판절차가 종료되어 낙찰자가 판결문을 송달받게 되면 판결문에 기한 강제집행 신청이 가능하다. 만약 피고가 1심 판결에 불복하여 항소를 하더라도 1심 판결문에 '가집행을 할 수 있다'라고 기재된 경우 피고 항소 외에도 '강제집행정지신청'을 해야만 낙찰자의 강제집행을 방어할 수 있고, 그렇지 않은 경우 항소심과 별개로 강제집행을 실시할 수 있다.

⑥ 집행비용예납

낙찰자가 강제집행을 신청하면 집행관 사무실에서 강제집행 사건번호가 기재된 접수증과 집행비용예납 서류를 주는데 이를 갖고 법원 내 은행에 비용을 납부하면 된다.

⑦ 집행계고(=예고)

이 부분은 각 법원마다 조금씩 차이가 있다. 집행계고란 강제집행(=부동산인도집행)을 실시하기 전에 집행관이 현장에 직접 나가서 점유자에게 낙찰자와 원만하게 합의되지 않으면 앞으로 7~10일(법원마다 차이가 있음) 이후 강제집행을 실시할 것이라고 예고를 해주는 단계를 말한다. 만약 점유자가 현장에 없을 시 위 문구가 기재되어 있는 계고장을 현관문에 게재하는 것으로 이 절차를 대신한다. 이 업무지침도 법원마다 약간 차이가 있다. 강제집행을 실시하기 전에 집행계고를 2번 해야 하는 곳이 있고, 생략하는 곳도 있으므로 미리 확인해두면 된다.

⑧ 노무비 납부

강제집행계고를 했음에도 불구하고 점유자가 부동산의 인도에 불응할 경우 강제집행을 위한 노무비를 예납한다. 노무비는 강제집행신청을 한 부동산의 크기와 사용용도에 따라 가격차이가 있는데 아파트나 빌라의 경우 부동산의 전용면적을 기준으로 산출되는데 공장, 상가, 사우나 등 특수한 경우 노무사장이 현장에 방문하여 비용을 산출한다. 예를 들면 공장의 경우 크레인비용이 추가로 지출되고, 헬스클럽 등 무거운 기구가 있는 상가의 경우 더 많은 노무 인원이 필요하므로 비용이 추가된다.

⑨ 강제집행

집행관과 노무인원이 현장에 출동하여 강제집행을 실시하는 단계다. 집행 당일에 점유자가 현장에 없거나 짐을 옮길 곳이 없는 경우 낙찰자는 차량비와 보관창고비용(1월분)을 추가로 납부해야 한다. 강제개문과 열쇠를 교체할 경우 그 비용도 추가로 부담해야 된다.

⑩ 최고서 발송

강제집행 후 보관창고로 옮겨진 짐을 점유자가 찾아가지 않는 경우 낙찰자(=채권자)는 계속해서 보관창고비용을 부담해야 된다. 따라서 강제집행 후 점유자를 상대로 짐을 찾아가라는 최고서를 발송해야 한다. 왜냐하면 짐을 찾아가라는 내용의 최고서가 없으면 유체동산경매절차를 밟을 수 없기 때문이다. 특히, 보관된 짐이 거의 폐기물 수준인 경우 점유자들이 찾아가지 않는 경우가 빈번하므로 이 절차를 반드시 거쳐야 한다.

⑪ 유체동산 매각신청

최고서 발송 후 1주일이 지나면 보관창고에 있는 짐을 유체동산 매각신청을 해야 한다. 양식은 법원에 비치되어 있다.

⑫ 집행비용 예납 및 공탁

유체동산 경매를 실시하기 위한 집행비용을 예납하고 공탁금액이 나오면 법원 내 은행에 납부해야 한다.

⑬ 유체동산감정

법원에서 지정한 감정사무실을 통하여 보관된 유체동산의 가격을 산정한다. 유체동산의 감정가격이 2,000만 원이 넘으면 추가로 감정료를 납부해야 한다.

⑭ 집행비용확정결정신청

낙찰자가 점유자를 상대로 부동산인도집행에 소요된 제반비용을 청구하는 단계다.

⑮ 유체동산경매실시

감정된 유체동산을 입찰자들끼리 호가경매 함, 낙찰이 되면 그 금액은 집행관이 법원에 공탁한다.

절차를 보면 알겠지만 법대로 하는 것도 쉬운 것은 아니다. 그러므로 웬만하면 소송 중이라도 점유자와 원만한 합의를 하는 것이 제일 좋다. 물론 마지막 절차까지 갈 경우 점유자의 피해도 커질 것이다.

〈예제6. 최고서〉

최 고 서

발신 : 경기도 부천시 ○○구 ○○동 11○○ ○○더클래식 A−5○○
송사무장 (010−4○○○−5○○○)

수신 : 인천 ○○구 ○○동 5○○−1 ○○아파트 5○○−2○○
김 ○ 자

발신인은 경기 부천시 ○○구 ○○동 11○○−2 ○○○빌딩 2○○호 낙찰자로 써 인천지방법원 부천지원 200○ 가단 5○○ 건물명도사건에서 승소하여, 그 판결에 의해 집행관에 의해 201○본1○○로 201○.2.3.에 부동산 인도집행을 실시하였습니다.

그러나 강제집행 이후에 귀하의 짐은 부천물류보관창고(032−6○○−2○○○)에 보관되어 있으나 아직까지 짐을 찾아가지 않아서 찾아갈 것을 최고합니다. 최고서 발송이후 7일 이내에 짐을 찾아가지 않을시 동산매각 및 공탁허가 신청 절차를 거쳐 유체동산을 처분하겠습니다. 집행이후 많은 시간이 지났으므로 하루속히 짐을 찾아가시기 바랍니다.

201○. 2. 4.
발신인 : 송사무장 (인)

글을 마치며

필자의 3번째 책인 '공매의 기술'을 이렇게 마친다. 이전에도 느꼈던 것이지만 한 권의 책을 완성한다는 것이 생각보다 만만치 않은 작업이다. 특히나 부동산 공매라는 아직 체계가 잡히지 않은 주제를 다루었기에 필자의 전작들보다 훨씬 더 많은 수고가 필요했다. 경매에는 민사집행 실무제요가 있듯이, 공매에서는 이 책이 그 역할을 해주길 기대해본다.

책을 마치며 마지막으로 독자여러분들이 이 책을 어떻게 활용했으면 하는지에 관해 다시 언급하려고 한다. 독자 분들이 이 책에 있는 실전사례를 보며 그저 공매 투자와 관련된 이론을 습득하고, 그와 관련해 실전사례들을 간접 경험하는 것에만 치중하지 않았으면 한다. 그보다는 독자 자신이 앞으로 비슷한 물건을 접했을 때 어떻게 하면 필자와 같은 생각을 할 수 있을 것인지 노력하고 적용하는 것에 초점을 맞추었으면 한다. 필자가 이 책의 서두에서 이미 강조했지만 결국은 '생각의 차이'가 공매는 물론이고 부동산투자를 잘 할 수 있는 비법이기 때문이다.

그러므로 책 속에 나열된 공매 투자의 비법이나 기술(테크닉)들에만 심취하지 말기를 바란다. 그러한 것들은 필자가 진정으로 전하고 싶은 것이 아니다. 이 책을 읽고 단순히 '관련 이론만 습득하면 공매투자로 많은 수익을 올릴 수 있겠구나'라고 성급한 결론을 내리지 않았으면 한다.

필자의 주변에는 경매 지식이나 법률지식 등 이론에 통달한 이들이 많다. 관련 판례도 법률전문가보다 더 해박한 지식을 겸비한 이들도 적지 않다. 하지만 그렇다고 해서 그들이 모두 투자에서 성공하고 큰 부를 일구는 것은 아니었다. 왜냐하면 항상 투자의 본질은 그 너머에 있기 때문이다.

아직도 수많은 이들이 투자에 관해 테크닉과 비법을 얘기하지만, 필자는 독자분들이 그러한 것들에 너무 휘둘리지 않기를 바란다. 지금껏 필자는 종자돈을 만드는 과정부터 현재의 성공을 이루기까지 많지는 않지만 그렇다고 그리 적다고도 할 수 없는 투자 경험들을 쌓았다. 그런데 현 위치에서 느끼는 것은 답은 늘 간단하며, 그 답이란 매번 생각을 바꿔가는 과정 속에서 새로운 기회가 보이더라는 것이다. 필자 또한 예전에는 이런 저런 일견 화려해 보이는 테크닉에 심취되기도 하고 휘둘리기도 했지만, 시간이 지나고 보니 투자에서 성공하는 법은 그것이 아니었다. 기본적인 이론을 갖추더라도 그것을 응용할 수 있는 과정 속에서, 그리고 소수가 가는 길은 항상 무엇인지를 고민하는 과정 속에서 답이 나왔다. 그래서 투자를 잘하려면 용기와 과감한 결단력 또한 필요하다.

필자와의 만남을 기대한다면…

필자는 '행복재테크' 카페에서 활동하고 있다. 2008년 아주 소수의 인원들로 시작했는데 어느덧 꽤 규모 있는 카페가 되었다. 그동안 많은 이들이 회원으로 가입하여 이전과는 비교할 수 없는 성장을 거두었고, 이제는 필자 외에도 다른 전문가 분들과 실전 고수 분들도 함께 도움이 되는 칼럼과 경험담을 올려주시고 계신다. 필자는 그곳에서 칼럼 외에도 정모, 세미나, 엠티 등 오프라인 활동도 회원 분들과 함께 하고 있다. 몇 년 동안 회원 분들의 작은 성공을 지켜보며 보람도 느끼고 있다.

투자를 하며 지치지 않고 계속 걸어갈 수 있느냐는 누가 이끄는 것도 중요하겠지만 그보다는 독자 분들이나 회원 분들의 의지가 더 중요하다. 다만 앞이 보이지 않는 그 막막함에서 필자가 조금이나마 도움이 되어드릴 수 있도록 많은 관심과 노력을 기울이고 있다. 이렇게 꾸준히 책을 내고 있는 것도 그 방법 중의 하나이고, 주기적으로 강의나 정모 등의 모임을 통해 회원 분들과 지속적으로 교류하는 기회를 만드는 것도 그 때문이다.

세상은 결코 혼자 성공할 수 있는 것이 아니다. 혼자서 가는 길은 외롭고 멀리 갈 수가 없다. 혼자서 열심히만 살면 성공할 수 있을 거라 생각하지만 진정한 성공이란 사람들과 어우러져 이루어지는 것이다.

필자 또한 지금껏 많은 분들과 인연을 맺으며 이 자리까지 왔기에, 마찬가지로 다른 분들에게 작은 도움을 드리려고 한다. 필자가 이전에 '성공하려면 성공한 사람을 곁에 두어라'라고 언급했었는데, 외롭게 혼자서 전진하는 것보다 온라인 카페에서 자신과 같은 생각을 갖고 있는 사람들과 교류하는 과정에서 더 크게 성장할 수 있을 것이라 생각한다. 이미 성공한 분들의 글들을 읽으면서 투자를 한다면 조금 더 수월하게 원하는 것을 이룰 수 있을 것이다.

여하튼 아쉽지만 이렇게 책의 모든 것을 완성하고 마치려한다. 아쉬움도 들고 부족한 점도 적지 않지만 필자의 적지 않은 정성이 들어갔고, 많은 에너지를 쏟아 부었기에 이제는 미련 없이 펜을 내려놓으려 한다.

많은 투자자분들에게 작게나마 유용한 도움이 되기를 바라며 책을 마친다.

'도서출판 지혜로'는 경제·경영 서적 전문 출판사이며, 지혜로는 독자들을 '지혜의 길로 안내한다'는 의미입니다. 지혜로는 특히 부동산 분야에서 독보적인 위상을 자랑하고 있으며, 지금까지 출간한 모든 책이 베스트셀러 그리고 스테디셀러가 되었습니다.

지혜로는 '소장가치 있는 책만 만든다'는 출판에 관한 신념으로, 사업적인 이윤이 아닌 오로지 '독자들을 위한 책'에 초점이 맞춰져 있고, 앞으로도 계속해서 아래의 원칙을 지켜나갈 것입니다.

첫째, 객관적으로 '실전에서 실력이 충분히 검증된 저자'의 책만 선별하여 제작합니다.

실력 없이 책만 내는 사람들도 많은 실정인데, 그런 책은 읽더라도 절대 유용한 정보를 얻을 수 없습니다. 독서란 시간을 투자하여 지식을 채우는 과정이기에, 책은 독자들의 소중한 시간과 맞바꿀 수 있는 정보를 제공해야 한다고 생각합니다. 그러므로 지혜로는 원고뿐 아니라 저자의 실력 또한 엄격하게 검증을 하고 출간합니다.

둘째, 불필요한 지식이나 어려운 내용은 편집하여 최대한 '독자들의 눈높이'에 맞춥니다.

그렇기 때문에 수많은 독자분들께서 지혜로의 책은 전문적인 내용을 다르고 있지만 가독성이 굉장히 좋다는 평가를 해주고 계십니다.

책의 최우선적인 목표는 저자가 알고 있는 지식을 자랑하는 것이 아닌 독자에게 필요한 지식을 채우는 것입니다. 앞으로 독자층의 눈높이에 맞지 않는 정보는 지식이 될 수 없다는 생각으로 독자들에게 최대한의 정보를 제공할 수 있도록 편집할 것입니다.

마지막으로 앞으로도 계속 독자들이 **'지혜로의 책은 믿고 본다'**는 생각을 가지고 구매할 수 있도록 초심을 잃지 않고, 철저한 검증과 편집과정을 거쳐 좋은 책만 만드는 도서출판 지혜로가 되겠습니다.

뉴스 〉 부동산

도서출판 지혜로, "돌풍의 비결은 저자의 실력 검증"

송희창 대표, "항상 독자들의 입장에서 생각하고, 독자들에게 꼭 필요한 책만 제작"

도서출판 지혜로의 주요 인기 서적들

경제 경영·분야의 독자들 사이에서 '믿고 보는 출판사'라고 통하는 출판사가 있다. 4권의 베스트셀러 작가이자 부동산 분야의 실력파 실전 투자자로 알려진 송희창씨가 설립한 '도서출판 지혜로'가 그 곳.

출판시장이 불황임에도 불구하고 이곳 도서출판 지혜로는 지금껏 출간된 모든 책이 경제·경영 분야의 베스트셀러로 자리매김하는 쾌거를 이룩했다.

송희창 지음 | 352쪽 | 17,000원

엑시트 EXIT

당신의 인생을 바꿔 줄 부자의 문이 열린다!
수많은 부자를 만들어낸 송사무장의 화제작!

- 무일푼 나이트클럽 알바생에서 수백억 부자가 된 '진짜 부자'의 자본주의 사용설명서
- 부자가 되는 방법을 알면 누구나 평범한 인생을 벗어나 부자의 삶을 살 수 있다!
- '된다'고 마음먹고 꾸준히 정진하라! 분명 바뀐 삶을 살고 있는 자신을 발견하게 될 것이다.

이선미 지음 | 308쪽 | 16,000원

싱글맘 부동산 경매로 홀로서기
(개정판)

채널A 〈서민갑부〉 출연!
경매고수 이선미가 들려주는 실전 경매 노하우

- 부동산 경매 용어 풀이부터 현장조사, 명도 빨리 하는 법까지, 경매 초보들을 위한 가이드북!
- 〈서민갑부〉에서 많은 시청자들을 감탄하게 한 그녀의 투자 노하우를 모두 공개한다!
- 경매는 돈 많은 사람만 할 수 있다는 편견을 버려라! 마이너스 통장으로 경매를 시작한 그녀는, 지금 80채 부동산의 주인이 되었다.

김동우 · 최왕규 지음
420쪽 | 19,000원

부동산 절세의 기술
(전면개정판)

양도세, 종부세, 종합소득세, 임대사업자까지
한 권으로 끝내는 세금 필독서

- 6년 연속 세금분야 독보적 베스트셀러가 완벽하게 업그레이드되어 돌아왔다!
- 세금 설계만 제대로 해도 최종 수익률이 달라진다. 부동산 투자자들의 강력 추천도서!
- 실전 투자자의 경험에 현직 세무사의 지식을 더한 소중한 노하우를 그대로 전수받을 수 있는 최고의 부동산 절세 책!

송사무장의 실전경매

이것이 진정한 실전경매다!

- 수많은 투자 고수들이 최고의 스승이자 멘토로 인정하는 송사무장의 '완벽한 경매 교과서'
- 대한민국 NO.1 투자 커뮤니티인 '행복재테크' 카페의 칼럼니스트이자 경매계 베스트셀러 저자인 송사무장의 다양한 실전 사례와 유치권의 기막힌 해법 공개!
- 저자가 직접 해결하여 독자들이 생생하게 간접 체험할 수 있는 경험담을 제공하고, 실전에서 바로 응용할 수 있는 서식과 판례까지 모두 첨부!

송희창 지음 | 376쪽 | 18,000원

수도권 알짜 부동산 답사기

알짜 부동산을 찾아내는 특급 노하우를 공개한다!

- 초보 투자자가 부동산 경기에 흔들리지 않고 각 지역 부동산의 옥석을 가려내는 비법 공개!
- 객관적인 사실에 근거한 학군, 상권, 기업, 인구 변화를 통해 각 지역을 합리적으로 분석하여 미래까지 가늠할 수 있도록 해준다!
- 풍수지리와 부동산 역사에 관한 전문지식을 쉽고 흥미진진하게 풀어낸 책!

김학렬 지음 | 420쪽 | 18,000원

대한민국 땅따먹기

진짜 부자는 토지로 만들어진다!
최고의 토지 전문가가 공개하는 토지투자의 모든 것!

- 토지투자는 어렵다는 편견을 버려라! 실전에 꼭 필요한 몇 가지 지식만 알면 누구나 쉽게 도전할 수 있다.
- 경매 초보들뿐만 아니라 더 큰 수익을 원하는 투자자들의 수요까지 모두 충족시키는 토지투자의 바이블 탄생!
- 실전에서 꾸준히 수익을 내고 있는 저자의 특급 노하우를 한 권에 모두 수록!

서상하 지음 | 356쪽 | 18,000원

아파트 청약 이렇게 쉬웠어?

가점이 낮아도, 이미 집이 있어도, 운이 없어도 당첨되는 비법은 따로 있다!

- 1년 만에 1,000명이 넘는 부린이를 청약 당첨으로 이끈 청약 최고수의 실전 노하우 공개!
- 청약 당첨이 어렵다는 것은 모두 편견이다. 본인의 상황에 맞는 전략으로 도전한다면 누구나 당첨될 수 있다!
- 사회초년생, 신혼부부, 무주택자, 유주택자 및 부동산 초보부터 고수까지 이 책 한 권이면 내 집 마련뿐 아니라 분양권 투자까지 모두 잡을 수 있다.

김태훈 지음 | 352쪽 | 18,000원

경매 권리분석 이렇게 쉬웠어?

대한민국에서 가장 쉽고, 체계적인 권리분석 책! 권리분석만 제대로 해도 충분한 수익을 얻을 수 있다.

- 초보도 쉽게 정복할 수 있는 권리분석 책이 탄생했다!
- 경매 권리분석은 절대 어려운 것이 아니다. 이제 쉽게 분석하고, 쉽게 수익내자!!
- 이 책을 읽고 따라하기만 하면 경매로 수익내기가 가능하다.

박희철 지음 | 328쪽 | 18,000원

송사무장의 부동산 경매의 기술

수많은 경매 투자자들이 선정한 최고의 책!

- 출간 직후부터 10년 동안 연속 베스트셀러를 기록한 경매의 바이블이 개정판으로 돌아왔다!
- 경매 초보도 따라할 수 있는 송사무장만의 명쾌한 처리 해법 공개!
- 지금의 수많은 부자들을 탄생시킨 실전 투자자의 노하우를 한 권의 책에 모두 풀어냈다.
- 큰 수익을 내고 싶다면 고수의 생각과 행동을 따라하라!

송희창 지음 | 308쪽 | 16,000원

김용남 지음 | 240쪽 | 16,000원

평생 연봉, 나는 토지투자로 받는다

농지, 임야, 공장 부지는 물론 택지까지!
토지 재테크를 위한 완벽 실전 매뉴얼

- 토지투자는 한 번 배워두면 평생 유용한 재테크 툴(tool)이다!
- 좋은 토지를 고르는 안목을 배울 수 있는 절호의 기회!
- 토지투자 분야의 내로라하는 전문가가 비도시 지역의 땅과 도시 지역의 땅에서 수익을 올리는 비법을 전격 공개한다!

김용남 지음 | 272쪽 | 16,000원

1년 안에 되파는 토지투자의 기술

초보자도 쉽게 적용할 수 있는
토지투자에 관한 기막힌 해법 공개!

- 토지투자는 돈과 시간이 여유로운 부자들만 할 수 있다는 편견을 시원하게 날려주는 책!
- 적은 비용과 1년이라는 짧은 기간으로도 충분히 토지투자를 통해 수익을 올릴 수 있다!
- 토지의 가치를 올려 높은 수익을 얻을 수 있게 하는 '토지 개발 비법'을 배운다!

송희창 · 이시훈 지음
740쪽 | 55,000원

한 권으로 끝내는 셀프 소송의 기술
(개정판)

부동산을 가지려면 이 책을 소장하라!
경매 특수물건 해결법 모두 공개!

- 내용 증명부터 점유이전금지가처분, 명도소장 등 경·공매 투자에 필요한 모든 서식 수록!
- 송사무장이 특수물건을 해결하며 실전에서 사용했던 서식을 엄선하여 담고, 변호사의 법적 지식을 더한 완벽한 책!
- 누구나 쉽게 도전할 수 있는 셀프 소송의 시대를 연 바로 그 책! 이 책 한 권은 진정 수백만 원 그 이상의 가치가 있다!

송사무장의 **부동산**
공매의 기술

초 판 인쇄 2012년 5월 21일
초 판 10쇄 2016년 6월 30일
개정판 1쇄 2017년 2월 14일
개정판 52쇄 2024년 3월 26일

지 은 이 송희창
기획/총괄 배희원
편집진행 최상진
펴 낸 곳 도서출판 지혜로

출판등록 2012년 3월 21일 제 387-2012-000023호
주   소 경기도 부천시 원미구 길주로 137, 6층 602호(상동, 상동그린힐빌딩)
전   화 032)327-5032 | **팩   스** 032)327-5035
이 메 일 jihyero2014@naver.com
          (독자 여러분의 소중한 의견과 원고를 기다립니다.)

ISBN 979-11-87799-01-6(13320)
값 18,000원

도서출판 지혜로는 경제 · 경영 서적 전문 출판사이며, '독자들을 위한 책을 만들기 위해 객관적으로 실력이 검증된 저자들의 책만 엄선하여 제작합니다.

MEMO